21世纪
经济管理新形态教材
财税系列

外国税制

刘晓凤◎编著

清华大学出版社
北京

内 容 简 介

本书对外国的具体税种如个人所得税、公司所得税、资本利得税、社会保障税、增值税、消费税、财产税、遗产税和赠与税等分别进行了阐述，遴选具有代表性的国家，如美国、英国、新加坡、德国等，对其具体税种进行税制要素的说明，归纳总结其税制的特点，并对外国税收管理体制、税收征收管理制度进行介绍，为我国税收的实体法、程序法的改革完善提供参考和借鉴。本书适合作为财税专业本科生及研究生学习外国税制的教材，也可作为从事国际财务管理、国际贸易、国际金融等人士以及财政税务部门人员学习外国税制的参考书。

图书在版编目（CIP）数据

外国税制/刘晓风编著. —北京：清华大学出版社，2022.1
21世纪经济管理新形态教材. 财税系列
ISBN 978-7-302-58847-4

Ⅰ. ①外… Ⅱ. ①刘… Ⅲ. ①税收制度－研究－国外－高等学校－教材 Ⅳ. ①F811.4

中国版本图书馆 CIP 数据核字(2021)第 161701 号

责任编辑：陆浥晨
封面设计：李召霞
责任校对：宋玉莲
责任印制：曹婉颖

出版发行：清华大学出版社
   网 址：http://www.tup.com.cn，http://www.wqbook.com
   地 址：北京清华大学学研大厦 A 座   邮 编：100084
   社 总 机：010-83470000   邮 购：010-62786544
   投稿与读者服务：010-62776969，c-service@tup.tsinghua.edu.cn
   质 量 反 馈：010-62772015，zhiliang@tup.tsinghua.edu.cn
   课 件 下 载：http://www.tup.com.cn，010-83470332
印 装 者：北京嘉实印刷有限公司
经 销：全国新华书店
开 本：185mm×260mm   印 张：14.25   字 数：333 千字
版 次：2022 年 3 月第 1 版   印 次：2022 年 3 月第 1 次印刷
定 价：59.00 元

产品编号：092278-01

前　言

在经济社会中，税收跟随着所有的微观经济主体，所有国家概莫能外。本书对外国的具体税种，如个人所得税、公司所得税、资本利得税、社会保障税、增值税、消费税、财产税、遗产税和赠与税，分别进行了阐述，遴选具有代表性的国家，如美国、英国、新加坡、德国、印度等，对其具体税种进行税制要素的说明，归纳总结其税制的特点，并对外国税收管理体制、税收征收管理制度进行介绍。读者通过本书的学习，可以了解外国税收的基本理论知识，理解外国税收制度与体系，熟悉主要发达国家、发展中国家税收制度的特点，并将之与我国税收制度进行比较，掌握我国税收制度与世界主要国家税收制度之间的差别。

本书的特点有三。一是全面性，内容涵盖外国税收制度中的主要税种和税收征管等税收专业知识；二是实用性，为经济管理类人员从事跨国经济活动提供税收相关知识；三是时效性，体现了国外税收制度变动的最新政策。

本书编写分工如下：刘晓凤副教授负责编写第一章"外国税制基本理论"、第九章"外国遗产税和赠与税"、第十章"外国税收管理体制"、第十一章"外国税收征收管理制度"的内容；陈君慧参与了第二章"外国个人所得税"、第三章"外国公司所得税"、第四章"外国资本利得税"的编写；孟晨辉参与了第五章"外国社会保障税制"、第六章"外国增值税"的编写；舒歆参与了第七章"外国消费税"、第八章"外国财产税"、第九章"外国遗产税和赠与税"的编写。本书从2020年初开始编写，历时一年多，在这期间，各国的税收制度又有一些调整，因此刘晓凤副教授对所有章节的内容进行了全面修订。在未来的教学过程中，还会不断更新教材内容。

本书虽经几次修改，但由于编者能力所限，难免有不足之处，敬请各位专家读者批评指正。

2021 年 6 月

目 录

第一章

外国税制基本理论

【学习目标】

通过本章的学习，学生应习得如下内容：单一税制与复合税制的区别，各国税制结构的特点及发展规律，各国税制改革的特点及发展趋势。

【引言】

税收制度是指国家（政府）以法律或法规的形式确定的各种课税方法的总称。它属于上层建筑范畴，是政府税务机关向纳税人征税的法律依据，也是纳税人履行纳税义务的法律规范。通常税收制度由税收主体、税收客体、税率和违章处置等要素构成。从广义上看，税收制度是指税收的各种法律制度的总称，涵盖国家的各种税收法律法规、税收管理体制、征收管理制度及税务机关内部管理制度等。从狭义上讲，税收制度是指税收法律制度，主要是从税政管理的角度来研究税制。

第一节　外国税制结构

一、单一税制论和复合税制论

税制模式是指一个国家税收制度结构的总体形式，包括若干税种的构成、地位及其相互关系。税制模式通常具有高度概括性和整体性，集中反映税收制度的总体特征，其描述的对象为整个税制结构，并从税制内部表示各个税种之间的有机联系。税制模式一般来说可以分为单一税制和复合税制。

（一）单一税制

单一税制是指只有一个税种的税收体系。在税收的历史上，曾经有人积极主张实行单一税制，但它始终只在理论上存在，世界各国并未实行，因此在税收学上也称为单一税论。关于单一税制的主张较多，而且都与不同时期的政治主张和经济学说相呼应，其理论根据及其经济基础各有差异，大致可分为四类。

1. 单一土地税论

主张单一土地税的为重农学派，魁奈为其主要代表人物。重农学派以纯产品学说为基础，认为只有农业才能创造纯产品，地主是唯一占有纯产品（剩余产品）的阶级，所以主张实行单一土地税，由占有纯产品的地主阶级负担全部税收，而免除租地农场主和商业者的一切税收负担。至 19 世纪，单一土地税又被美国经济学家亨利·乔治再次提出，他积极主张推行单一地价税，认为资本主义制度的弊病就在于社会财富分配不公。虽然随着社会生产技术的进步，物质财富迅速增长，但由于地主垄断土地，社会进步带来的全部利益都转化为地租收入，使得人民陷入贫困，生产发展受到阻碍。所以亨利·乔治主张实行单一土地税，以使土地增值收益全部归社会所有。

2. 单一消费税论

主张单一消费税的多为重商主义学派。17 世纪，英国人霍布斯主张实行单一消费税，废除其他一切税收。他认为，人人都要消费，对消费品课税，能使税收负担普及于全体人民，限制贵族及其他阶层的免税特权。至 19 世纪，德国人普费菲也主张实行单一消费税。他从税收平等原则出发，主张税收应以个人的全部支出为课税标准，即对全部消费课税。因为消费是纳税人纳税能力的体现，消费多者，负税能力大，消费少者，负税能力小，对消费支出课税，符合税收平等原则。

3. 单一财产税论

单一财产税的代表人物是法国人计拉丹和门尼埃。单一财产税论主张以财产（资本）的价值为标准征税。这里所说的财产是指不产生收益的财产。对财产课税既可以刺激财产（资本）用于生产，又可以促使财产（资本）的产生，并能捕捉所得税无法课及的税源。这一学说又分为两种观点，一种是以美国学者为代表所主张的以财产（资本）为课税对象，但财产（资本）仅以不动产为限；另一种则是以法国学者为代表所主张的应以一切有形的财产（资本）为课税对象。

4. 单一所得税论

早在 16 世纪，法国人波丹曾经讨论过单一所得税。18 世纪初，法国人福班主张单一所得税。19 世纪下半叶，单一所得税盛行于德国，特别是在拉萨尔等人基于改造私有制，提出采取高度累进的所得税以平衡社会财富时达到顶峰。他们认为消费税是对多数贫农的课税，而所得税则是对少数富有者的课税，因而提倡单一所得税制。

历史上单一税制理论的提出有其时代背景，主要是由于当时税制复杂，政府横征暴敛，人民不堪其苦，或者是由于税收分配不公平，而遭到了人民的反抗。另外，单一税论的提出，也是由于人们看到了它的一些优点：①税收的课征只有一次，对生产和流通影响很小，有利于经济的发展；②稽征手续简单，减少了征收费用；③可使纳税人轻易了解其应纳税额，可以减少复杂税收制度的弊端。

但是，单一税制也有很多缺点，从税收原则的要求来看，主要表现在以下几个方面：①从财政原则看，单一税制很难保证财政收入的充足性，也就难以满足国家经费的支出需要；②从经济原则看，单一税制容易引起某一方面经济上的变动；③从社会原则看，单一税制的征税范围很小，不能涵盖一切人和物，不符合税收的普遍原则。同时，单一税制只对某一方面课税，而对其他方面不课税，难以实现税收的平等原则。

（二）复合税制

复合税制是国家选择多种税，使其同时并存、相互协调、相互补充，从而成为有机的税收体系。税系理论可以依据不同的标准来设计和归纳，不同的税系理论有不同主张。税系理论是随社会经济的发展而发展的。

资产阶级古典经济学派及其先驱，主张根据课税主体（纳税人）的收入来源设计税系。这一学派的创始人亚当·斯密（Adam Smith）从他主张的自由放任的经济政策出发，认为资本主义社会的三个阶级（地主、资本家和工人）要按各自收入的比例平等地负担税收。因此他把税收归纳为三大税系：地租税系、利润税系和工资税系。

主张按课税客体设计税系最有代表性的首推德国社会政策学派的代表阿道夫·瓦格纳（Adolf Wagner）。19世纪60—70年代，资本主义开始进入垄断阶段，社会阶级矛盾日益尖锐。瓦格纳主张税收不仅要满足国家的财政需要，而且还要纠正社会分配的不公。他认为资本、土地的收益负担能力强，应该多课税；劳动收入负担能力低，应该少课税；高收入者消费的商品应多课税，一般消费品应少课税。据此，他按课税客体的不同，设计了三大税系：对土地和资本收益课征的收益税系，对工薪及劳动收入课征的所得税系和对各种消费品销售课征的消费税系。按课税客体设计税系，比按课税主体的收入来源设计税系是一个进步，可以更清楚地表明各种不同税收的社会作用。

第二次世界大战后，在凯恩斯主义关于国家干预经济的理论影响下，资本主义国家对经济干预的作用大大加强，税收也成为宏观经济调节的一个重要工具。相应地按课税客体在再生产过程中的分布来设计税系就成为客观要求。20世纪70年代美国经济学家理查德·马斯格雷夫（Richard Abel Musgrave）提出的税系理论把税收归纳为两大系统：在货币资金运动过程中的课税，对财富持有与转移的课税。其中，关于按货币资金在个人、家庭部门和企业部门之间流动的不同方向和位置来说明税收的分布，可以更清楚地看出不同税收对经济的不同影响，从而更便于设计有利于宏观调控的税收体系。

从经济决定税收和税收反作用于经济两方面看，社会主义市场经济必须把握不同税收在社会再生产过程中所处的地位。据此，也有人主张应按课税对象在社会再生产过程的四个环节（即生产、流通、分配和消费）中的分布设计税系。

税制结构要具备一定的功能，而具备一定的功能必须符合各项税收原则的要求，一个税种不可能合乎一切税收原则的要求，只有复合税制才能做到。复合税制的优点体现在：就财政收入而言，税源广且普遍，伸缩性大，弹性充分，收入充足；就社会政策而言，具有平均社会财富，稳定国民经济的功能；就税收负担而言，从多方面捕捉税源，可以减少逃漏。所以说，复合税制是比较科学合理的税制结构。复合税制被当今世界各国所普遍采用。当然，复合税制也有一些缺点，表现在：税收种类较多，对生产和流通可能带来不利影响；征收手续繁杂，征收费用较高；容易产生重复课税。

二、税制结构模式的分类

世界各国大都采用由两个以上税种组成的复合税制。税制结构模式是指由主体税特征所决定的税制结构类型。根据不同税种在税制中的不同地位，税收制度结构模式可以划分为：以流转税为主体的模式，以所得税为主体的模式，以及流转税和所得税双主体模式。

（一）以流转税为主体的税制结构模式

以流转税（商品和劳务税）为主体的税制结构模式因其内部主体税特征，又被称为以间接税为主的税制结构模式，其可以进一步分为以下两种类型。

（1）以一般商品和劳务税为主体。也就是对全部商品和劳务，在产制、批发、零售及劳务服务等各个环节实行普遍征税。一般商品和劳务税具有普遍征收、收入稳定、调节中性等特点。一般商品和劳务税在课税对象确定上，既可以对收入全额征税，也可以对增值额征税。前者称为周转税（产品税），征收简便易行，但重复课税，不利于专业化协作；后者称为增值税，可避免重复征税但对征管有较高要求。

（2）以选择性商品和劳务税为主体。也就是对部分商品和劳务，在产制、批发、零售及劳务服务等环节选择性征税。选择性商品税具有特殊调节作用。

（二）以所得税为主体的税制结构模式

以所得税为主体的结构模式因其内部主体税特征又被称为以直接税为主的税制结构模型，其可进一步分为以下三种类型。

（1）以个人所得税为主体。以个人所得税为主体的税制结构模式一般存在于经济比较发达的国家，个人收入水平较高，收入差异较大，需运用个人所得税来稳定财税收入，促进个人收入的公平分配。

（2）以企业所得税为主体。在经济比较发达，又实行公有制经济的国家，在由间接税制向直接税制转换过程中，有可能选择以企业所得税而不是个人所得税为主体税。

（3）以社会保障税为主体。在部分福利国家，政府为落实社会福利经济政策，税制结构已由个人所得税为主体转向社会保障税为主体。

（三）流转税（商品和劳务税）与所得税双主体的税制结构模式

双主体税制结构模式，是指在整个税制体系中，商品和劳务税与所得税占有相近比重，在财政收入和调节经济方面共同起着主导作用。一般而言，在由商品劳务税为主体向所得税为主体的税制结构转换过程中，或由所得税为主体扩大到商品劳务税的过程中，均会形成双主体税制结构模式。从发展的角度看，这种税制模式是一种过渡性税制结构模式，最终会被其中一种主体税取代其双主体地位。

三、税制结构的影响因素

（一）经济因素

一个国家的经济发展水平、经济结构会影响整个国家的国民收入，从而影响到国家税收制度的结构。发达国家社会经济发展水平较高，生产力水平较高，人均收入较高，个人所得税的税收收入来源充足，可以以个人所得税为主要收入来源。发展中国家社会经济发展水平较低，生产力水平有限，人均收入较低，收入只能维持基本生活需要，个人所得税的税收收入来源有限，难以以个人所得税为主要收入来源。

（二）社会因素

发达国家的经济高度货币化，其收入分配的形式主要表现为货币所得，这有效地防止了税收所得的流失。发展中国家经济的市场化、商品化、货币化程度低，大量的自给自足经济，生产经营分散，收入的货币化程度较低，难以对所得税进行有效征管。

（三）政策因素

发达国家着重考虑的是如何更有效地配置资源或公平调节收入分配，注重宏观效率和税收公平目标，这就必然会选择以所得税为主体的税制结构。发展中国家经济发展水平较低，面临着发展本国经济的历史任务，往往把增加财政收入作为主要目标，商品和劳务税是比较好的选择。

（四）税收征管因素

一个国家法制健全程度以及社会治理水平在很大程度上影响了税制结构的选择。所得税对征管水平有较高的要求。发达国家拥有较为健全的司法体制、先进的税收征管系统、完备有效的税收稽查体系、严厉的处罚制度，公民自觉纳税意识强，政府征管成本低，所得税可以成为发达国家的主要收入来源。发展中国家国民教育水平相对较低、法制化程度不高，会计和统计制度不健全，税收管理能力落后，居民纳税意识不强，商品和劳务税对征管水平要求不高，征管简便，商品和劳务税可以成为发展中国家的主要收入来源。

四、小结

发达国家市场经济发达，人均收入水平较高，经济商品化、货币化、城市化程度高，社会法制健全、管理手段和方法先进，可通过个人所得税和社会保险税解决社会矛盾，保持社会稳定，因此选择以所得税（个人所得税）为主体的税制结构。而发展中国家经济的商品化、社会化、货币化程度很低，存在大量的自给自足经济、分散经营和实物经济，需要通过流转税实现其财政功能和效率目标，选择以流转税为主体的税制结构更适合。

第二节　外国税收负担

税收负担，是因国家征税而造成的一种经济负担，是国家税收对社会经济影响的结果，是国家税收所反映的经济分配关系的一个表现方面。

一、税收负担的分类

税收负担是一个总体概念，在实际运用中，又可以有多种形式。

（一）按负担的层次划分

按负担的层次划分，可分为宏观税收负担和微观税收负担。宏观税收负担是指一个国家的总体税负水平，通常用国民生产总值（或国内生产总值）税收负担率来表示。研究宏观税收负担，可以比较国与国之间的税负水平，分析一国的税收收入与经济发展之间的关系。所谓微观税收负担，是指微观经济主体或某一征税对象的税负水平，可以用企业所得税负担率或商品和劳务税负担率来表示。研究微观税收负担，便于分析企业之间、行业之间、产品之间的税负水平，为制定合理的税负政策提供决策依据。

（二）按负担的方式划分

按负担的方式划分，可以分为等比负担、量能负担和等量负担。

（1）等比负担，即实行比例税的负担形式。实行等比负担，透明度高，便于鼓励规模经营和公平竞争。

（2）量能负担，即根据纳税人负担能力的大小，实行累进课税的负担形式。实行量能负担，有利于促进收入和财富分配的公平。但是，对低收入者课低税，对高收入者课高税，不利于提高经济活动的效率。

（3）等量负担，即按单位征税对象直接规定固定税额的负担形式。实行等量负担，税额的多少不受价格变动的影响，有利于稳定财政收入。但是，价格的变动对纳税人收益影响极大，征税不考虑价格变动的因素，往往导致税负分配的不合理。

（三）按负担的内容划分

按负担的内容划分，可以分为名义税收负担和实际税收负担。名义税收负担是指由名义税率决定的负担；实际税收负担则是指缴纳税款实际承担的经济负担。名义负担与实际负担往往存在背离的情况，一般是后者低于前者，究其原因，主要是存在减免税、税基扣除，以及由于管理原因导致的征税不足。

二、税收负担水平的衡量指标

（一）衡量税收负担的经济指标

考核税收负担的经济指标有两类，一类是反映国家税收总负担的指标，另一类是反映企业税收负担水平的指标。

1. 反映国家税收总负担的指标

（1）税收占国民收入的比率 $= \dfrac{\text{税收总额}}{\text{同期国民收入}} \times 100\%$

（2）税收占国民生产总值的比率 $= \dfrac{\text{税收总额}}{\text{同期国民生产总值}} \times 100\%$

（3）税收占个人收入总额的比率 $= \dfrac{\text{税收总额}}{\text{同期个人收入总额}} \times 100\%$

2. 反映企业税收负担水平的指标

（1）企业税收总负担率 $= \dfrac{\text{纳税总额}}{\text{同期销售收入}} \times 100\%$

（2）企业流转税负担率 $=\dfrac{各流转税合计}{同期销售收入}\times100\%$

（3）企业所得税负担率 $=\dfrac{实纳所得税税额}{同期利润总额}\times100\%$

（4）企业净产值税收负担率 $=\dfrac{纳税总额}{净产值（或增加值）}\times100\%$

（二）税收负担的确定原则

1. 取之有度原则

虽然国家对财政资金的需要是无限度的，但国民经济的现有水平决定了税收的承受能力。因此，在确定税负总水平时，要兼顾国家需要和国民经济的承受能力，使二者相适应，以促进宏观经济与微观经济的协调发展，培植更加丰茂的税源，保证税收收入的持续增长。

2. 公平税负原则

根据国家的经济政策和社会政策，对纳税人的税收收入进行适当调节，使纳税人的税收负担及其税后收入趋于平衡，以鼓励纳税人在公平合理的税收条件下平等竞争，促进经济发展。平等纳税是公平税负的前提，即凡是有纳税能力的纳税人，都要普遍纳税，以为税收负担的公平打下基础。公平税负分为经济公平和社会公平两方面。经济公平是根据国家政策需要，对相同征税对象的不同纳税人，实行同一税负，达到平等税负，以调节因资源、价格等条件不同而造成的差别收入；对国家鼓励或限制的征税对象，实行不同税率，以达到鼓励或限制的政策目的。社会公平是指对收入悬殊的纳税人，通过税收调节，以缩小他们之间的收入差距，达到社会稳定的目的。但是，实行社会公平的前提是必须坚持税收的激励效应和效率优先原则。

3. 量能负担原则

社会总税负要依据国民经济的负担能力来确定，纳税人的个别税负也要依据不同部门、行业纳税人的个别负担能力来确定。否则，即使总体税负合理，但个别税负结构及分布失衡，导致纳税人之间的利益水平和自我发展能力相差悬殊，最终也会破坏经济的协调性而使总税负难以顺利实现。

应当注意的是，税收负担与税收负担能力是两个相互联系的不同概念。它们之间的区别在于：税收负担是指国家加在纳税人身上的一种纳税责任；而税收负担能力，则是纳税人所具有的承受国家税收负担的潜在能力。两者之间的联系表现在：离开了国家所加在纳税人身上的税收负担，也就谈不上纳税人承受这种负担的税收负担能力问题；反过来，离开了税收负担能力，税收负担也就成为没有实际意义的和不可衡量其轻重的东西了。例如，一个纳税人如果没有任何税收负担能力，国家要加在这个纳税人身上的税收负担就会落空。

三、税收负担水平的影响因素

由于税收负担必须考虑需要和可能两方面的情况，因此，一个国家在制定税收政策，确定总体税收负担时，必须综合考虑国家的总体经济发展水平，并根据不同的经济调控需要，来制定税收负担政策。一般来看，影响税收负担水平的主要因素有以下三点。

（一）社会经济发展水平

一个国家的社会经济发展总体水平，可以通过国民生产总值和人均国民生产总值这两个综合指标来反映。国家的国民生产总值越大，总体负担能力越高。特别是人均国民生产总值，最能反映国民的税收负担能力。一般而言，在人均国民收入比较高的国家，社会经济的税负承受力较强。世界银行的调查资料也表明，人均国民生产总值较高的国家，其税收负担率也较高，人均国民生产总值较低的国家，其税收负担率也较低。国家通过税收能够积累多少资金，社会总体税收负担应如何确定，不取决于人们的主观愿望，也不能只考虑国家的需要，必须首先考虑社会经济体系和纳税人的承受能力。只有税收负担适应本国经济发展水平和纳税人的承受能力，税收才能在取得所需的财政收入的同时，刺激经济增长，同时提高社会未来的税负承受力。如果税收负担超出了经济发展水平，势必会阻碍社会经济的发展。

（二）国家宏观经济政策

任何国家为了发展经济，必须综合运用各种经济、法律以及行政手段，来强化宏观调控体系。国家会根据不同的经济情况，而采取不同的税收负担政策。当经济发展速度过快过热时，需要适当提高社会总体税负，以使国家集中较多的收入，减少企业和个人的收入存量，抑制需求的膨胀，使之与社会供给总量相适应。此外，还要根据经济情况的发展变化，在征收中实行某些必要的倾斜政策和区别对待办法，以利于优化经济结构和资源配置。

（三）税收征收管理能力

由于税收是由国家无偿征收的，税收征纳矛盾一般都比较突出。因此，一个国家的税收征收管理能力，有时也对税收负担的确定有较大影响。一些国家的税收征收管理能力强，在制定税收负担政策时，就可以根据社会经济发展的需要来确定，而不必考虑能否将税收征上来。而在一些税收征管能力较差的国家，可选择的税种有限，勉强开征一些税种，也很难保证税收收入，想提高税收负担也比较困难。

（四）税收制度

税收制度的核心是税收负担，在税收总体负担确定的情况下，各类纳税人具体的税收负担状况主要受税制本身所规定的各种计税要素影响。这些要素直接决定了谁是纳税人，应该负担多少税收。税收制度的具体实施主要通过如下方面来进行：一是确定课税对象，以确定谁是纳税人；二是确定税率的高低；三是确定计税依据；四是确定对谁减免税，怎么减免税；五是加重哪些纳税人或课税对象的税收负担。

第三节　各国税制改革

一、税制改革的特点

（一）发达国家税制改革的特点

进入 21 世纪，随着经济全球化程度的加深，发达国家进行了一场以结构性减税为特征的税制改革，其范围之广，程度之深，影响之大，是历次税制改革不可比拟的。美国、德国、法国等国家都出台了大规模的中长期减税规划。就税制改革而言，具有以下特点。

（1）主要税制改革内容仍然集中在所得税系，特别是个人所得税和公司所得税上。对个人所得税继续采取降低税率，减少税率档次的做法；对公司所得税采取降低税率，增加扣除等减轻税收负担的做法，以应对国际税收竞争和经济全球化的挑战。

（2）进一步减轻或者免除双重征税，实行个人所得税、公司所得税一体化，降低综合税收负担。

（3）商品税系继续加强，特别是进一步扩大增值税征收范围。

（4）美国继续提出了用消费税代替所得税的设想，表明未来税制结构的变迁和主体税种选择仍旧存在很大变数。

这场税制改革必将对税制结构和主体税种选择产生重大影响。从税制结构的发展趋势看，这种影响是 20 世纪 80 年代以来税制结构发展趋势的延续，即所得税系在维持主体税系地位的同时，继续平缓下降，商品税系则因更符合效率原则，而得到缓慢提升。两大主要税系进一步走向平衡协调，形成双主体的税制结构。就主体税种选择看，个人所得税虽然不断降低，但除了社会保险税外，仍然是首要的主体税种；同时，伴随着商品税系的崛起，增值税近年来稳步上升，成为主体税种是发展的必然趋势，但不可能完全取代个人所得税的地位和作用。

此外，值得注意的是，在发达国家主体税种选择和税制结构演进过程中，课征于能源消费、环境保护方面的环境税收，从 20 世纪 60 年代开始出现，一直保持了较高的增长态势，在某些国家已经成为重要的收入来源和调控手段。而且，环境税收也逐渐得到了国际组织、各个国家和人民的认同，并有可能改变未来的税制结构和主体税种。

（二）发展中国家税制改革的特点

1. 引入税基宽广且具中性的增值税，简化消费税

增值税是对国内经营活动和进口货物、劳务为课税对象的，税基宽广的一般流转税，它能为政府提供更多的潜在财政收入。同时，消费型增值税针对各个环节经营者所创造的增加值部分课税，允许包括购进固定资产在内的进项税额全部抵扣，能体现税收中性，有利于经营者的投资活动。此外，对出口贸易或国际运输等，按照国际惯例实行增值税出口退税，可以避免跨境商品、劳务的重复征税，有助于商品、劳务的自由流动及在国际市场上的公平竞争。所以，增值税最先在法国产生后，其诸多优点被越来越多的国家所认识，并成为巴西、阿根廷、埃及、泰国、印度尼西亚、菲律宾、中国、越南、柬埔寨、印度、土耳其等发展中国家相继引入的一个税种。与此同时，引入增值税的中国、泰国、印度尼西亚、菲律宾、越南、柬埔寨、土耳其、墨西哥、玻利维亚等国，均对消费环节的特定商品课征的消费税进行了较大幅度的修改和简化，使其成为课税品目较少、调控意图鲜明的一个税种。

2. 宽税基、低税率、减档次的所得税扁平化改革

首先，发展中国家的所得税税基通常比较狭窄，因此，各国政府必然需要采取较高的

税率来取得收入，但较高的税率会给市场带来较大的扭曲并产生较大的纳税遵从成本。以"宽税基、低税率、简税制"为主要内容的发达国家税制改革为发展中国家的所得税改革提供了新的认知。

（1）所得税制改革的主要目标如果是减少低收入者的税负，那么税率级次较少且免征额较高的所得税制较之多档税率所得税制更具优势。

（2）更多档次的税率意味着更高的管理成本、更复杂的税制和更高的纳税遵从成本。

（3）个人所得税边际税率过高会影响其聚财功能。

因此，从20世纪80年代至今，发展中国家对个人所得税和公司所得税进行了降低税率、减少税率档次的改革。其次，为了增加财政收入和贯彻公平原则，发展中国家采取了各种各样的改革措施，以拓宽个人所得税和公司所得税的税基，这些措施包括：普遍减少对税收优惠的依赖，如越南严格制止各省自行制定税收优惠；减少减税和免税项目；取消或严格限定个人所得税和公司所得税的税前扣除项目和额度；增加对投资性所得课税，如越南对个人土地交易的所得课税，马来西亚将对个人和公司在期货交易中的收益征税；将诸多形式的附加福利纳入课税范围；进行更加严格的税务管理等。

3. 以完善中央税体系为主、完善地方税体系为辅

无论是联邦制还是单一制政体的发展中国家，通过20世纪80年代以来的税制改革，一方面，进一步完善了以增值税、消费税、个人所得税和公司所得税为中心的中央税体系（或联邦税制体系）；另一方面，人口众多的联邦制大国（如巴西和印度）也加强了地方税制的完善工作。巴西在完善联邦政府的工业产品税（生产环节增值税）的同时，也相应给予了州政府流通环节增值税性质的税源——商品流通服务税，并使之进一步完善。印度在联邦政府引入有限度增值税的同时，也说服各州级政府引入适用于商业批发和零售环节的州级增值税，使州级政府的税源得到充实。

4. 简化税制、加强征管

发展中国家在20世纪80年代以来的税制改革过程中，对税收征管工作的改善给予了极大的重视。许多国家一是通过简化税制、税法，促使税收管理工作更简单、更有效，进而减少税收管理成本；二是通过明确和细化税收法规中纳税人应纳税款的计算与核实等内容，完善纳税人自行申报制度，促进其纳税遵从度的提高；三是通过加强税法宣传、税务咨询等，建立以纳税人为中心的纳税服务体制及信息化管理体制，不断提高税收征管效率。

5. 注重开展国际税收合作

20世纪90年代以来，区域经济一体化发展出现了加深、加快的态势，这不仅体现在区域经济一体化或自由贸易协定的数量增加方面，还体现在区域经济一体化组织范围呈扩大趋势方面。虽然各区域经济一体化组织不以统一成员国税制为目标，但其一体化进程均从关税协调开始，再不断扩展到投资和服务贸易领域，这就不可避免地触及国家间所得（财产）跨境重复征税的问题。从以发展中国家为中心的区域经济组织——中国—东盟自由贸易区的建设过程来看，中国与东盟10国于2020年11月签署的区域全面经济伙伴关系协定，各成员国之间积极开展双边税收情报的交换工作，这有助于解决国家间关于税收利益

的矛盾，促进各成员国之间的税收协调。

二、税制改革的趋势

（一）发达国家税制改革的趋势

1. 税制原则的变化趋势

（1）在税收的经济效率原则上，由全面干预转向适度干预，主要体现在：以所得税为主转变为降低所得税税率，税收的多优惠转变为少优惠，税收对经济的干预转变为减少对经济的干预。

（2）在税收公平与效率原则的权衡上，由偏向公平转向突出效率，主要表现是合并税率档次，降低最高边际税率，将原来的高度累进税变为近乎单一比例税。

（3）在税收公平原则的贯彻上，由偏重纵向公平转为追求横向公平，主要表现为中等收入阶层的税率降低幅度比高收入阶层要小得多、由多级累进税率向比例税率靠拢。

（4）在税收效率原则的贯彻上，由注重经济效率转向经济与税制效率并重，最为明显的是从繁杂的税制向简化的税制过渡，应税所得的计算由复杂转变为简单。

2. 税收比率趋同

各国税收总收入占国内生产总值的比率从静态上看接近于某一数值，从动态上看增长趋势比较一致。

3. 税制结构趋同

一是进行了以降低税率、减少优惠、扩大税基为基本内容的所得税改革；二是增值税在全球范围内迅速推广。增值税的类型，几乎都是实行消费型增值税，增值税的征税范围，绝大多数课征到零售环节，增值税的税率总体呈上升趋势，商品税的地位大大提高。

（二）发展中国家税制改革的趋势

1. 间接税仍是重要的改革领域

许多发展中国家为增加财政收入，普遍重视流转税的征收，尤其重视增值税的作用。改革趋势为：提高增值税的税率，扩大增值税的征收范围，并且对烟、酒、原油的消费税提高税率，不断增加间接税的税收地位。

2. 所得税比重有所下降

各国针对用消费税取代所得税进行了探讨，并普遍认为所得税在公平、效率、便利上存在诸多缺陷。所得税有利于储蓄和投资，但不利于提升经济效益与生活水平。收入相同的家庭，由于家中未成年人数目不同，所得税税负就会不同，这有失公平。所得是人们对社会做出的贡献的回报，消费则是人们对社会的索取，对消费征税比对所得征税更能体现社会的公平，且消费税更容易反映各个家庭的实际纳税能力。另外，所得税较为复杂，在征收管理上的成本较高，纳税人的纳税成本也较高，还有可能出现偷逃税、避税等行为，出现更大的不公平。以上这些原因造成所得税收入难以有较大增加。

第四节　比较与借鉴

一、税制结构优化的国际经验

税制结构与经济发展阶段相关，具有客观性，即经济越发达，经济增加值和人均财富也越高，直接税的税源也就越丰裕，并为直接税的主体地位提供经济基础；同时，经济发达国家税收的征管手段相对先进和成熟，征管效率也相对较高，使对征管水平要求较高的个人所得税等直接税成为主体税种提供了现实可能。另外，税制改革对税制结构的变化具有重要影响，其根本原因在于税制改革也是主要基于经济发展要求的结果。也就是说，适应经济发展要求的税制改革是促进税制结构优化最直接的力量。此外，随着经济全球化的发展，国家间的税收竞争与协调已成为当今税制发展的一个重要影响因素，使各国税制呈现一定的趋同现象，发达国家与发展中国家的税制结构也因此呈现趋同的态势。

二、宏观税负水平的评判标准

（一）发达国家

发达国家宏观税负发展的一般趋势是上升的，税收收入的增长幅度要快于 GDP 的增长幅度。发达国家宏观税负的增长是由以下因素决定的。

1. 政府支出的增加

德国学者阿道夫·瓦格纳提出的瓦格纳定律，即政府支出规模是在不断扩大的。这个规模既指绝对规模，也指相对规模。瓦格纳定律已经得到了实践的验证。一是因为随着经济的发展，政府需要提供更多的公共商品和劳务；二是因为经济管理越来越困难，社会越来越复杂，政府介入市场和调节经济的功能在不断加强，公共部门的规模也在不断扩大；三是因为居民生活水平提高以后，对公共商品和劳务的数量和质量都提出了更高的要求，需求在扩大，如对教育、社会保险、交通、环境等的需求增加。由于政府支出规模的扩大，迫使作为获取财政收入主要手段的税收规模扩大，从而使宏观税负不断上升。

2. 税收职能的扩大

随着经济社会的发展，各国越来越重视发挥税收的调节作用，运用税收手段来调节总供给与总需求，调节收入分配格局以实现公平和效率的目标，而这只有在税负达到一定程度时，财政才能够对生产、分配、交换和消费等诸环节产生重大影响，才能够有效调节居民和生产者行为。因此，各国开征了一系列的现代税种，如社会保险税、所得税、增值税等。宏观税负也因此而逐步上升。

3. 税制结构的影响

税制结构的一个影响表现在税种结构方面。各国广泛以个人所得税作为主体税种，个人所得税的地位越来越重要，在有的国家已经成为第一大税种。由于个人所得税的累进税率造成收入增长时适用的税率提高得更快，从而使个人所得税收入增长的速度快于 GDP

的增长速度，个人所得税占 GDP 的比重不断增长，已成为宏观税负增长的主要原因之一。税制结构的第二个影响表现在税收的产业结构方面，不同产业对税收的贡献是不同的，由于税收分配的对象主要是剩余产品价值部分，而重工业的折旧数额较大，故税收占其新创造价值的比重相对较小，而第三产业的税负则相对要重一些。发达国家的第三产业都比较发达，其创造的价值占 GDP 的比重一般为 60%～70%。

4. 经济的发展

发达国家由于工业化程度比较高，经济发展水平较高，科学技术比较先进，产品的附加值较高，如汽车、电子、服务业、航空业、制药业等领域的企业，尤其是跨国企业的利润水平较高。由于政府主要是对价值构成中的剩余产品价值征税，故利润率的高低是税收规模扩大和税负水平提高的客观基础。

5. 军事和社会因素

美国等发达国家不断挑起地区冲突，为了筹措战争经费和战后重建的经费，以及为进行军备竞赛和军事对抗，各国军费开支长期居高不下，也迫使税收规模不断扩大。

（二）发展中国家

发展中国家的税负状况差别很大，既有税负比较高的国家，也有税负比较低的国家，这与发展中国家的国情相关。一般来讲，资源比较丰富的发展中国家税负比较轻，如盛产石油的科威特、巴林、阿曼等国，其石油收入占财政收入的比重很大，故这些国家的税负就很轻。此外，一些"避税港"和一些经济特别不发达的国家税率也较低。而那些长期处于战乱、民族纠纷以及与邻国冲突的国家，其税负比较高，如埃及、以色列、约旦、尼加拉瓜等国家。发展中国家的税负水平要低于发达国家的税负水平，造成这种差距的原因主要有如下五点。

1. 发展中国家各方面发展制约

发展中国家生产不发达，经济发展水平较低，科学技术水平落后，致使税基窄、税源薄、税收难以以较快速度增长。

2. 发展中国家社会保险税所占份额小

由于发展中国家社会保险税所占份额很小，除拉丁美洲外，其在税收中的占比微不足道。如果排除发达国家在社会保险税方面与发展中国家的差距，那么发达国家与发展中国家的税负差距会大大缩小。在发展中国家中，人均收入水平越高的国家，其社会保险税所占比重越高，且社会保险税收入所占比重越大，其税负水平也越高。

3. 发展中国家税制发展时间较短

发达国家税制经过多年发展已经比较完善，漏洞较少，其法制完备，税收征管手段先进，税收征管人员和纳税人的素质比较高，纳税人纳税观念强，社会形成了一个依法纳税的舆论环境、道德环境和法制环境，故发达国家偷税漏税现象比较少。而发展中国家的情况则与此相反，这也是发展中国家宏观税负较低的一个重要原因。

4. 税制结构和产业结构不同

发展中国家以间接税为主，而发达国家则以直接税为主。这是由发展中国家较低的经济发展水平和低下的税收征管能力所决定的。在发展中国家中，农业所占比重很大，人口极其分散且人均收入低，收入分配不公平状况较严重，所得税和财产税的税基很窄，而采用以间接税为主的税制结构则有利于保证财政收入且便于征管，但是这样的税制结构难以保证税收随收入增长而增长，因为间接税的税基是消费，而消费的增长速度要慢于收入的增长速度，故发展中国家消费的收入弹性不可能大于 1，因此，间接税比重过大限制了发展中国家税基的扩大。人均 GDP 水平越低的国家其间接税所占比重也越高。这也与人均 GDP 较低的国家宏观税负水平较低有着内在的联系。

5. 税收优惠政策

（1）发展中国家为了吸引外国投资，纷纷对外国投资实行优惠的税收政策，如采取免税、减税或适用低税率等方式。发展中国家往往对投向特定地区的外国投资、数额巨大的外国投资、专门出口产品的外国投资、外商的再投资以及高新技术的外国投资实行税收优惠政策。

（2）发展中国家为赚取外汇鼓励出口，对本国的出口实行税收优惠政策，对出口货物免税或退税。

（3）政府为实现本国的产业结构调整，达到本国的产业政策目标，通常对一些特定行业实行税收优惠，如允许加速折旧、给予减免等税收优惠。这些税收优惠措施都制约了宏观税负的上升。

发展中国家的国情相差很大，影响各国税负的因素也各不相同，简单以各国的经验数据来推断发展中国家税负的最佳水平是不科学的。人们判断税负是否处于最佳水平通常有两个标准：一是看是否有利于经济增长与发展，二是看能否保证政府职能充分实现。实际上第二个标准也是从第一个标准派生出来的。因为在现代经济中，政府的角色是不可缺少的，它承担着弥补市场缺陷的职能，政府职能若不能充分实现，必然会影响经济的增长和居民生活，二者是统一的。经济增长为政府筹集资金实现职能提供保证，而有效行使政府职能也有利于经济增长。但是二者也存在一些矛盾，从促进经济增长来看，税负应较低，但从保证财政职能来看，税负则不能过低。

一般发展中国家经济增长与宏观税负是正相关的，税负上升，GDP 增长率也上升，且相关度都比较高。但也会因为各国具体国情不同而不同，随人均国民收入的升高，税负对经济增长的影响程度会下降，即在较低收入阶段税负水平对经济增长程度的影响要弱于高收入阶段。

三、税制改革的标准

（一）发达国家税制改革的标准

英国财政学家锡德里克·桑德福（Cedric Sandford）提出了三条税制改革的标准：一

是税制改革在多大程度上实现了改革者确定的目标，无关价值判断，要注重短期影响；二是税制改革的可持续性；三是税制改革产生合意的或不合意的副产品的程度，估价副产品时不可避免价值判断，税制改革可能会迅速逆转。

美国众议院税收方法委员会主席比尔·阿彻（Bill Acher）提出税制改革的五个标准：简化征纳程序、激励储蓄、限制地下经济、出口产品服务不含税、增加进口产品服务的税金。

美国经济学家迈克尔·博斯金（Michael Boskin）也提出了税制改革的五条标准：税制改革能否推动经济绩效的提高；税制改革是否有利于形成合理适当的政府规模；税制改革是否有利于巩固联邦制；税制改革是否具有可持续性；税制改革是否能够繁荣稳定民主制度。

（二）发展中国家税制改革的标准

国际货币基金组织财政事务部主任维托·坦兹（Vito Tanzi）在两个假设前提下，一是政府有不多的可有效贯彻经济政策的工具，二是政府强有力地控制着法定税制，提出了发展中国家税制改革的标准。

（1）集中性指标。在某种既定的税制体系下，如果相对少量的税种和税率就能筹措到大部分税收收入，那么这种税制就是优良的税制。

（2）分散性指标。要求收入少的小税种数量要保持在最低限度。

（3）侵蚀性指标。要求一国的实际税基要尽可能接近于潜在税基水平。税基侵蚀，不论是合法侵蚀，如免税期、税收豁免、纳税扣除、进口关税减免、零税率，还是非法行为造成的侵蚀，如逃税、走私等，都要尽可能少。

（4）征收时滞指标。将征税时滞降低到最低限度。无论是合法时滞，还是拖欠时滞都要尽可能少。

（5）从量性指标。一个良好的税制要实现对从量税的依赖程度最小化。

（6）客观性指标。对客观上可以测定的税基征税的程度。

（7）执行性指标。处罚力度和执行程度。

（8）征收成本指标。税收的征收成本越低，税制越健全。

好的税制改革，应该具有集中性高、分散性低、侵蚀性少、低征收时滞、低从量性、客观性高、执行性强、低征收成本的特征。

思 考 题

1. 单一税制模式与复合税制模式各有哪些利弊？
2. 发达国家、发展中国家税制改革都有哪些特点和趋势？
3. 评价发展中国家税制改革是否成功的标准是什么？
4. 单一土地税是什么？
5. 评价宏观税负水平的标准是什么？
6. 桑德福标准的内容是什么？

第二章

外国个人所得税

【学习目标】

通过本章学习，掌握外国个人所得税的基本理论；对课税模式以及其分类有一定的了解，对比不同国家的课税模式；掌握纳税人的概念，能区分居民纳税人和非居民纳税人，以及他们的纳税义务。重点掌握个人所得税税基的确定方法及影响税基的因素。对个人所得税税率的选择、纳税单位以及征收方法有一定的了解。具体掌握英国、美国、新加坡个人所得税的税收制度。最后，通过比较和借鉴，对我国现有个人所得税制度提出改进意见。

【引言】

本章主要讲解外国个人所得税，并对英国、美国、新加坡的个人所得税展开具体叙述。在个人所得税制的概述中，对课税模式、纳税人、税基、税率、纳税单位、征收方法进行说明，展现不同国家在个人所得税制上的不同选择。具体对英国、美国、新加坡的纳税人、征税对象、税率、税收优惠、纳税申报进行详细讲述。最后，对中国现有的个人所得税制度提出建设性的意见。

第一节　个人所得税概述

一、个人所得税的课税模式

课税模式是一个税收制度结构的总体形式，通常具有高度概括性和整体性。课税模式集中反映了税收制度的总体特征，其描述的对象为整个税制的结构。

个人所得税的课税模式主要分为三种：分类所得税模式（scheduler pattern of income taxation）、综合所得税模式（global pattern of income taxation）、分类综合所得税模式（dualistic or mixed pattern of income taxation）。

（一）分类所得税模式

分类所得税模式将个人所得税按来源划分为若干类别，并对不同来源的所得分别计税。分类所得税模式具有以下几个特点：对来源不同的所得按不同税率课税；广泛采用源泉课征，征收简便；不能完全体现纳税人的纳税能力，有失公平。

（二）综合所得税模式

综合所得税模式是对纳税人全年各种不同来源的所得综合计算征收所得税。综合所得税模式的特点为：能体现纳税人实际负担水平，符合支付能力原则；可作为调节社会经济的"自动调节器"；采取自行申报方式，但是手续复杂，对税收征纳双方都提出了较高的要求。

（三）分类综合所得税模式

分类综合所得税模式也称为混合所得税制度。纳税年度终了时，先将纳税人不同来源的所得按性质分为不同项目，对不同项目的所得进行费用扣除并从源扣缴个人所得税，再将全部或部分所得项目加总，扣除宽免额，运用累进税率征收个人所得税。分类综合所得税的模式将分类所得税和综合所得税的优点综合在一起，能充分发挥课税的作用，减少逃税漏税。但是，该模式稽征较为复杂。

分类综合所得税模式可分为交叉型和并立型分类综合所得税模式。

（1）交叉型分类综合所得税对纳税人的各项分类所得先按比例源泉扣缴个人所得税，然后对其全年总所得超过规定数额以上的部分，综合加总，按累进税率计税，源泉扣缴的税款可以在结算时予以抵扣，多退少补。英国是实行交叉型分类综合所得税的典型国家。

（2）并立型分类综合所得税对某些所得分项计征，按特定的标准、税率征税，年终不再计入总所得中；而其余大部分所得项目要合计申报纳税，按累进税率计税。这种税制与分类所得税的差别在于，分类所得税往往采用源泉扣缴的办法，扣缴完后不再纳税，而并立型的分类综合所得税，除少数项目分立征收外，其他大部分所得项目仍要综合计征。

世界上大多数国家采用综合课税模式，可见公平是多数国家个人所得税建设的重要目标。少数国家采取分类所得税模式或分类综合所得税模式，且多为发展中国家，这主要与人们的纳税意识较淡及税收征管水平较低有关。

二、个人所得税的纳税人

纳税人是课税的主体，亦称纳税义务人，指税法规定的负有纳税义务、直接向政府缴纳税款的自然人。不同的国家对纳税人身份，即居民纳税人和非居民纳税人，以及纳税义务的界定有不同标准。

（一）税收管辖权一般根据属地主义和属人主义原则来确定

居民纳税人和非居民纳税人的义务区别如下所示。

（1）居民负有无限纳税义务，即对全世界范围内的所得课征个人所得税。

（2）非居民负有有限纳税义务，即仅对来源于本国境内的所得课征个人所得税。

（二）各国认定居民身份的三个标准

（1）住所标准，纳税人如果在本国境内有永久性住所或习惯性住所，就是本国居民。

（2）时间标准，自然人如果在本国境内居住或停留超过一定时间，就是本国居民。

（3）主观意愿标准，自然人如果有在本国境内居住的意愿就可认定为本国居民。

三、个人所得税的税基

税基是指政府征税的客观基础，它描述的是政府征税的广度，即解决对纳税人的"什么"征税的问题。税基作为计税依据，它是从量的规定性上界定某一税种征税的广度，是计算应纳税额的法定基础和依据。确定应税所得额（个人所得税税基）一般遵循两个原则：以净额为标准界定应税所得，凡是以现金表示的各种所得都应计入应税所得。

（一）关于所得的确定

通常个人所得税的征收范围包括工资收入、租金收入、投资收入和各种其他收入。

1. 对于实物所得的税务处理

对于实物所得（附加福利），多数国家将其视为货币所得列入征税范围。

世界各国对附加福利的税务处理模式如下。

（1）单独课征附加福利税。如澳大利亚、新西兰，对雇主按个人所得税的最高边际税率（包含医疗税税率）进行征收，防止个人纳税人在正常的工资和薪金之外以附加福利的形式逃税。

（2）把附加福利计入个人所得税税基。在计算个人所得税税基时，把附加福利一起纳入应税所得。在美国，总所得包括现金分红和现金以外的资产分红；在加拿大，个人所得包括工资、薪金和各种报酬，以及雇主为雇员提供的各种福利。

（3）对附加福利不征税。许多发展中国家从便于征管的角度出发，对于公司提供的免费或低价工作午餐、免费幼儿园入托、免费医疗、免费住房等都给予免税。

2. 对于转移所得的税务处理

转移所得是纳税人不需要付出任何代价或从政府那里得到的所得，如离婚赡养费和社会保障提供的福利。发达国家通常对离婚赡养费征收个人所得税，对社会保障制度提供的福利免征个人所得税，并在征收个人所得税时允许扣除社会保障缴款。多数发展中国家对转移所得不征收个人所得税。

3. 对于推算所得的税务处理

推算所得是由纳税人本人生产产品或提供服务，并由其本人消费这些产品或服务而得到的隐含性收入。通常推算所得包括住宅拥有者自用住宅而免去支付的租金，农业生产者自己生产、自己消费而免去购买的费用，比利时、意大利、哥伦比亚等国对住宅拥有者自用住宅的推算所得征税，大多数国家出于支持农业发展的需要，对农业生产者自产自销的农产品不征税。

4. 对于合法所得和非法所得的税务处理

在美国、德国、日本，合法所得和非法所得都在所得税的征税范围内。对于大部分发展中国家，合法所得在征税范围内，而非法所得不在征税范围内。

5. 对资本利得的税务处理

资本利得是指债券、股票和不动产等资本性财产的增值或出售而得到的净收益，其中因出售资本性财产而得到的净收益为转让所得或已实现的资本利得，其中已增值未出售的利得为未实现的资本利得。

各国对资本利得的税务处理视实际情况而定，有的同普通所得征税，也有的征收资本利得税，有的对资本利得免税。澳大利亚对已经实现的资本利得收益征收资本利得税。在法国，动产转让的资本利得适用所得税税率，某些情况下，动产转让的资本利得税可以得到一定减免。加拿大对资本利得的50%按照一般所得税税率进行征税。新加坡、瑞士没有资本利得税。美国的个人和企业都需要缴纳资本利得税。

6. 规则性所得和非规则性所得的税务处理

规则性所得指的是，以劳动或财产为源泉的工资、薪金、利息。非规则性所得指的是，资本性财产的重估溢价、遗产的继承、意外收入或偶然所得。美国不强调征税所得的规则性，而英国和美国相反，强调征税所得的规则性。

（二）扣除项目的确定

1. 成本费用扣除

可扣除的成本费用必须是为了取得应税收入而发生的成本和费用，不包括资本性费用、私人或家庭支出和取得免税所得的费用。

2. 个人基础扣除

个人基础扣除（生计扣除）是为补偿劳动者基本消耗以实现简单再生产目的的扣除，有两种扣除办法。

（1）起征点（tax threshold），是征税对象达到一定数额开始征税的起点。当纳税人收入超过起征点时，要按其收入全额征税。

（2）免征额（tax exemption），是在征税对象的全部数额中免予征税的数额，而当纳税人收入超过免征额时，则只就超过的部分征税。

起征点或免征额会根据当年物价变动情况进行指数化调整。

3. 赡养扣除

赡养扣除额根据纳税人的家庭结构、婚姻和子女状况来确定，通常情况下取决于子女的状况和配偶的收入情况。

4. 个人特许扣除

个人特许费用是特殊开支的需要，包括：医疗费、为子女所负担的学费、未投保受到的灾害损失、老年人和残疾人的照料费。

5. 再分配性扣除

再分配扣除的目的是鼓励纳税人按一定方向分配其所得，包括如下几项。

（1）为体现国家的相关税收政策而给予的扣除，比如，某种储蓄或消费扣除。

（2）为鼓励慈善捐款而给予的扣除。

（3）某些特殊政策性扣除。

四、个人所得税税率的选择

（一）基本税率

不同国家对基本税率模式的选择根据实际情况会有所不同。采用综合所得税模式的国家对综合所得适用的税率属于基本税率，采用分类所得税模式的国家对工薪、劳务报酬等勤劳所得适用的税率为基本税率。绝大多数国家基本税率采用超额累进税率模式。也有少数国家实行比例税率。

（二）非勤劳所得适用的税率

非勤劳所得，如财产租赁所得、偶然所得、资本利得，税率一般为比例税率，并从源代扣代缴。

（三）预提税税率

针对非居民纳税人的个人所得适用的税率为预提税税率，包括利息、股息、租金和特许权使用费。预提税税率一般为25%、20%或15%。对税收协定国下的非居民实行优惠税率。

（四）个人所得税税率的改革趋势

目前，各国个人所得税率的变化趋势呈现最高边际税率下降，税率档次减少的现状。从最高税率来看，最高税率有增有减，增减相当。从最低税率来看，削减中低收入者适用税率的趋势仍在持续。另外，多数国家继续收窄税基，以促进就业，扶持低收入者。总体而言，这些措施缩小了税基，预期会减少税收收入。为弥补收入缺口，一些国家推出了同时扩大和缩小税基的改革"组合拳"。缩小税基的手段主要体现在四个方面：一是提高免征额和税前扣除额，以促进就业、减少贫困、提高税制的累进性；二是增加工资薪金抵免额，以支持低收入工作者；三是提高儿童及其他抚养对象的抵免额；四是增加针对老人和残疾人的税收减免。此外，土耳其、斯洛文尼亚、瑞典等针对高技术人才实施了额外扣除措施，以吸引和留住高技术人才，提高劳动力素质。扩大税基的改革主要体现在：美国将住房抵押贷款利息扣除限制在抵押贷款余额不超过750 000美元的利息支出范围内，取消房屋净值贷款利息的扣除，并将州和地方税的扣除额限制为10 000美元。日本从2020年1月起将所有纳税人的基本免税额从38万日元增加到48万日元，但同时降低了工薪阶层的最高免税额。荷兰将逐步限制可扣除项目的扣除率。拉脱维亚对教育、医疗、捐赠支出的可扣除金额也进行了限制。

五、个人所得税的纳税单位

纳税单位指负有纳税义务的单位，个人所得税的纳税单位可以是个人，也可以是家庭。

（一）个人制

个人制是指以独立的个人作为个人所得税的申报单位。在加拿大、日本、奥地利等国家实施的个人制的纳税单位，已婚夫妇也作为单独的纳税单位，各自独立申报纳税。个人制的优缺点如下。

优点：婚姻中立性，征税对结婚与否没有影响。

缺点：容易出现家庭成员之间通过分散资产、分计收入的办法分割所得，逃避税收或避免适用较高档次的累进税率；不符合按能力负担的原则，在家庭总收入相同的情况，由于家庭成员的构成不同、生活负担不同，也可能出现不同的纳税能力，以个人为单位进行纳税有失公平；从家庭角度看，可能造成高收入家庭纳税少，而低收入家庭纳税多的情况。

（二）家庭制

家庭制是以家庭为个人所得税的纳税单位，包括已婚夫妇联合申报和户主申报等形式。家庭制的优缺点如下。

优点：充分考虑了家庭成员的收支状况确定税收负担，有利于税收负担的公平与合理。可防止家庭成员通过资产和收入分割逃避税收。

缺点：对婚姻产生干扰；可能会降低妇女工作意愿。以家庭为单位纳税的折中办法，可以通过分割法（或商数化），将家庭每个人所得的总额除以一个商数，将所得分割后求得每个人的应纳税额，再将这个纳税额乘以该商数得出总的应纳税额，从而规避家庭制的缺点。

（三）纳税单位的选择应遵循的标准

对于纳税单位的选择，必须慎重考虑，具体选择应遵循的标准如下。

（1）税收不应对婚否产生影响。

（2）拥有收入或财产相同的夫妇应得到相同的税收待遇，即财产在其内部分配不影响纳税。

（3）夫妻间财务安排不应受复杂税制的影响。

（4）税制应在单身与已婚者之间体现公平待遇。

（5）税收上的任何安排都应力求使纳税人明确其纳税义务以及税务当局的税务管理。

（6）每位纳税者都有权保留其纳税方面的隐私。

六、个人所得税的征收方法

个人所得税的征收方法主要有：课源法、申报法、测定法（推断法）、估计法。

（一）课源法

课源法即源泉扣缴法（Pay-As-You-Go，PAYG；Pay-As-You-Earn，PAYE）在所得发生的当时当地，由支付者按规定税率扣缴所得者应负担的税款，直接上缴国库。课源法的优缺点如下。

优点：能够控制税源，减少逃税与滞纳，征管成本低；可以根据不同所得适用不同税率；税款随所得分期缴纳，不会造成纳税人税负过重。

缺点：只适用部分所得，不是所有的所得都可以采用源泉扣缴的方式。

（二）申报法

纳税人按税法规定在纳税终了一定期间内，自行申报其所得，自行计算或由税务机关计算其总所得额，允许扣除相关费用及个人宽免额。申报法的优缺点如下。

优点：纳税人对税制有较清晰的了解，有利于发挥监督作用。

缺点：偷漏税时有发生，对纳税人要求较高，因此主要在纳税意识比较强的发达国家实行。例如，在美国和加拿大，政府为确保自主申报的真实性、准确性，通常要对 2%～5%的申报表进行调查或审核。

（三）测定法

测定法（推断法）是根据纳税人所表现的外部标志推定其所得，再按规定征税。主要有以下几种具体方法。

（1）净值法，根据纳税人财产净值的多少推定其所得额的大小。

（2）消费支出法，根据纳税人平时生活水平与各种消费支出的数额来推测其所得。

（3）银行账户法，根据纳税人银行往来账户的情形决定其所得额。

（四）估计法

估计法是对某些纳税人根据历史上的一些资料估算其应纳税额的方法，主要针对个人独资企业、个体工商业者。实施估计法的国家有法国以及非洲欠发达国家。

第二节　英国个人所得税

一、纳税人

在英国，个人所得税的纳税义务人分为居民和非居民。居民需就其来源于英国境内外的全部所得征税，非居民仅需就其来源于英国境内的所得纳税。

如果符合以下任一条件，即被视为税收居民。

（1）一个纳税年度中，在英国停留的时间多于 183 天。

（2）在英国拥有唯一住房，居住总时长多于 91 天，且一个纳税年度的居住时间在 30天以上。

如果符合以下任一条件，即被视为非居民。

（1）在英国停留的时间少于 16 天。

（2）在之前的 3 个纳税年度中不属于英国税收居民，当前纳税年度内在英国停留时间少于 46 天。

（3）在国外全职工作，平均每周工作时间在 35 个小时以上，在英国停留时间不超过91 天，且工作时间在 30 天以下。

二、征税对象

在英国，个人所得税的征税对象为个人收入，包括如下内容。

（1）工资。

（2）个体经营收入。

（3）部分国家福利。

（4）养老金，包括：国家、公司和个人养老金以及退休金。

（5）租金收入（不包含自住住宅的部分出租且所获租金收入在宽免额之下的租金收入）。

（6）工作福利。

（7）信托收入。

（8）超过储蓄利息宽免额的储蓄利息。

（9）财政津贴，包括自由职业者收入支持项目津贴，小企业津贴，零售、休闲和娱乐业津贴，新冠工作保留计划津贴和英格兰的检测追踪支持津贴（苏格兰的自我隔离支持津贴、威尔士的自我隔离项目津贴）。

并非所有的收入都被纳入个人所得税的征税对象。无须缴纳个人所得税的收入包括如下。

（1）个体经营者的首个 1 000 英镑收入。

（2）房租的首个 1 000 英镑收入。

（3）免税账户的所得，如个人储蓄账户、国家储蓄账户证明中获得的收入。

（4）低于股利宽免额的公司股利所得。

（5）部分国家福利。

（6）国债或国家彩票奖金。

（7）从住家房客收取的低于房租宽免额的房租收入。

三、税率

（一）普通所得的个人所得税税率

在英国，个人所得税的纳税年度是每年的 4 月 6 日至下一年度的 4 月 5 日。在每个纳税年度支付的所得税取决于超出个人宽免额的收入有多少以及个人收入处于哪个税阶。

1. 英格兰、威尔士和北爱尔兰的普通所得

标准的个人宽免额为 12 570 英镑。如果申请了婚姻宽免额或者盲人宽免额，则个人宽免额可能更大；如果个人年收入超过 100 000 英镑，则个人宽免额会相应减少。年应税所得超过 125 140 英镑则不享受个人宽免额。个人所得税税阶及税率如表 2-1 所示。

表 2-1 英格兰、威尔士和北爱尔兰的 2021—2022 年个人所得税税率表

税阶	应纳税所得额（英镑）	税率（%）
个人宽免额	≤12 570	0
基本税率	12 571～50 270	20
高税率	50 271～150 000	40
附加税率	>150 000	45

数据来源：英国政府网. Income Tax Rates. https://www.gov.uk/income-tax-rates.

应从个人收入中扣除个人宽免额和其他宽免额来确定个人所得税应纳税所得额，进而查找个人适用的个人所得税税率，如表2-2所示。

表2-2　其他宽免额

2021—2022年宽免额	金额（英镑）
已婚夫妇宽免额（最高额度）	9 125
已婚夫妇宽免额（最低额度）	3 530
盲人宽免额	2 520

数据来源：英国政府网. Income Tax Rates and Allowances for Income Tax. https://www.gov.uk/government/publications/rates-and-allowances-income-tax/income-tax-rates-and-allowances-current-and-past#tax-rates-and-bands.

2. 苏格兰的普通所得

如果纳税人在苏格兰居住，则需要将个人所得税缴纳给苏格兰政府。苏格兰的个人所得税适用于工资、退休金和其他大多数应税收入，个人的股利以及储蓄利息与英国其他地区的税率相同。

苏格兰的标准个人宽免额为12 570英镑。如果收入超过125 140英镑，则不享受个人宽免额。

苏格兰的个人所得税税率如表2-3所示。

表2-3　苏格兰的2021—2022年个人所得税税率表

税阶	应纳税所得额（英镑）	苏格兰税率（％）
个人宽免额	≤12 570	0
起始税率	12 571～14 667	19
基本税率	14 668～25 296	20
中间税率	25 297～43 662	21
高税率	43 663～150 000	41
最高税率	>150 000	46

数据来源：英国政府网. Scottish Income Tax. https://www.gov.uk/scottish-income-tax.

（二）股利

如果纳税人在公司中拥有股份，还可能须对所获股利缴纳个人所得税，纳税人只需对超出股利免税额的股利收入纳税。

股利免税额如表2-4所示。

表2-4　英国历年的股利免税额

纳税年度	股利免税额（英镑）
2021年4月6日至2022年4月5日	2 000
2020年4月6日至2021年4月5日	2 000
2019年4月6日至2020年4月5日	2 000
2018年4月6日至2019年4月5日	2 000
2017年4月6日至2018年4月5日	5 000
2016年4月6日至2017年4月5日	5 000

数据来源：英国政府网. Tax on Dividends. https://www.gov.uk/tax-on-dividends.

纳税人为超过股利免税额的股利支付的税额取决于纳税人的所得税税阶。股利的个人所得税利率如表 2-5 所示。

确定纳税人的税阶，需要将股利收入与其他收入相加，此时纳税人可能会以多种税率纳税。

表 2-5　2021—2022 年股利的税率

税阶	超出股利免税额的税率（%）
基本税率	7.5
高税率	32.5
附加税率	38.1

数据来源：英国政府网. Tax on Dividends. https://www.gov.uk/tax-on-dividends.

例如在英格兰，纳税人 2021—2022 年度获得 29 570 英镑的工资以及 3 000 英镑的股利，此时，总收入为 32 570 英镑。纳税人的个人免税额为 12 570 英镑，从总收入中扣除这笔费用，应纳税收入为 20 000 英镑。该应纳税收入处于基本税率的纳税范围，并且需要扣除个人免税额以及股利免税额，因此纳税人需要对工资中的 17 000 英镑缴纳 20%的个人所得税，此外纳税人有 2 000 英镑的股利免税额，只需对 1 000 英镑的股利征收 7.5%的个人所得税，该纳税人合计需缴纳的税款为 3 400 + 75 = 3 475 英镑。

（三）储蓄利息

每个纳税年度，纳税人都会获得一定的储蓄利息免税额，包括：个人宽免额、储蓄利息免征额、个人储蓄利息免税额。纳税人所获免税额的多少取决于纳税人的储蓄利息之外的其他收入。

1. 个人宽免额

纳税人的个人宽免额若没用完，可用于储蓄利息的税收减免。

2. 储蓄利息免征额

纳税人最多可获得 5 000 英镑的储蓄利息免征额，无须纳税。如果纳税人的其他收入高，储蓄利息免征额就会降低。如果纳税人的其他收入超过 17 500 英镑，则没有储蓄利息免征额；如果纳税人的其他收入少于 17 500 英镑，纳税人可获得的最高储蓄利息免征额为 5 000 英镑，超出个人宽免额的其他收入每增加 1 英镑，储蓄利息免征额就相应减少 1 英镑。

3. 个人储蓄利息免税额

个人储蓄利息免税额取决于纳税人适用的个人所得税税阶。需要把纳税人的所有储蓄利息加到其他收入中，来判断纳税人适用的个人所得税税阶。

个人储蓄利息免税额如表 2-6 所示。

表 2-6　2021—2022 年个人储蓄利息所得税税率

税阶	个人储蓄免税额（英镑）
基本税率	1 000
高税率	500
附加税率	0

数据来源：英国政府网. Apply Tax Free Interest on Savings. https://www.gov.uk/apply-tax-free-interest-on-savings.

四、税收优惠

在英国，税收优惠意味着要么少交税，要么得到退税。纳税人可以自动获得一些税收优惠，但有一些税收优惠需要申请才能享受。

（一）通用税收抵免

通用税收可以帮助纳税人降低生活成本，通常是按月发放，苏格兰有的是一个月发放两次。如果纳税人是低收入或者失业群体，则可能获得这项权利。通用税收抵免正在取代以下税收优惠：儿童税收抵免、住房福利、收入补贴、求职补贴（JSA）、就业和支持津贴（ESA）、工作税收抵免。

如果纳税人符合以下几种情况，就可以获得通用税收抵免。

（1）收入很低或者没有工作。

（2）年满 18 周岁。

（3）未达到领取养老金的年龄（或者伴侣未达到领取养老金的年龄）。

（4）纳税人及其伴侣的储蓄不超过 16 000 英镑。

（5）在英国居住。

如果纳税人年满 18 周岁，且正在接受全日制的培训或学习，如果满足以下任意一项条件，就可以申请通用税收抵免。

（1）纳税人和伴侣住在一起，且伴侣有资格获得通用福利。

（2）纳税人需要独自照管孩子或和配偶一起照管孩子。

（3）纳税人是残疾人且工作能力有限，及纳税人有资格领取残疾人生活津贴（DLA）或个人独立津贴（PIP）。

（4）纳税人正在接受教育，年龄在 21 周岁以下，且没有父母的支持。

如果纳税人的年龄为 16 周岁或者 17 周岁，满足以下任一条件，也可以申请通用税收抵免。

（1）纳税人有医学证明并正在等待工作能力评估。

（2）纳税人正在照顾严重残疾的人。

（3）纳税人需要照管子女。

（4）纳税人至少有一个子女，且纳税人的伴侣有资格获得通用税收抵免。

（5）纳税人已经怀孕，且距离预产期不超过 11 周。

（6）纳税人在过去 15 周内已有子女。

（7）纳税人没有父母支持，并且未受地方政府的照顾。

纳税人能获得多少通用税收抵免额取决于纳税人的收入。纳税人的情况每个月都会被评估，其所处环境的变化会影响纳税人在整个评估期间所得的税收抵免金额。

通用税收抵免的标准额度如表 2-7 所示。

表 2-7　2021—2022 年不同纳税人可以得到的通用税收抵免的标准额度

纳税人情况	2021 年 10 月 6 日前每月的税收抵免额（英镑）*	2021 年 10 月 6 日后每月的税收抵免额（英镑）
单身且未满 25 周岁	344	257.33
单身且已满 25 周岁	411.51	324.84
已婚且夫妻双方都未满 25 周岁	490.60（双方共享）	403.93（双方共享）
已婚且夫妻双方其中一人已满 25 周岁	596.58（双方共享）	509.91（双方共享）

数据来源：英国政府网. Universal Credit. https://www.gov.uk/universal-credit/what-youll-get.

*2021 年 10 月 6 日前因新冠肺炎疫情提高了通用税收抵免的标准额度。

除了标准的通用税收抵免额以外，如果纳税人符合以下条件，还会获得额外的通用税收抵免额。

（1）纳税人有孩子需要抚养。如果纳税人有 1 个或者 2 个子女，纳税人可以为每个子女申请额外的税收抵免额。当纳税人有 3 个或者更多子女时，纳税人可以至少为 2 个子女申请额外的税收抵免额。对于残疾子女，无论子女数目或者子女年龄，纳税人都将获得额外的税收抵免额。

抚养孩子可获得的税收抵免额如表 2-8 所示。

表 2-8 2021—2022 年抚养孩子的额外通用税收抵免额

纳税人情况	每月补贴
第一胎	282.50 英镑（2017 年 4 月 6 日前出生） 237.08 英镑（2017 年 4 月 6 日或之后出生）
二胎或者其他符合条件的子女	237.08 英镑/人
残疾或者严重残疾的子女	128.89 英镑或者 402.41 英镑
儿童保育费用	最多为儿童保育费用的 85%（一个孩子最多 646.35 英镑，两个或多个孩子最多 1 108.04 英镑）

数据来源：英国政府网. Universal Credit. https://www.gov.uk/universal-credit/what-youll-get.

（2）纳税人残疾或有其他健康问题。纳税人残疾或有其他健康问题可得到的额外的通用税收抵免额如表 2-9 所示。

表 2-9 2021—2022 年纳税人健康情况下的额外通用税收抵免额

纳税人情况	每月税收抵免额（英镑）
工作能力有限	346.63
工作能力有限，并在 2017 年 4 月 3 日前申请了通用税收抵免或就业支持津贴（ESA）	128.89

数据来源：英国政府网. Universal Credit. https://www.gov.uk/universal-credit/what-youll-get.

（3）纳税人需要照顾重度残疾的人士。纳税人照顾重度残疾人士可以获得的额外通用税收抵免额如表 2-10 所示。

表 2-10 2021—2022 年纳税人照料重度残疾人士的额外通用税收抵免额

纳税人情况	每月税收抵免额（英镑）
为享受残疾人福利的重度残疾人士提供每周 35 小时以上的护理	163.83

数据来源：英国政府网. What You Will Get. https://www.gov.uk/universal-credit/what-youll-get.

（4）住房开支的税收抵免。符合条件的纳税人可以得到住房开支的税收抵免，可以获得的住房开支的税收抵免额取决于纳税人的年龄和具体情况。住房开支的税收抵免额可用于房租和一些住房服务费。如果纳税人贷款买房，可以抵免住房贷款利息。

（二）儿童税收抵免

儿童税收抵免正在被通用税收抵免所取代。如果纳税人已享受了工作税收抵免，就只能申请儿童税收抵免。如果纳税人不能申请儿童税收抵免，则可申请通用税收抵免。

纳税人可以在子女年满 16 周岁后的第一个 8 月 31 日之前申请享受儿童税收抵免。如果子女未满 20 周岁在接受正规教育或培训，纳税人也可以申请儿童税收抵免。

儿童税收抵免额取决于纳税人子女的出生时间。

（1）纳税人所有子女都于 2017 年 4 月 6 日之前出生

纳税人可以以所有子女的名义申请儿童税收抵免，即"子元素"的税收抵免。同时，纳税人还会得到基本的儿童税收抵免额，即"家庭元素"的税收抵免。

（2）纳税人有子女在 2017 年 4 月 6 日或之后出生

如果纳税人所有子女都在 2017 年 4 月 6 日或之后出生，纳税人最多可以以 2 个孩子的名义申请享受"子元素"的税收抵免额。如果有特殊情况，纳税人也可申请更多"子元素"的税收抵免额。

如果纳税人的子女中至少有一个在 2017 年 4 月 6 日之前出生，那么纳税人只能申请"家庭元素"的税收抵免额。

2021—2022 纳税年度的儿童税收抵免额如表 2-11 所示。

表 2-11　2021—2022 年的儿童税收抵免额

元素	抵免金额（英镑）
家庭元素	≤545
子元素	≤2 845
残疾的子女	≤3 435（在子元素之外额外获得）
严重残疾的子女	≤1 390（在子元素和残疾的子女之外额外获得）

数据来源：英国政府网. Child Tax Credit rates for the 2021 to 2022 tax year. https://www.gov.uk/child-tax-credit/already-claiming.

（三）工作税收抵免

大多数纳税人的工作税收抵免已经被通用税收抵免取代，如果纳税人已享有儿童税收抵免，就只能申请工作税收抵免。

如果纳税人不能申请工作税收抵免，其可以申请通用福利（或者如果纳税人和其伴侣已达到申请养老金的年龄，则可以申请养老金补贴）。

纳税人可获得的工作税收抵免额取决于以下两个条件。

（1）纳税人每周的工作时间。

（2）纳税人的收入和自身情况。

纳税人可获得工作税收抵免的条件如表 2-12 所示。

表 2-12 中所指的子女是指未满 16 周岁的人（如果孩子正在接受教育或培训，则为 20 周岁以下的人）。

申请了工作税收抵免的纳税人每年都将获得两笔税收抵免额，包括一笔基本的抵免额（每年最高 2 005 英镑）和一笔额外的抵免额，额外抵免额的多少取决于纳税人的具体情况。获取额外抵免额的条件如表 2-13 所示。

表 2-12　纳税人获得工作税收抵免的条件

纳税人自身情况	纳税人每周工作时间
25～59 岁	至少 30 个小时
年满 60 周岁及以上	至少 16 个小时
残障人士	至少 16 个小时
抚养一个或多个子女的单身人士	至少 16 个小时
抚养一个或多个子女的夫妻	夫妻两人至少工作 24 个小时（其中一人至少工作 16 小时）

数据来源：英国政府网. Working Tax Credit. https://www.gov.uk/working-tax-credit.

表 2-13　2021—2022 年纳税人获得工作税收抵免的额外抵免额

纳税人自身情况	金额
单亲家长	每年最高 2 060 英镑
每周工作至少 30 小时	每年最高 830 英镑
残疾	每年最高 3 240 英镑
重度残疾	每年最高 1 400 英镑（在纳税人残疾之上额外获得）
需要支付受批准的托儿费用	每周最高 122.50 英镑（1 个孩子）或最高 210 英镑（2 个或多个孩子）

数据来源：英国政府网. Working Tax Credit. https://www.gov.uk/working-tax-credit/what-youll-get.

五、纳税申报

（一）纳税申报方式

1. 通过 PAYE 缴纳个人所得税

大多数纳税人通过 PAYE（Pay-As-You-Earn）缴纳个人所得税。PAYE 是纳税人的雇主或者养老金提供者用来发放纳税人的工资或者养老金之前扣缴个人所得税和社会保障缴款的系统，纳税人的雇主或养老金提供者可以通过纳税人的税码判定需要缴纳多少个人所得税。

2. 自行申报

如果纳税人的财务状况比较复杂，例如纳税人是个体经营者或者高收入者，可以通过填写纳税申报单自行申报个人所得税。

当纳税人的收入满足以下任何一项条件，就必须填写纳税申报表。

（1）个体经营者的收入超过 1 000 英镑。

（2）纳税人获得的其他未纳税的应税收入超过 2 500 英镑，例如小费或者房产出租收入。

（二）纳税申报期限

英国的纳税年度为当年 4 月 6 日到下一年的 4 月 5 日。

1 月 31 日对前一纳税年度的税款进行第一次缴纳。

7 月 31 日对前一纳税年度的税款进行第二次缴纳。

第三节 美国个人所得税

一、纳税人

在美国，个人所得税的纳税义务人是美国公民、外籍居民和非居民外国人。无论美国公民或外籍居民在国内还是国外居住，都要就其全部收入缴纳个人所得税。非居民外国人只需就其在美国所得缴纳个人所得税。

符合以下任一条件，即被视为美国公民。

（1）在美国出生的个人。

（2）父母是美国公民的个人。

（3）加入美国国籍的个人。

（4）在波多黎各出生的个人。

（5）在关岛出生的个人。

（6）在美属维尔京群岛出生的个人。

外籍居民指的是非美国公民，且在公历年度内符合绿卡测试或实质居住测试的具有合法居留权的个人。

二、征税对象

纳税人需要就全部收入向美国政府缴纳个人所得税，包括工资薪金、佣金、酬金、附加福利、小费、利息、合伙分红、资本利得分红、退休金收入、失业补偿金收入、海外收入。

美国针对海外收入每人每年皆有一定额度的免税额，视个人情况不同。为了避免双重课税，若纳税人的部分收入已于另一国缴税，则已缴税额可直接从所得税表中的应付税额中扣除。

三、税率

美国的个人所得税实行统一的超额累进税率。每位纳税人都要选择一个适用于自身情况的报税身份，个人所得税的应纳税所得额的计算会根据纳税人的报税身份而有所不同。

（1）单身

此身份通常适用于未婚、根据法律离婚或合法分居的纳税人。

2020—2021年，单身身份的个人所得税税率如表2-14所示。

（2）户主

在大多数情况下，这种身份适用于未婚但有子女或其他需要照管的人的纳税人。但也有一些特殊的规定，例如在年度最后一天为未婚或被视为未婚；在该年度支付一半以上的持家费用；子女或需照管的个人与纳税人同住家中超过该年度半年以上（暂时离开不在此限，如上学），若需照管的个人为赡养的父母，则父母不需符合同住要求。

2020—2021年，户主身份的个人所得税税率如表2-15所示。

表 2-14　2020—2021 年单身人士的个人所得税税率表

应税收入（美元）	超额累进税率（%）	应税收入（美元）	超额累进税率（%）
0～9 950（含）	10	164 925～209 425（含）	32
9 950～40 525（含）	12	209 425～523 600（含）	35
40 525～86 375（含）	22	>523 600（含）	37
86 375～164 925（含）	24		

数据来源：美国国内收入局. https://www.irs.gov/publications/p15t.

表 2-15　2020—2021 年户主的个人所得税税率表

应税收入（美元）	超额累进税率（%）	应税收入（美元）	超额累进税率（%）
0～14 200（含）	10	164 900～209 400（含）	32
14 200～54 200（含）	12	209 400～523 600（含）	35
54 200～86 350（含）	22	>523 600	37
86 350～164 900（含）	24		

数据来源：美国国内收入局. https://www.irs.gov/publications/p15t.

（3）夫妻分开报税

已婚夫妻可以选择提交两份单独的纳税申请表分别进行个人所得税的纳税申报。夫妻若想各自支付税额或此方式算起来的税额比联合报税少，则选择此身份报税较有利。若配偶不愿意联合报税，纳税人则必须选择此身份报税，除非符合一家之主的身份。

2020—2021 年，夫妻分开报税的个人所得税税率如表 2-16 所示。

表 2-16　2020—2021 年已婚夫妻分别报税的个人所得税税率表

应税收入（美元）	超额累进税率（%）	应税收入（美元）	超额累进税率（%）
0～9 950（含）	10	164 925～209 425（含）	32
9 950～40 525（含）	12	209 425～314 150（含）	35
40 525～86 375（含）	22	>314 151	37
86 375～164 925（含）	24		

数据来源：美国国内收入局. Publication 15-T (2021). Federal Income Tax Withholding Methods，https://www.irs.gov/publications/p15t.

（4）夫妻合并纳税或需要抚养子女的丧偶人士

如果纳税人已婚，夫妻可以申请合并纳税。如果纳税人的配偶在纳税年度去世，则在此纳税年度，丧偶的纳税人依旧可以提交合并纳税表来缴纳个人所得税。

如果纳税人的配偶去世，且有子女需要抚养，则可以申请为需要抚养子女的丧偶人士缴纳个人所得税。

2020—2021 年，夫妻合并报税或丧偶人士的个人所得税税率如表 2-17 所示。

四、税收优惠

在美国，税收优惠分为两类：一类是税收扣除，另一类是税收抵免。美国国税局设置了一系列税收优惠，涉及纳税人生活的方方面面，包括房产类、教育类、工作类、生活相关、税务法律类、医疗与保险类、理财投资类、绿色环保类。只要纳税人符合要求，即可以申请税收优惠。

表 2-17　2020—2021 年夫妻合并报税或丧偶人士的个人所得税税率表

应税收入（美元）	超额累进税率（%）	应税收入（美元）	超额累进税率（%）
0～19 900（含）	10	329 850～418 850（含）	32
19 900～81 050（含）	12	418 850～628 300（含）	35
81 050～172 750（含）	22	>628 300	37
172 750～329 850（含）	24		

数据来源：美国国内收入局. Publication 15-T (2021). Federal Income Tax Withholding Methods. https://www.irs.gov/publications/p15t.

（一）税收扣除

1. 标准扣除

纳税人的标准扣除额取决于纳税人的申请状况、年龄，以及纳税人的身体状况。标准扣除额每年都会进行调整，以跟上通货膨胀的步伐。《减税和就业法案》（TCJA）大幅增加了标准扣除额的额度。

2020—2021 年的标准扣除额如表 2-18 所示，纳税人可以在 2021 年提交纳税报表时申请。

表 2-18　2020—2021 年美国个人所得税的标准扣除额

申报纳税身份	标准扣减额（美元）
单身	12 550
户主	18 800
夫妻合并纳税	25 100
夫妻分开报税	12 550
需要抚养子女的丧偶人士	25 100

数据来源：Kelly Phillips Erb. Your First Look At 2021 Tax Rates: Projected Brackets，Standard Deductions & More. https://www.forbes.com/sites/kellyphillipserb/2020/09/11/your-first-look-at-2021-tax-rates-projected-brackets-standard-deductions--more/?ss=taxes&sh=206a2ac97413.

2. 分项扣除

标准扣除额和分项扣除额都会减少纳税人必须缴纳联邦所得税的收入数额。纳税人可以申请标准扣除额，也可以逐条列出符合条件的个人扣除额，但不能两者都申请。对纳税人最有利的是从纳税人的应税收入中扣除最多的扣除方式。从历史上看，大多数纳税人更倾向于标准扣除额。

纳税人需要报告各种允许扣除项目的实际支出，然后把它们加在一起，并在纳税申报单上算出总数。纳税人必须准确记录这一年的花费，保留支出收据和文件，以表明这些开支是合法的，以防国内收入局要求提供证明。

通常，可以分项扣除的费用包括如下。

（1）医疗和牙科费用。

（2）州和地方所得税。

（3）房地产税。

（4）房屋抵押贷款利息。

（5）抵押保险费。

（6）捐赠给慈善机构的款项。

（7）伤亡或失窃损失。

3. 医疗费用的扣除

根据某些规定，大多数纳税人可以要求扣除超过其调整总收入后的部分医疗费用。从2013年到2016年，可扣除的费用为10%。随后，在2018年和2019年，联邦立法纷纷出台，降低了10%的门槛，随后又提高了门槛，最后再次降低。归根结底，医疗费用的扣除在2020—2021年依旧对纳税人有利。

纳税人可以扣除为自己、配偶或家属支付的医疗费用，还可以为不符合抚养条件但符合纳税减扣条件的人扣除医疗费用。医疗费用必须满足以下条件之一才能申请扣除。

（1）必须与疾病的诊断、治愈、缓解、治疗或预防相关。

（2）治疗必须影响身体的任一结构或功能。

（3）符合条件的与医疗保健相关的往返费用。

（4）符合条件的长期护理服务。

（5）医疗保险或长期护理保险。

（二）税收抵免

美国国税局提供了大量的税收抵免，这有助于纳税人节约自己的钱财，有时还会给纳税人额外的补贴。不同类型的税收抵免适用不同的规则，通常不同的税收抵免为纳税人提供的税收优惠是不一样的。

1. 劳动所得税收抵免

联邦政府于1975年颁布了劳动所得税收抵免（Earned Income Tax Credit, EITC）制度，以帮助低收入纳税人减少生活压力。起初，这项抵免只是一项临时立法规定，但现在仍在实施。劳动所得税收抵免是可返还的税收抵免，因此，如果在抵免了纳税人的应纳税额后有剩余，国税局会向纳税人退回差额。

劳动所得税收抵免额的多少取决于纳税人的收入、有多少受抚养人以及一些其他规定。2020—2021纳税年度的最大抵免额如下。

（1）如果纳税人有3个及以上受抚养人，最大抵免额为6 728美元。

（2）如果纳税人有2个受抚养人，最大抵免额为5 980美元。

（3）如果纳税人有1个受抚养人，最大抵免额为3 618美元。

（4）如果纳税人没有受抚养人，最大抵免额为1502美元[1]。

---

[1] Internal Revenue Services. Earned Income and Earned Income Tax Credit (EITC) Tables. https://www.irs.gov/credits-deductions/individuals/earned-income-tax-credit/earned-income-and-earned-income-tax-credit-eitc-tables.

2. 儿童税收抵免

截至 2017 年 12 月，儿童税收抵免额最高为每个子女 1 000 美元。从 2018 纳税年度开始将其提高到每个子女 2 000 美元，2020—2021 年仍为 2 000 美元。但这并不一定意味着所有符合条件的纳税人都能获得这个额度，某些条件可能会降低这个额度。

儿童税收抵免要求纳税人必须要有一个合格的受抚养人。合格的受抚养人不能在纳税年度的最后一天满 17 岁，并且必须与纳税人有亲属关系。

纳税人符合条件的受抚养人如果有自己的收入，在纳税年度支付的生活费不超过一半。在大多数情况下，纳税人需要和受抚养人住在一起，且时间在半年以上。受抚养人必须是美国公民或居住在美国的外国人。

3. 照顾受抚养者税收抵免

对许多家庭来说，支付照顾儿童或抚养成人的费用是每月最大的开支。如果纳税人为年幼的孩子或任何年龄的残疾人支付日托费用，就可能有资格获得联邦税收抵免，抵免额最高为纳税人支出的 35%，但有一定的限制。

想要申请此项税收抵免，纳税人必须有一个受抚养的未成年人或成年人，且受抚养者无法照料自己。纳税人也必须从工作或自雇中获得收入。在照顾受抚养人时，纳税人处于全职工作、寻求工作或接受全日制教育中。如果纳税人已婚，其配偶也必须工作、寻求工作或上全日制学校，不能待在家中照料受抚养人。

4. 家庭税收抵免

对于那些不适合申请儿童税收抵免的纳税人可以申请家庭税收抵免。申请该税收抵免的纳税人也需要有受抚养的子女，但是其子女的年龄比儿童税收抵免的受益人的子女年龄更大。但是，该项税收抵免的程度远不如儿童税收抵免，家庭抵免额仅为每位受抚养人 500 美元。

5. 教育税收抵免

美国机会税收抵免（American Opportunity Tax Credit，AOC）和终身学习抵免（Lifetime Learning Credit，LLC）可能是最著名的教育减税措施，在 2020 年仍然有效。只有在符合要求的教育机构中接受教育才可获得税收抵免，纳税人不一定是学生，这些税收抵免涵盖纳税人本人教育、配偶的教育或家属的教育。

美国机会税收抵免仅适用于本科生。研究生教育不能享受这项税收抵免，有毒品重罪的学生也不符合此项税收抵免。抵免额等于每个学生花费的前 2 000 美元加上接下来花费的 2 000 美元的 25%，最高的税收抵免额为 2 500 美元。如果纳税人的美国机会税收抵免没有抵扣完，纳税人可获得未用的机会税收抵免额的 40% 的退款，最高可达 1 000 美元。

终身学习抵免适用于所有学生的高等教育，即使是研究生和那些注册时间不到半年的学生。但终身学习抵免的额度没有美国机会税收抵免额度高。此税收抵免相当于 10 000 美元符合要求的高等教育费用的 20%，即总计 2 000 美元[①]，且不属于返还性税收抵免。

---

① 美国国内收入局. Tax Benefit for Education. https://www.irs.gov/pub/irs-pdf/p970.pdf.

五、纳税申报

在美国，纳税人通常自行申报纳税，纳税人可以选择网上申报或邮寄申报。在申报之前要提前做好以下准备：调整纳税人的扣缴税款、准备退款的账户、及时续签过期的纳税人识别码、整理税务记录。

纳税申报截止于每年的 4 月 15 日。如果截止日落在周六、周日或法定假日，则顺延至下一个工作日。如果纳税人使用邮寄的方法申报，则可能需要 6～8 周来处理纳税人的申报表。如果邮寄地址正确，且邮戳日期在截止日期之前，则被视为准时申报。2021 年的纳税申报截止日期从 2021 年 4 月 15 日自动延长到 2021 年 5 月 17 日，以帮助人们渡过新冠肺炎疫情的艰难时刻。

通常情况下，如果纳税人无法于 4 月 15 日之前申报，则可以申请延期 6 个月报税，但是纳税人必须于 4 月 15 日之前提交延长纳税申请表。如果逾期纳税，则纳税人会受到相应的处罚。

如果纳税人居住在国外，或是在美国境外服役，那么纳税人无须申请延期，其纳税申报时间会自动延期 2 个月，即申请截至 6 月 15 日。

第四节　新加坡个人所得税

一、纳税人

在新加坡，个人所得税的纳税人包括居民和非居民。除非通过《所得税法》或行政许可的特别豁免，所有在新加坡获得收入的个人每年都需要缴纳个人所得税。

如果个人符合以下条件之一，就被视为税收居民。

（1）新加坡国籍。

（2）新加坡永久居民，并已在新加坡拥有永久居所。

（3）在新加坡停留或工作不少于 183 天的外国人。

在新加坡，如果纳税人在纳税年度内居住或工作时间少于 183 天，那么纳税人就被视为非税收居民。

二、征税对象

纳税人在新加坡获得的所有收入均需缴纳所得税。一般来说，除某些特殊情况外，2004 年 1 月 1 日起新加坡不再对海外收入征收个人所得税。

个人税得税的征税对象来源于就业，贸易、商业、专业或职业，财产或投资，以及其他收入。具体的征税对象如表 2-19 所示。

三、税率

新加坡的个人所得税税率取决于纳税人的身份，居民和非居民的税率是有区别的。居民纳税人的个人所得税税率采用的是累进税率，这意味着高收入者要按比例缴纳更高的所得税，目前最高的个人所得税税率为 22%。

居民个人所得税税率如表 2-20 所示。

表 2-19　个人所得税的征税对象

就业所得	（1）工资、奖金、董事酬金、佣金等 （2）股票期权的收益 （3）需纳税的海外收入 （4）养老金 （5）退休福利
贸易、商业、专业或职业所得	（1）自雇人士或独资经营者（代理商、自由职业者、的士司机、小贩等）的收入 （2）通过合伙获得的收入 （3）需纳税的海外收入 （4）虚拟货币形式的收入 （5）政府补助的收入
财产或投资所得	（1）股息 （2）出售财产、股票和金融工具的收益 （3）利息 （4）租金
其他收入	（1）年金 （2）赡养费、抚养费等 （3）遗产或信托收入 （4）中奖彩票

数据来源：新加坡国家税务局. What is Taxable，What is Not. https://www.iras.gov.sg/irashome/Individuals/Locals/Working-Out-Your-Taxes/What-is-Taxable--What-is-Not/.

表 2-20　2021—2022 年度新加坡税收居民的个人所得税税率表

应税收入	税率（%）	应纳税总额（新加坡元）
0～20 000（含）	0	0
20 000～30 000（含）	2	200
30 000～60 000（含）	—	200
60 000～70 000（含）	3.50	350
70 000～110 000（含）	—	550
110 000～150 000（含）	7	2 800
150 000～230 000（含）	—	3 350
230 000～270 000（含）	11.5	4 600
270 000～390 000（含）	—	7 950
390 000～430 000（含）	15	6 000
430 000～590 000（含）	—	13 950
590 000～630 000（含）	18	7 200
630 000～830 000（含）	—	21 150
830 000～870 000（含）	19	7 600
870 000～1 110 000（含）	—	28 750
1 110 000～1 150 000（含）	19.5	7 800
1 150 000～1 430 000（含）	—	36 550
1 430 000～1 470 000（含）	20	8 000
1 470 000～1 790 000（含）	—	44 550
1 790 000～	22	

数据来源：新加坡国家税务局. Income Tax Rates. https://www.iras.gov.sg/irashome/Individuals/Locals/Working-Out-Your-Taxes/Income-Tax-Rates/.

非居民的就业收入按 15% 的固定税率或居民累进税率中较高的金额纳税。自 2017 年纳税年度开始，非居民的董事酬金、咨询费和所有其他收入的税率已从 20% 提高到 22%，如表 2-21 所示。

表 2-21 2021—2022 年度新加坡税收非居民的个人所得税税率表

所得类型	个人所得税税率/预提税税率
董事酬金	22%
非居民专业人士（顾问、教练、培训者等）的所得	毛收入的 15% 或净所得的 22%
非居民文体人士（艺术家、音乐家、运动员等）的所得	10% 的优惠税率
新加坡财产租金所得	22%
非居民从补充退休计划账户中提取资金	22%
利息、版权收益等	利息：15% 版权收益：10% 或 22%（若优惠税率不适用时）
养老金	22%

数据来源：新加坡国家税务局. Income Tax Rates. https://www.iras.gov.sg/irashome/Individuals/Locals/Working-Out-Your-Taxes/Income-Tax-Rates/.

四、税收优惠

（一）独资企业、个体经营者或合伙企业合伙人的税收减免

只要纳税人符合条件，就可以申请税收减免，可申请税收减免的项目包括：营业费用、创新优惠计划（Productivity and Innovation Credit，PIC）、翻修或翻新工程的基本建设开支、固定资产的资本免税额、医疗费用、研发支出、土地集约化津贴、开业前发生的费用、营业亏损及剩余资本免税额、商业和公共机构（Institutions of a Public Character，IPC）合作伙伴计划（Business and IPC Partnership Scheme，BIPS）、国际化计划的双重课税扣除。

（二）租金收入减免

纳税人满足以下条件，可以申请相关的租金收入减免。

（1）租赁费用的产生完全是为了获得租金收入。

（2）这笔费用是在租赁期间发生的。

（三）捐赠扣除

纳税人可以申请扣除 2014—2021 年捐赠额的 2.5/3 倍的税款，这些捐赠包括：现金捐赠、股票捐赠、电脑捐赠、人工制品的捐款、公共艺术税收优惠计划、土地及建筑物捐赠。

（四）天使投资人税收减免计划

纳税人可以在满足以下条件的情况下申请天使投资人税收减免计划（Deductions under Angel Investors Tax Deduction Scheme，AITD）的税收减免。

（1）纳税人在 2010 年 3 月 1 日至 2020 年 3 月 31 日期间投资了符合资格的初创公司。

（2）纳税人在对符合资格公司的第一笔投资后的 12 个月内再次投资了至少 10 万新加坡元。

（3）纳税人自合格投资之日起，连续 2 年持有该投资。

（五）个人所得税减免限额

自 2018 纳税年度起，纳税人可以获得的个人所得税减免的额度为每年 8 万新加坡元。如果纳税人符合条件，就可以申请个人所得税的减免。如果减免的总金额超过了减免限额，则减免的税款将被限制在 8 万新加坡元以内。

此外，如果纳税人是居民且符合资格条件，则可以享受更多的减税和退税优惠，例如学费减免、收入税收减免、补充退休计划的宽免、残障救济等。

五、纳税申报

纳税人需要自行纳税，可以选择电子申报纳税或者纸质申报纳税，填好的表格必须于 4 月 15 日之前交给新加坡税务机关。居民纳税人的年收入低于 22 000 新加坡元时，可以不需缴纳个人所得税税款。但是如果税务机关通知纳税人提交纳税申报表，纳税人仍然需要提交纳税申报表。对于纳税人迟交或者不交纳税申报表的税务机关会给予相应的惩罚。

纳税人将于 5 月至 9 月收到评税通知书或税单，税单会显示纳税人要付的税额。纳税人须在收到评税通知书后 30 天内，缴付全部税款。如果 30 天后仍未缴纳税款，税务机关将处以罚款。如果纳税人不同意税单上的税额，需要在收到税单后的 30 天内通知新加坡税务机关，并说明反对的理由。

第五节　比较与借鉴

国家税收制度体系中，个人所得税是政府筹集财政资金和调节收入分配的重要税种，征收模式是个人所得税制度的重要组成部分，征收模式的不同对个人所得税功能的发挥有着重要的影响。随着经济社会的不断发展，我国个人所得税分类征收模式的弊端逐渐显现。下面将对国外个人所得税征收模式的经验作介绍，这将对我国设计符合我国国情的个人所得税征收模式提供现实借鉴。

一、个人所得税的国际经验

1. 征税范围广泛，计税依据具体

各国把工资薪金、劳务报酬、规则性所得、非规则性所得、实物所得、财产所得都纳入征税范围，并有明确、客观的税基计算方式，保证了个人所得税的征收。

2. 实行超额累进的税率制度

多数国家通过实施累进税率来实现个人所得税的公平分配收入的作用，但各国工薪阶层是个人所得税的纳税主体，而富裕阶层由于工薪收入不占大头，且可以通过各种方式进行税收筹划，累进税率的公平性没有得到较好的体现。

3. 实行按年综合课征与自行申报相结合

综合课征可以全面反映纳税人的纳税能力，较为公平，通过结合纳税人自行申报，可

以增强纳税人的纳税意识，对税收制度有较好的了解，具有较好的监督作用。

4. 严密的交叉稽核措施与有效的处罚机制相结合

由于综合课征和自行申报在实施中，税收征管部门难以掌握纳税人的所有收入信息，因此通过交叉稽核，进行纳税人纳税申报的真实性的核对，并使用有效的处罚机制，对纳税人形成有效的威慑，保障了税收收入的收缴，打击了偷逃税行为。

二、个人所得税改革的国际趋势

1. 在税制体系中仍处于主体地位，但对其依赖程度有所减弱

对于多数发达国家而言，个人所得税在税制体系中仍属于主体税种，主体税种的功能表现为通过个人所得税而获得的财政收入占全部财政收入的比重最大，这些国家的税收制度的效率和公平目标主要通过个人所得税实现。从个人所得税占税收收入的比重看，许多国家的个人所得税已不再是主体税种，对个人所得税依赖程度的减弱是以减税为核心的世界性税制改革的必然结果，也说明各国对社会保障缴款和消费税的依赖程度逐步超过了对所得税的依赖程度。

2. 最高边际税率下降，调节功能弱化

各国都注意到，较高的边际税率会造成纳税人的偷逃税或避税行为，引发效率损失，因此应当逐渐减少个人所得税纳税级次，降低最高边际税率。个人所得税的收入作用得到强化的同时，其调节功能必然遭遇弱化。

3. 单一税制改革引起关注

目前实行单一税制的国家主要是中欧转型国家，但单一税所具有的简化、效率与刺激经济增长的优点，弥补了高边际税率的超额累进税制的缺陷，在理论与实践中产生着重要影响。

三、我国个人所得税的改革取向

（一）我国个人所得税存在的主要问题

1. 税源监控难度大

我国经济社会有一定的发展，人们收入也在不断增长，且收入来源日益多元化，税源越发隐蔽，税收监控较为棘手，没有构建完善的财务报账平台与对账平台，增加了税务部门征管工作的难度。

2. 资本性所得的税率有待提高

我国个人所得税征收中较为关注劳动所得，对资本性收入的关注力度有待加强。我国对工资薪金、劳务报酬、稿酬所得、特许权使用费所得合并征收，最高一档边际税率为45%，利息、股息及红利等资本性收入适用的税率为20%，有必要进行调整，以体现对勤劳所得的尊重。

3. 没有综合考虑家庭层面的问题

个人所得税征收中考虑了子女教育、老人赡养、大病医疗、住房等问题，但还没有对家庭层面的问题展开细致对待，依然以个人为单位进行纳税申报，难以全面反映家庭的收入和负担情况。

4. 税收征管水平有待提高

个人所得税的征收方式有待完善，在扣缴制度及个人申报制度上还需进一步改进，金融体系的漏洞对个人收入申报及财产登记制度造成较大影响。

（二）个人所得税改革的主要内容

1. 对目标进行明确定位

个人所得税模式有分类所得税制、综合所得税制、分类综合所得税制，其中，综合所得税制在公平负担方面较为显著，但对税收征管要求较高，纳税人需要具备完善的纳税意识和法制精神，同时，相关税收部门在财会制度以及税收管理制度方面也需要完善。因此，我国政府需要明确个人所得税的发展目标，在分类综合所得税的基础上，向综合所得税制过渡。

2. 建立完善的运行机制

（1）优化个人所得税的税收服务，明确税务机关的责任和义务，使其在实际的工作过程中，可以严格按照相关的法律程序，为纳税人提供更加优质的服务，提高纳税人的心理公平感和舒适感，最大限度地保持征税方和纳税方的平等。

（2）提高个人所得税的征收管理力度，在保障我国个人所得税收入的基础上，相关部门需要根据当前的实际情况，适当地对税制进行调整，具体需要和我国现阶段的教育制度、住房制度等进行结合，不断提高我国税收管理的水平。

（3）建立完善的个人信用制度，注意发挥政府部门和金融部门的作用，提高我国税收管理的科学性和合理性。

3. 不断提高税政能力

从我国个人所得税的实际征收看，其在工作效率和质量上还有待提高，需要进一步提高税基透明度。为此，我国政府需要不断提高税政能力，采取有效的措施，提升我国个体经济收入的透明度。

（1）我国相关部门需要对结算机制进行完善，按照我国社会上的各个行业，对实名收入制度进行贯彻和落实，实现个人财务信息登记机制的规范化、标准化发展，以此来实现个人经济收入和来源的全面监管，进而杜绝偷税、漏税的情况。

（2）相关部门需要不断提高个人所得税的征收执法强度，对于偷税、漏税的情况需要进行严格处理。同时，政府部门还需要建立完善的税收管理和监督人才队伍，为发挥法律制度的权威性奠定人才基础。

（3）相关部门需要注意贯彻落实纳税和审计等基本工作，对税收机制进行有效调整，立足我国当前的基本情况，完善税收管理机制。

思　考　题

1. 世界各国个人所得税按征收方式分哪几种模式？各有哪些利弊？

2. 如何确定个人所得税的税基？结合实际，分析各国在确定个人所得税的扣除项目时应考虑哪些内容？

3. 英国个人所得税的纳税人是哪些？如何判断他们的纳税身份？不同纳税人的纳税义务有何区别？

4. 美国的报税身份有哪些？纳税人在选择这些报税身份的时候需要满足什么条件？

5. 我国的个人所得税制度存在哪些问题？可以从哪些方面改进？

第三章

外国公司所得税

【学习目标】

通过本章的学习，需要对公司所得税制的类型有一定了解，重点掌握公司所得税的基本理论，对公司所得税的纳税人、税率、税基、税收有充分认识。了解英国、美国、爱尔兰等国家的公司所得税制。主要掌握公司所得税的发展趋势，了解公司所得税和个人所得税的协调发展。

【引言】

本章对外国公司所得税制的基本理论进行讲解，对公司所得税制的类型、纳税人、税率、税基、税收优惠进行了概念性的阐述。主要对英国、美国、爱尔兰等国家的公司所得税进行了重点分析。最后，系统性地描述了公司所得税改革的国际趋势，展示中国企业所得税的改革现状，并提出建议。

第一节 公司所得税概述

一、公司所得税的类型

公司所得税是指以公司、企业法人取得的生产经营所得和其他所得为征税对象而征收的一种所得税。世界上许多国家都将公司所得列为所得税的征税对象，并将这种所得税称为公司所得税。公司是依公司法规设立的，全部资本由股东出资，并以股份形式构成的，以营利为目的的法人实体。而企业包括非法人企业（个人独资企业、合伙企业）和法人企业（公司）。

由于股息所得既是公司所得税的征税对象，又是个人所得税的征税对象，在实践中会导致重复性征税。针对公司所得税和个人所得税的这种经济性重复征税，不同国家有不同的处理方式。根据对股息所得处理方式的不同，公司所得税制的类型主要分为古典制（classical system）、双率制（dual tax rate system，或分率制 split-rate system）、股息扣除制（dividend deduction system）、归属制（imputation system）。

（一）古典制

公司取得的所有利润都要征收公司所得税，支付的股息不能扣除，股东取得的股息必须作为投资所得再缴纳个人所得税。

古典制有利于国家获取更多的财政收入，但是容易导致三种扭曲效应。

（1）公司部门与非公司部门之间存在扭曲。股东出于税收考虑，更愿意向非公司部门投资，但非公司部门与公司部门相比，效率和经济效益有所欠缺。

（2）股利与保留利润之间存在扭曲。公司为了节税，更愿意保留利润，造成股东不愿意进行投资。

（3）举债与募股之间的融资方式存在扭曲。公司出于债务利息支出可以扣除和减轻税收负担的考虑，愿意采取举债的融资方式，但举债与募股相比，风险更高，加大公司的经营风险。

（二）双率制

双率制是将公司分配利润和保留利润按不同税率课税的制度，一般对已分配利润适用较低的税率，对保留利润课以较高的税率。双率制在实施中也存在一定难处，难以确定两种税率的合理差距。双率制只能减轻股息重复征税的程度，并未从根本上消除对股息的双重征税。

采取双率制的国家，通常会在征收个人所得税阶段实行归属抵免的办法，以减轻重复征税。

（三）股息扣除制

股息扣除制是在计征公司所得税时，对于所分配的股息允许从公司应纳税所得额中全部或部分扣除。在这一制度下消除重复征税的程度取决于股息扣除数的多少。

采用股息扣除制有一定的好处，可消除企业在筹资中举债与募股间的扭曲现象。但是不利于企业保留利润，对企业可持续发展设置了一定障碍。

股息扣除制采取对转移到国外的股息征收预提所得税，或对支付给外国股东的股息，在征收公司所得税时不允许扣除股息，做到了对外国股东和本国股东一视同仁。

（四）归属制

在计算股东个人所得税时，首先将股东获得的股息还原成税前股息，然后，将还原的股息与其他所得项目合并计算个人所得税，在确定个人所得税应纳税额时，准予股东从应纳税额中抵免掉已纳的公司所得税。归属制又分为部分归属制和完全归属制两种形式。

采取部分归属制（部分抵免）的有英国、法国、西班牙、日本、爱尔兰，但部分归属制并不能完全解决股息重复征税问题。

采用完全归属制的有澳大利亚、意大利，完全归属制对股息的重复征税问题得到了基本消除，但计算过程较复杂，要求具有较高税收征管水平。

二、公司所得税的纳税人

公司所得税的纳税人分为居民纳税公司和非居民纳税公司。

居民公司负有无限纳税义务，应就其来源于世界范围的所得缴纳公司所得税。

非居民公司负有有限纳税义务，仅就其来源于境内的所得缴纳公司所得税。

对于居民公司的确定，不同国家有不同标准。

（一）公司组建地标准

采用公司组建地标准（登记注册）的有美国、瑞典、澳大利亚、加拿大、挪威、丹麦、印度、新西兰和荷兰等。

（二）管理控制中心标准

管理控制中心认定的公司所在地有：公司董事会开会的地点、公布分红的地点、公司进行营业活动的场所、公司的各种账簿保管地点、股东大会召开地点。

中国是登记注册地标准和管理控制中心标准相结合的模式。例如，在我国注册成立的WALMART（中国）公司、通用汽车（中国）公司，就是我国的居民企业；在英国、百慕大群岛等国家和地区注册的公司，但实际管理机构在我国境内，也是我国的居民企业。上述企业应就其来源于我国境内外的所得缴纳企业所得税。

（三）公司所在地标准

采用公司所在地作为居民公司的有德国、奥地利、比利时、西班牙、法国、意大利、葡萄牙、瑞士等国。

（四）主要机构或总机构所在地标准

按公司总机构所在的国家来判断属于哪一国家的居民公司。日本采用的是主要机构或总机构所在地标准。

三、公司所得税的税率

（一）比例税率

比率税率分为单一比例税率和分类比例税率。根据企业规模和收入规模、是否为居民公司、行业和公司的类型选择适用于公司的税率。

（二）累进税率

少数国家的公司所得税实行的是累进税率。

四、公司所得税的税基

（一）税基为净收益

1. 应计税的收入项目

（1）销售利润。

（2）权利金（期权的价格）、佣金、奖金及不必偿还的债务收入。

（3）前期已支付费用的补偿收入，如保险收入。

（4）利息、股息收入。

（5）财产租赁收入。

（6）财产变价收入。

（7）其他损益，如营业外收入等。

2. 免予征税的收入项目

（1）政策原因免予征税的收入项目。

（2）管理原因免予征税的收入项目，例如资本利得、不动产所得征其他税。

3. 税法规定准予扣除项目

准予扣除项目是指纳税公司每一纳税年度发生的与取得收入有关的、合理的支出，包括成本、费用、税金、损失和其他支出。

准予扣除项目必须区分：业务性支出与个人支出、营业性支出与非营业性支出、收益性支出与资本性支出。公司所得税扣除中没有生计费问题，不存在宽免额。

（二）公司所得税税基确定中的具体问题

1. 资本利得的税务处理

资本利得是个人或公司因出售或交换资本项目得到并实现的收益。对于资本利得是否应该放入个人所得税或公司所得税中处置，或应该单独征税，不同国家有不同的规定。

2. 存货估价

存货是企业在日常生产经营过程中持有以备出售的产成品或商品、处在生产过程中的在产品、生产或提供劳务过程中耗用的材料和物料等，以及农业企业为出售而持有的或在将来收获为农产品的消耗性生物资产。包括：原材料、在产品、半成品、产成品、商品、包装物、低值易耗品、消耗性生物资产等。根据存货类型的不同，有不同的存货估价方法。

（1）先进先出法。先进先出法（first-in first-out，FIFO）是指先进货的先销售和先进货的先投产，客观上反映了货物流通的时间顺序，在物价不断上升的情况下，存货的增值实际上构成了企业利润的一部分。

（2）后进先出法。后进先出法（last-in first-out，LIFO）下，期末存货按最早发生的成本计价，销货成本按最近发生的成本计价。采用这种方法计算的期末存货额，在物价波动较大的情况下，与市价偏离较大，不能反映当时存货的实际成本。但计入销货或生产成本的价格较接近市价，与当期销售收入相配比，较能反映当时损益水平。

（3）市场与成本孰低法。市场与成本孰低法中，对期末存货的计价，在成本低于市价时，就按原始成本计算，而在存货成本高于市价时，改按市价计算存货成本。采用这种方法计算存货价值时，其重置成本或再生产成本下跌时可能带来的损失，在当期就应予以确认，但对市场价格超过原始成本时可能带来的收益则不予考虑。这是谨慎原则在存货计价上的反映。

（4）加权平均法。加权平均法可根据本期期初结存存货的数量和金额与本期存入存货的数量和金额，在期末以此计算本期存货的加权平均单价，作为本期发出存货和期末结存存货的价格，一次性计算本期发出存货的实际成本。

（5）个别计价法。个别计价法亦称个别认定法、具体辨认法、分批实际法，采用这一方法是假设存货具体项目的实物流转与成本流转相一致，按照各种存货逐一辨认各批发出存货和期末存货所属的购进批别或生产批别，分别按其购入或生产时所确定的单位成本计算各批发出存货和期末存货成本的方法。这种方法把每一种存货的实际成本作为计算发出存货成本和期末存货成本的基础。

3. 开办费

开办费是指企业筹建创办过程中发生的费用支出，包括创建企业或兴办企业过程中发生的费用支出，如工资、办公费、培训费、差旅费、印刷费、注册登记费、咨询费等，及不应计入固定资产和无形资产购置成本的汇兑损益，长期借款利息等。

不同国家对开办费的处理方法不一样。在丹麦，开办费既不允许扣除，也不可计提折旧。在德国，开办费可以从其发生的财政年度扣除。美国允许开办费在数年内摊销。还有一些国家允许开办费在公司营业后扣除。

4. 折旧的处理——影响折旧的因素

折旧（depreciation）是指资产价值的下降，指在固定资产使用寿命内，按照确定的方法对应计折旧额进行系统分摊。

（1）折旧的基础。折旧一般按固定资产原值计提折旧，但在通货膨胀时，可允许企业按照固定资产的重置费用计算折旧，对固定资产进行指数化调整。折旧额越大，税基越小，企业应纳税款越少。

（2）折旧的限期。折旧的期限分为固定资产的耐用期限以及人为缩短的折旧期限。理论上讲，折旧期越短，企业应纳税款越少。

（3）折旧的速度——取决于折旧的方法。

①直线法。直线法计提折旧（straight line method）又称为平均年限法，是指将固定资产按预计使用年限平均计算折旧，并均衡地分摊到各期的一种方法。

②余额递减法。余额递减法是加速折旧法的一种。这种方法是将固定资产的期初账面净值（原值减累计折旧）乘以一个固定不变的百分率计算该期折旧额的一种方法。递减后余额次年再按固定比例计算，折旧逐渐减少。

③年数合计法。年数总和法，是指用固定资产原值减去预计残值后的净额，乘以一个逐年递减的分数（称为折旧率），计算折旧额的一种加速折旧的方法。

$$年折旧率 = 尚可使用年数/年数总和 \times 100\%$$

$$每年折旧额 = 价值 \times 年折旧率$$

5. 亏损的结转

亏损结转的方式分为三大类：一是允许同时回转（carry back）和向以后年度结转（carry forward）；二是只允许向后结转，但不允许回转；三是不允许结转亏损。

不同国家的结转冲抵范围不同。亏损结转时，按允许冲抵的亏损类别分为两种：一是亏损不分类，可综合结转，发生的所有亏损都可从所得中冲抵；二是按收入类型结转，发生的亏损只允许从同类所得中冲抵，如资本性亏损，只能从资本性所得中冲抵。

五、公司所得税的税收优惠

（一）体现产业政策的税收优惠

低收入国家在产业上侧重农业、基础产业、制造业，对产业的税收优惠形式主要有免税期和低税率。高收入国家注重行业的领先优势，侧重节能、环保、高新技术、高风险、高附加值产业，对其优惠的形式主要有加速折旧和各类税收抵免。

（二）鼓励投资的税收优惠

部分低收入国家为了鼓励投资，对新办企业和老企业追加投资规模给予一定优惠。优惠方式包括免税期、低税率、再投资退税等。

（三）鼓励研发的税收优惠

对于研发通常采取加计扣除、加速折旧等方式。

（四）促进区域开发的税收优惠

采用促进区域（如"出口加工区""开发区"等）开发政策的国家多为发展中国家。

（五）促进出口的税收优惠

为促进出口，税收优惠主要通过免税期、低税率、加速折旧、出口退税等来实现。

（六）促进就业的税收优惠

许多国家为促进就业实施一些税收优惠，但税收优惠的方法有所不同。有的国家对完成一定就业指标或投资于高失业地区的企业给予优惠；有的国家对吸纳残疾人就业的企业给予一定的税收优惠。

（七）支持中小企业发展的税收优惠政策

各国都非常支持中小企业的发展，通过税率优惠、税基减免、税收扣除等方式给予中小企业税收支持。

发达国家与发展中国家税收优惠政策的差异主要体现在政策目标和优惠方式上。发达国家更多地给予间接优惠，以实现科技创新。发展中国家更多地给予直接优惠，以吸引资本带动经济发展。

第二节　英国公司所得税

一、纳税人

英国需要缴纳公司所得税（corporation tax）的纳税人包括：所有的英国有限公司；在英国设有分公司或者办事处的外国公司；英国的俱乐部、合作社或其他非法人组织（如社区团体或体育俱乐部）。所有的纳税人都必申报缴纳公司所得税。

二、税率

纳税人需要按会计年度适用的公司所得税税率缴纳公司所得税。为实现提高财政收入与增强税收的国际竞争力的双重目标，英国将于 2023—2024 财政年度调整公司所得税税率，利润在 5 万英镑以上的企业，约占 70% 的贸易公司，仍然适用 19% 的税率，利润在 25 万英镑以上的企业适用 25% 的税率（如表 3-1 所示）。

表 3-1　英国公司所得税税率

	2020—2021	2021—2022	2022—2023	2023—2024
基本税率	19%	19%	19%	25%
小企业税率	N/A	N/A	N/A	19%
低档起征额	N/A	N/A	N/A	50 000 英镑
高档起征额	N/A	N/A	N/A	250 000 英镑
联合信托和开放式投资公司	20%	20%	20%	20%

数据来源：英国政府网. Corporate Tax. https://www.gov.uk/guidance/corporate-tax.

对于在英国或英国大陆架从事石油开采或从石油开采中获利的公司被称为围栏公司，其所得税率与一般公司有所不同。围栏公司可以要求对 30 万至 150 万英镑的利润进行边际减免。围栏公司的公司所得税税率如表 3-2 所示。

表 3-2　2014—2021 年围栏公司的公司所得税税率

等级	税率
小微企业税率（利润不超过 30 万英镑的公司）	19%
基本税率（利润超过 30 万英镑的公司）	30%
围栏分割[①]	11/400

数据来源：英国政府网. Corporate Tax. https://www.gov.uk/guidance/corporate-tax.

三、征税对象

公司所得税的征收范围包括公司的经营所得、投资所得、资本利得。

公司处置资本性资产获得的所得，作为资本利得需要缴纳公司所得税。在计算应税的资本利得时，公司可以使用指数宽免率来计算取得资产时到 2017 年 12 月 31 日期间发生的资产价值增值。从 2018 年 1 月 1 日起，指数宽免率就不再调整，若在 2018 年 1 月 1 日前取得的资产，在 2018 年 1 月 1 日后进行处置，就只能使用 2017 年 12 月的零售价格指数来计算资产保有期间的价值增值。

---

① 围栏分割指按一定比例把油气开采活动与其他经营活动分割开来，主要是为避免公司用其他经营活动的损失冲减油气应税所得，或用过多的利息支出冲减油气应税所得。

应税所得是公司从各个来源取得的年收入总额减去准予扣除的项目,对于不同来源的收入,所适用的税收规则可能略有不同。公司可以从收入中扣减发生的费用和损失,如果纳税人符合税收减免的条件,还可以对应纳税额进行调减。

四、扣除项目

公司纳税人在报税时可以从利润中扣除经营成本。雇员和雇主用于私人用途的开支需要作为收益。有些费用不允许在公司所得税中扣除,例如,招待客户的费用在纳税申报时归入公司利润。

(一)资本宽免

购置资产用于公司运营,可以进行资本宽免扣除,适用的资产包括设备、机器、业务车辆(汽车、面包车、拖车等)。

对于符合税收扣除的纳税公司可以向英国税务局申请减税,以减少纳税公司的应付税款。纳税人在申请时必须明确所享税收减免的金额,并说明享受税收扣除的内容。

(二)研发税收减免

研发税收减免旨在帮助那些从事科技创新项目的公司减轻税负,在进行专业领域研究或开发的公司都可以申请此税收优惠。研发税收减免同样适用于研发失败的项目。如果纳税公司符合条件,就可以申请研发税收减免。

1. 研发税收减免的申请条件

符合研发税收减免的条件必须是在科学或技术上取得进步的具体项目,不可以是纯理论领域的研究。并且,该项目必须与纳税公司的业务相关——要么是现有业务,要么是纳税公司正打算根据研发结果新设的业务。

为了申请研发税收减免,纳税公司需要对税收减免项目进行如下说明。

(1)该项目是专业领域上的进步。

(2)这个领域的专业人士不能解决这个问题。

(3)该项目具有不确定性。

(4)说明纳税公司是如何克服不确定性的。

2. 研发税收减免的类型

根据公司的不同规模,有不同类型的研发税收减免。

(1)中小型公司研发税收减免。如果公司的员工少于500人,且营业额低于1亿欧元或资产负债表总额低于8 600万欧元,公司就符合称为中小型公司的条件,可以申请中小型公司研发税收减免。

符合中小型公司研发税收减免的公司不仅可以从公司的年度利润中扣除研发费用本身,还可加计扣除130%的研发费用,即总共扣除230%的研发费用。如果公司发生亏损,则可以申请税收抵免,最高可抵免亏损额的14.5%。

(2)研发支出抵免(RDEC)。大型公司可以申请研发支出抵免,若大型公司转包给中小型公司或其他大公司做研发，则中小型公司或其他大型公司也可以申请这项税收优惠。

该税收优惠是一种税收抵免。在 2017 年 12 月 31 日之前，公司纳税人符合要求的研发支出的 11%可享受此税收抵免，在 2018 年 1 月 1 日之后，可享受研发支出的 12%作为税收抵免。2020 年 4 月 1 日起，公司可以享受研发支出的 13%作为税收抵免额。

（三）创意产业税收减免

创意产业税收减免由 8 项税收减免组成，分别为电影税收减免、高端影视税收减免、儿童影视税收减免、动漫影视税收减免、电子游戏税收减免、戏剧作品税收减免、管弦乐音乐会税收减免、博物馆或画廊展览税收减免。该减免允许满足条件的纳税公司增加允许支出的金额，这可以帮助公司减少需要支付的公司所得税。如果公司出现亏损，则可以将部分亏损或者全部亏损转为可返还的税收抵免。

如果满足以下条件，纳税公司就可以申请创意产业税收减免。

（1）需要缴纳公司所得税。

（2）直接参与产业的生产研发，这些产业包括：电影、高端影视、儿童影视、动漫影视、电子游戏、戏剧作品、管弦乐音乐会、博物馆或画廊展览。

（3）参与决策、制作。

（4）能够直接参与产业的商议，拥有合同和支付的权利，可以提供货物和服务。

纳税公司必须对整个开发过程负责，从前期的电影、节目或游戏的制作，一直到制作完成。对于戏剧作品、音乐会、展览，纳税公司必须负责制作和运营，直至最后完成收尾工作。

纳税公司要获得创意产业税收减免的资格，其创作的所有电影、节目或电子游戏都必须获得认证。这些产品必须通过文化测试或通过符合商定的国际合作生产协议。

纳税公司根据自己产业类别申请不同类型的创意产业税收减免，如果符合税收减免的条件，就可以享受相应的税收福利。

（四）商誉及相关资产税收减免

如果纳税公司满足以下要求，在 2019 年 4 月 1 日或之后收购相应资产就可以获得税收减免。

（1）纳税公司收购了一家拥有合格知识产权的公司。

（2）纳税公司需要缴纳公司所得税。

（3）相关资产（包括商誉）需要计入纳税公司的账簿。

相关资产成本（A）和购置的知识产权资产价格的 6 倍（B），根据 A 和 B 两者中较低者的 6.5%来计算税收减免额。满足条件的公司必须提交减税申请和对应的申请额度，税收减免可以是从应纳税额中扣除也可以冲减需要缴纳的税款。

（五）捐赠扣除

根据纳税公司捐赠类型的不同，有不同减税的方法。

公司向慈善机构捐赠现金、设备或产品、土地、财产或其他公司的股份、共享员工、赞助时，可以从经营利润中扣除捐赠款项来计算应纳税所得额。

公司向慈善机构或社区业余运动俱乐部进行现金捐赠时，可以从经营利润中扣除捐赠的现金，从而减轻公司所得税税负。

公司所捐赠的设备是公司使用过的设备，可以是公司办公家具、计算机和打印机、货车和乘用车、器械和机器设备，可申请设备价值的资本宽免。

公司向慈善机构或社区业余运动俱乐部捐赠产品，只从利润中扣除捐赠产品本身的价值，不可以扣除产品销售中的所有收入。

如果公司是增值税纳税人，需要列明捐赠物资的增值税，可以对捐赠物资使用零税率，这样受赠的慈善机构就可以销售、出租、出口该物资，捐赠公司也可从增值税计算中抵免所捐赠物资的成本，若公司不能对捐赠物资使用零税率，也可以使用正常税率来列明捐赠物资的增值税，进行增值税进项税额的抵扣。

公司向慈善机构捐赠土地、财产或其他公司的股份，可获得一定的税收优惠，若公司向慈善机构捐赠自己公司的股份，则不能享受税收优惠，公司在捐赠前最好先联系慈善机构，看其是否愿意接受捐赠。如果公司向慈善机构捐赠土地、财产或其他公司的股份，或低价销售给慈善机构土地、财产或其他公司的股份，公司不需要就资本利得缴纳公司所得税，还可从经营利润中扣除捐赠土地等的市场价值来计算公司所得税的应纳税所得额。

共享员工，如果公司临时派员工在慈善机构工作，或员工自愿在工作时间在慈善机构义务工作，公司可以把员工费用（员工工资和业务费用）作为业务费用从应税利润中扣除。但需要公司继续向该员工支付工资，且从其工资中代扣代缴个人所得税和社会保障缴款，视同该员工仍在为公司工作。如果公司派员工在社区业余运动俱乐部工作或员工自愿在社区业余运动俱乐部义务工作，所发生的员工费用不能从利润中扣除。

赞助支出不同于捐赠，因为公司赞助是可以得到一定的经营回报，赞助支出可以作为业务费用从经营利润中扣除。

（六）边际减免

申请边际减免的条件是公司利润为 30 万～150 万英镑，边际损失发生于 2015 年 4 月 1 日前，或边际损失来自英国或英国大陆架的石油权益或开采。

此外，还有专利盒税收减免，如果公司的利润来自专利发明，可以按较低的税率缴纳公司所得税。公司改制税收减免，如果公司关闭，转为独立贸易商、普通商业合伙人制或有限合伙人制，公司把某些财产转给股东，股东继续以非公司形式开展经营活动，这时转让的财产不需要缴纳公司所得税。经营损失税收减免，公司经营过程中发生的损失，可以从当期的利润中扣除，也可以向前结转，从以前的利润中扣除，或向后结转，从以后的利润中扣除。

五、纳税申报

每年纳税公司都需要做好会计记录，并准备一份公司所得税申报表，以计算出需缴纳多少公司所得税。除非纳税公司有合理的理由无法在线提交或使用威尔士语申报纳税，纳税公司必须在线上申报纳税。

通常在公司会计年度结束后的 9 个月零 1 天之前缴纳公司所得税，或者报告公司没有能力支付所得税。对于应纳税额超过 150 万英镑的纳税公司，必须分期支付公司所得税，选择合适的方式按时付款，如果超过缴税期限未缴税款，英国税务局会向纳税公司收取滞纳金；提前缴税，英国税务局会支付利息。

纳税公司在提交纳税申请表时必须算出所得税的损益（这与公司年度账目上的损益不同）以及应纳税额。提交纳税申报表的截止日期是该会计年度结束后的 12 个月内，如果错过最后期限，纳税公司将会受到相应的处罚，支付一定额度的罚款。

第三节　美国公司所得税

一、纳税人

美国公司所得税的纳税公司分为居民公司和非居民公司。居民公司需对要其来源于全世界的所得纳税，非居民公司仅就其来源于美国境内的所得纳税。

居民公司指的是在美国境内成立，或者根据美国法律成立的公司，无论其是否在美国境内经营或拥有财产，都属居民公司。

非居民公司指的是在外国成立，或者根据外国法律成立的公司。

美国的公司有几种不同的类型，包括：独资公司（sole-proprietorship）、合伙公司（partnership）、股份有限公司（corporation）、S 公司（S-corp）、责任有限公司（LLC）。

需要缴纳公司所得税的是股份有限公司和责任有限公司，其他公司都仅需缴纳个人所得税。

出于联邦税收的目的，S 公司选择的是将公司收入、亏损、税收减免和优惠转嫁给其股东。S 公司的股东在其个人纳税申报表上报告收入和亏损的流动情况，并按其个人所得税税率纳税，这使 S 公司避免了对公司收入的双重征税。S 公司负责在实体层面对某些内置收益和被动收入征税。

要想注册为 S 公司，必须满足以下几个条件。

（1）国内的公司。

（2）有满足条件的股东，可以是个人、某些信托、不动产，不能是合伙企业、有限公司的股东或非居民股东。

（3）股东不超过 100 人。

（4）只有一种股票。

（5）不是不符合资格要求的公司（即某些金融机构、保险公司和国内国际销售公司）。

二、税基

公司必须对其所得纳税，税基的大小，主要取决于扣除项目的规定。公司的应纳税所得额等于公司收入总额减去不予计列项目金额和允许扣除项目。

（一）企业收入总额

企业收入总额是指在扣除法律允许的调整、豁免或扣除之前，从所有来源获得的总收入。收入总额包括：销售收入和其他收入（这可能是来自股息、收回的坏账、税收抵免、退款、与业务有关的奖励以及其他各类所得税抵免）。

（二）扣除项目

1. 业务费用

业务费用是经营一项贸易或业务所产生的费用。如果企业经营是为了盈利，这些费用通常可以扣除。根据定义，可以扣除的业务费用必须是在本纳税年度发生的"普通且必要"的费用，否则美国国内收入署可能不允许扣除该费用。普通是指该费用是公司开展交易或业务中常见的费用。必要指的是，公司开展贸易或业务时产生的有用且适当的费用。只有同时满足这两个要求，才可以作为业务费用进行扣除。

需注意业务费用与下列费用的区别。

（1）销货成本。若企业生产产品或购置产品是为了再销售，需要计算纳税年度年初和年末的存货价格以确定销货成本。一些费用可以归入销货成本，总销售收入扣掉销货成本就可以测算出当年的毛利润。若一项费用归入了销货成本，就不能作为业务费用再次扣除。

销货成本包括产品、原材料的成本及运费、储存费用、产品生产工人的直接劳动力成本（包括养老金缴费和年金计划缴费）、工厂间接费用。

（2）资本费用。一些成本不能直接扣除，需要资本化。这些需要资本化的成本是经营中投资的一部分，称为资本化费用。资本化费用可视作经营中的资产。通常有三类需资本化的费用，企业开办费用、企业资产、改良支出。对有的企业开办费用，企业可以选择直接扣除或分期扣除。

（3）私人费用和业务费用。通常，企业不能扣除私人费用、生活费用和家庭开支。但如果企业的一项费用部分用于经营，部分用于私人目的，可以把总费用分为业务费用和私人费用，业务费用部分是可以扣除的。如住宅或车辆的经营性使用。

①住宅的经营性使用。如果企业把个人住宅的一部分空间用于经营，那么用于经营的开支是可以扣除的。这些费用可以包括抵押贷款利息、保险、设施、维护和折旧。

②车辆的经营性使用。企业把个人的车辆用于业务经营，可以扣除车辆的费用。如果车辆既私用也用于业务经营，就需要根据实际的里程数在私用和公用间分割车辆的费用，公用的费用是可以扣除的。

公司的房屋用于商业用途产生的费用（即保险、抵押或租金和水电费）被视为业务费用，但要与营业业务费用分开列示。

其他类型业务费用有以下几类。

（1）员工薪资。公司通常可以扣除员工为公司提供服务的工资。

（2）退休计划。退休计划是一种储蓄计划，为股东和员工退休留出的资金。

（3）租金费用。租金是公司使用不属于自己的资产而支付的费用。一般来说，只有当租金是用于公司的业务时，公司才可以将租金作为费用扣除。如果公司已经或将要获得该资产的所有权，则租金不可扣除。

（4）利息。利息费用是指公司为开展业务活动所筹措的资金而支付的费用。

（5）税收。公司可以扣除因开展贸易或业务活动而支付的各种联邦、州、地方或外国税，这些税可作为业务费用。

（6）保险。一般来说，如果保险费用是用于公司的业务，公司可以扣除普通的和必要的保险费用。

2. 慈善捐赠

2017 年的新税法《减税与就业法案》对慈善捐赠的扣除额进行了一些更改，降低了公司在所得税申报表上可扣除的慈善机构捐赠金额。公司可以扣除的慈善捐赠，具体取决于公司捐赠的类型。

公司必须将捐赠给予符合条件的慈善组织，并通过申请逐项扣除。如果捐赠给个人或不符合条件的组织，则不能获得扣减额。

美国国内收入署还限制公司慈善捐赠扣除的额度。公司向公共慈善机构和某些私人基金会捐赠的大多数捐赠扣除，不能超过当年公司应纳税所得额的 10%，超过部分可以向后结转 5 年。S 公司、合伙制公司、有限责任公司公益性捐赠不能从公司所得中扣除，需要由公司的股东从个人所得税中进行扣除，捐赠扣除不能超过调整后总收入的 60%。

3. 折旧

折旧是指资产价值的下降，在资产使用寿命内，按照确定的方法对应计折旧额进行系统分摊。折旧从第一次使用开始，直到停止使用该资产结束，按年扣除所有应计折旧的成本。通常，可以折旧的资产包括：有形财产，如建筑物、机械、车辆、家具和设备；无形财产，如专利、版权和计算机软件。但是，土地不能折旧。

满足以下条件的财产才可以折旧。

（1）必须是企业拥有的资产。

（2）用于商业或者创收。

（3）具有可确定的使用期限。

（4）使用期限在一年以上。

（5）不得将其作为例外财产。例外财产包括某些无形财产、某些期限权益、用于进行资本改善的设备，以及同年投入使用和处置的财产。

通常，如果公司要折旧 1987 年之前投入使用的资产，必须使用加速成本回收法（the accelerated cost recovery system，ACRS）或使用和以前相同的方法。

三、税率

2017 年的《减税和就业法案》把所有公司的所得税税率降低到了 21%。除此之外，符合条件的小型企业（独资经营者、合作伙伴、有限责任公司成员）可能会获得额外减税；对于第一年购买的商务设备、车辆和其他大型物品，该法案增加了这些资产的折旧额；法案为企业提供了新的探亲假税收抵免，为员工提供带薪探亲假的时间。

但是该法案取消了对招待费的减税（部分除外），取消了对雇员通勤津贴的扣除。还取消了部分税收抵免。

四、税收优惠

为了鼓励公司和个人从事某些活动，例如鼓励公司购买节能汽车和使用环保产品进行建筑生产，美国国内收入署会颁布一些税收减免政策。通常税收减免是在特定的时间段实施的，随着期限的结束而停止税收抵免。对于需要申请税收减免的机器、车辆、设备，公司必须于当年购买并投入使用。

（一）机会区税收减免

机会区税收减免是刺激美国萧条地区经济发展的手段，为推动低收入社区的经济增长并增加就业，向投资者提供税收优惠。把美国的 50 个州、华盛顿哥伦比亚特区和 5 个海外领土的上千个低收入社区设置为符合资格要求的经济区。纳税人通过符合资质要求的机会基金进行投资，就可以享受相应的税收优惠。

（二）绿色环保的所得税减免

公司通过设备改进，使经营活动更节能或环保，就可以申请税收减免并从中受益。除了税收抵免之外，公司还有资格对业务设备所做的改进享受减税优惠。例如，对于购买或使用节能设备（如风能、太阳能、燃料电池）开展业务的公司能获得税收减免。

（三）研发税收减免

研发税收减免已经存在多年，其目的是对小企业起到激励的作用，鼓励其进行业务研发。如果符合以下条件，即使公司不从事传统的科学研究，也有资格享受其他类型的研发税收减免。

（1）进行产品开发。

（2）提高产品的质量、性能和可靠性。

（3）提高经营业绩。

（4）给外部研究人员或从事研究的员工支付报酬。

（四）残疾人税收减免

如果公司雇用了残疾员工和为残疾客户提供服务，则可能获得残疾人税收减免，因此为残疾人消除就业障碍和改进服务设施可达到增加营业机会和减少公司所得税税负的双重目的。

（五）小企业医疗保健税收减免

《患者保护与平价医疗法案》（Obamacare）包含一项税收抵免，以鼓励小企业雇主给员工提供医疗保险或维持已有的医疗保险。对于为员工支付至少一半的单次保险费用的小企业，才可以获得这项税收抵免。如果公司的业务和计划符合条件，可以获得为员工支付的医疗保险的 50% 作为税收抵免额。这项抵免适用于少于 25 个全职雇员的小企业。

（六）工作机会税收减免

工作机会税收减免允许雇主在雇用如下人员作为员工时获得所得税税收减免。

（1）退伍军人。

（2）低收入家庭援助计划的受救助者

（3）食品补助领取者。

（4）特定社区的居民。

（5）职业病康复病患。

（6）刑满释放者。

（7）辅助保障收入计划的受助者。

（8）住在特定地区的暑期青年雇员。

（七）电动汽车税收抵免

这项税收抵免是包括乘用车和轻型卡车在内的电动汽车税收抵免。

2009年12月31日以后购入的车辆，车辆在购买后使用或租赁，而不是再销售。且纳税人是第一个使用车辆的，且车辆主要在美国使用，车辆的动力能源为电池，税收抵免额可达到2 500美元以上。电池蓄电量为5千瓦时以上，就可获得417美元的税收抵免额，超过5千瓦时后每增加1千瓦时，税收抵免额就可增加417美元。一辆电动汽车可获得的最大抵免额为7 500美元。生产厂商自2019年12月31日以来累计的销售量达到20万台后，抵免就逐步减少。

（八）投资抵免

重建投资、能源投资、有资质的先进煤炭项目投资、有资质的汽化项目投资、有资质的先进能源项目投资都可以享受投资抵免。

五、纳税申报

美国国内收入署提供了以电子方式提交联邦纳税申报表的流程，包括支付方式和电子申报方式，具体取决于要提交的纳税申报类型。

不同类型公司的纳税申报截止日期有所不同。

（1）独资公司和个人有限责任公司纳税申报日期截止到次年的4月15日。

（2）合伙企业截止到次年的3月15日。

（3）多人有限责任公司截止到次年的3月15日。

（4）S公司的申报截止到次年的3月15日。

（5）对于会计年度结束日期不是12月31日的公司（非S公司），截止日期是会计年度结束后第4个月的第15天。

如果提交纳税申报表的截止日是周末或假日，那么提交纳税申报表的截止日将被移至下一个工作日的第一天。

公司必须明确纳税申报表的表格类型，提交纳税申报表的日期就是付款的日期。因此，如果公司必须在 3 月 15 日或之前提交纳税申报表，公司还必须在该日或之前缴纳所得税税款。

对于未及时提交报税单和缴纳税款的公司，美国国内收入署对公司会处以相应的罚款和利息。在满足条件的情况下，公司可以提交延期申报纳税的申请，通常情况下，公司可以获得最长 6 个月的延期时间。

第四节　爱尔兰公司所得税

一、纳税人

爱尔兰的纳税公司分为居民纳税公司和非居民纳税公司，公司所得税的纳税义务取决于其税收居民身份。

爱尔兰的居民公司需要对其全球收入和资本利得缴纳公司所得税。如果公司的中央管理部门和控制机构设立在爱尔兰或在爱尔兰注册成立，则该公司就是爱尔兰的居民公司（某些现有的爱尔兰公司例外）。

爱尔兰的非居民公司指的是在国外注册成立，但在爱尔兰设有分支机构的公司。非居民公司需要对下列所得缴纳公司所得税。

（1）在爱尔兰的分支机构开展业务取得的利润。

（2）处置爱尔兰分支机构使用或持有的资产所产生的资本利得。

（3）在爱尔兰没有分支机构且不是爱尔兰居民公司有可能因处置特定爱尔兰资产（如爱尔兰土地、建筑物、某些爱尔兰股份等）而获得的来源于爱尔兰的收入和资本利得。

二、税基

（一）征税范围

在爱尔兰，公司应就其利润总额（包括经营收入、消极收入和资本利得）缴纳公司所得税。为了计算公司的应纳税所得额，需要知道公司利润中可以扣除的项目。

（二）扣除项目

公司经营中发生的可以扣除的费用包括，货物采购成本、员工工资、经营场所的租金和水电气费用、经营用车辆的运营费用、车辆或机器的租赁费用、财务费用、借款利息等，企业开办费用也可以扣除。

与经营无关的费用不允许扣除，如服装费用（防护服除外）、业务招待费用、雇主的工资、雇主的食宿差旅费用（商业差旅食宿费用除外）。

公私混用的费用，如电话费、汽车费、租赁费，公用部分可以扣除，私用部门不允许扣除。

1. 资本宽免

公司可以就经营性资产的资本性开支享受资本宽免。资本宽免额通常按照经营性资产的净值计算，不同类型的经营性资产可以享受的资本宽免比例不同。公司可以就如下资本性资产申请享受资本宽免：厂房和机器、车辆、工业建筑、计算机软件、特定无形资产。

厂房和机器可以在 8 年内，每年以 12.5% 的比例享受资本宽免的扣除。工业建筑可以在 25 年内，每年以 4% 的比例享受资本宽免的扣除。

公司使用的如下设施可以享受 100% 的加速资本宽免，包括节能设备（包括电动车辆、替代能源车辆）、燃气车辆和加油设备。可以在资产第一年使用时扣除加速资本宽免。公司为员工设置的托儿所或健身房的建筑成本可以在 7 年内，以每年 15% 的比例进行资本宽免的扣除。

2. 经营损失

如果公司在一个会计年度内发生经营损失，可以从同期的其他经营所得中扣除，或从下一个会计年度的经营所得中扣除。未抵扣完的经营损失可以从非经营性所得（包括资本利得）中扣除。可以抵扣的经营损失对应的应纳税额不能超过经营损失的 12.5%。发生的经营损失首先要从同类业务的经营利润中抵扣，未抵扣完的经营损失可以向后无限期结转。

3. 集团税收减免

集团税收减免允许集团内的成员公司将经营亏损转移到其他成员公司名下。如 A 公司可以把经营损失转移到同一集团内的 B 公司名下，就可以减轻 B 公司的公司所得税税负。两个公司被认为同属一个集团的成员公司的条件如下。

（1）B 公司拥有 A 公司 75% 的股权。

（2）第三方公司拥有 A 公司和 B 公司的 75% 的股权。

集团成员间可以转移当年的经营损失、所得相关费用、投资公司管理费用、资本宽免额。

集团税收减免可以从经营所得中抵扣，可以从公司税中扣除，可以从同一会计年度内的特殊业务利润中扣除。

进行集团所得税减免时，要在公司损失发生的会计年度末的两年内申请集团税收减免，发生损失的公司要书面许可该损失的转移。

4. 开办费用

一旦公司开始生产经营活动，某些开办费用可从经营利润中扣除。开始生产经营前三年发生的开办费用可以扣除，生产经营开始后发生的一些特殊费用可作为开办费用扣除。可以扣除的开办费用包括：

（1）财务费用。

（2）广告费用。

（3）可行性研究费用。

（4）商业计划编制费用。

（5）经营场所的租金。

5. 初创公司税收减免

新成立的公司可以享受初创公司税收减免，在开始经营的前三年可获得公司所得税的减免。该税收减免可以从新公司的经营利润或资本利得中扣除。如果新公司一年内应纳公司所得税税额在 40 000 欧元以下，可以享受税收减免。若新公司一年内的应纳公司所得税税额为 40 000～60 000 欧元，可以享受部分税收减免。公司享受初创公司税收抵免时需要符合社会保障缴款，为所有员工缴纳额度在 40 000 欧元以内的社会保障缴款。自 2013 年起，新公司可以结转最初三年未使用完的税收抵免额。

6. 利息和其他的开支费用

公司在应纳公司所得税计算中可以扣除利息开支、专利费开支和其他支出。公司在专利使用费支出上发生的红利预提税也可扣除。

7. 捐赠

公司向爱尔兰国内收入局许可的慈善机构或组织进行公益性捐赠可以扣除，最低的单笔捐赠额为 1 年 250 欧元。

8. 红利

计算公司所得税时，红利和其他形式的分配不能扣除。爱尔兰居民公司向另一个居民公司支付的红利不需要缴纳公司所得税，大多数爱尔兰居民公司在支付红利时就缴纳了红利预提税。

三、税率

爱尔兰的税收制度公开透明，完全符合经合组织的指导方针和欧盟竞争法。爱尔兰公司所得税税率对企业、跨国公司有很大的吸引力。

爱尔兰政府明确规定经营所得的公司所得税税率为 12.5%。

特殊经营所得适用的税率为 25%。

非经营所得（租金所得、投资所得等）的税率为 25%。

四、税收优惠

（一）研发税收抵免

自 2004 年起，爱尔兰就发起了研发税收抵免计划。符合条件的研发支出可按 25% 的比例从应纳公司税中抵扣。

符合研发税收抵免的条件包括：公司需要向爱尔兰政府缴纳公司所得税，研发活动发生在爱尔兰或欧洲经济区内，研发支出没有在其他国家得到税收扣除。符合条件的研发活动包括：系统性、探索性或实验性活动，属于科技领域的活动，涉及基础研究、应用研究或实验开发中的一个或多个研发类型，寻求科技进步，涉及科技不确定性问题的解决。

研发支出的 15% 和 10 万欧元中的较大者可分包给其他非相关方。

公司可能会将部分或全部研发税收抵免交给从事研发工作的关键员工享受。

如果公司纳税义务不足以使用特定年份或上一年的剩余抵免额，只要符合条件，该税收抵免可在三年内抵扣。

（二）知识开发盒税收抵免

知识开发盒税收抵免是知识资产所得可以享受的税收减免。公司从知识资产中获得的利润可以减半征收公司所得税，意味着公司知识资产所得的有效税率为 6.25%。

知识开发盒税收抵免的享受条件包括：公司的会计年度从 2016 年 1 月 1 日后开始，公司从使用知识资产中获得收益，公司从研发活动中创造出实用的知识资产。

实用的知识资产包括：计算机程序、专利保护的发明创造、专利局认证的小企业的知识产权。

（三）林地税收减免

公司在爱尔兰占用林地获取的利润可以免于缴纳公司税，前提是公司对林地进行商业性开发并寻求从中获利。

五、纳税申报

公司需要使用爱尔兰收入署在线服务进行纳税申报。在线上申报中，公司须在规定时间内计算并预缴税款，填报公司所得税纳税申报表，在纳税申报截止日前缴纳结清税款。如果公司不使用在线服务进行纳税申报，需要就每笔交易缴纳 1 520 欧元的罚款。

公司要在会计年度结束后的 9 个月内进行纳税申报，要在第 9 个月的第 23 日前缴纳税款。若公司未能按时进行线上纳税申报就需要缴纳相关税款，且需在当月的第 21 日前结清相关税款。

如果公司未能按时缴纳税款，政府会对公司所欠税款按日加收 0.021 9%的滞纳金。滞纳金的计算公式为：滞纳金=公司所欠税款×延迟天数×利息率。

如果公司不能及时缴纳税款，被加收滞纳金，无权向税收申诉委员会提起申诉。发生滞纳金后，公司须足额缴纳所欠税款及滞纳金。

如果公司在纳税申报截止日后进行纳税申报，还须缴纳附加收费，若延迟申报时间在 2 个月内，附加收费为所欠税款的 5%，最高不超过 12 695 欧元；若延迟申报时间在 2 月以上，附加收费为所欠税款的 10%，最高不超过 63 485 欧元。

若公司未按时进行纳税申报，根据延迟时间的长短，不能享受资本宽免、经营损失税收抵免、集团税收抵免。

第五节　比较与借鉴

一、公司所得税改革的国际趋势

（一）公司所得税改革的背景

（1）随着国际经济一体化的深入，资本自由流动导致税收竞争加剧。税率影响着企业投资决策，高税率会造成本国资本外流，也不利于外国资本进入。为吸引投资，各国竞相降税。

（2）国内经济增长乏力、失业率增加，公司所得税本身遇到挑战。世界性税改的指导原则还是延续了供给管理与需求管理相结合的思想，仍然以供给管理思想为主。供给管理思想的主张是，在经济不景气时，政府应该减税，公司所得税边际税率的降低能够有效增加投资收益，强化人们的投资和创新冲动，从而形成减税—增加投资—提高就业—经济增长的良性循环。

（3）国际社会存在大量的避税港或"避税天堂"，导致税基受到侵蚀。为拓宽税基，首先需要"放水养鱼"，需要通过减税吸引投资，增强经济活力，进而使税基得到拓宽。

（4）税收遵从观念变化。边际税率过高，大大挫伤公司投资的积极性，又会激励偷逃税行为，增加税收征管成本。税收制度日益复杂，增加了公司的税收遵从成本，也给公司避税活动带来可乘之机。

（二）公司所得税的改革趋势

发达国家一般公司所得税最高边际税率下降明显，发展中国家也推出减税计划，许多中东欧国家实行了单一税制。这有利于贯彻税收中性原则，提高资源配置。各国公司所得税税率在一个较低水平上趋同。大大缓解国际重复征税矛盾，在一定程度上减弱了跨国纳税人从事避税活动的动机和效率。

在普遍降低公司所得税的同时，小企业受到更多重视，小公司的税率进一步降低。公司所得税优惠政策得到调整，科技创新（R&D）的优惠力度进一步加强。

二、公司所得税与个人所得税的协调

美国由古典税制向一体化转型，欧洲由归集抵免制向古典税制回归。古典税制与归集抵免制相比，制度结构简便易行，除了对股息和利息因处理不同而产生扭曲外，对跨国经济行为的扭曲总的来说比较少。为解决重复征税问题，大部分国家都实行了公司所得税与个人所得税的一体化，以尽量减少经济性重复征税。

三、我国企业所得税的改革方向

我国实施的减税政策，降低小微企业、高新技术企业的企业所得税。降费政策主要有降低社保和住房公积金费率、失业保险费率，清理规范政府性基金收费项目，扩大行政事业性收费的免征范围。根据这一政策的相关内容也不难看出，我国政府在最大程度上减少了企业所需要承担的税收，这对于我国企业发展起到了重要的助推作用。

企业所得税是保证我国基本财政收入稳定，以及呈现出持续增长趋势的重要前提与保障，其比重仅次于增值税收入。企业在激烈的市场竞争中，谋求适宜自身发展的途径，而经济效益也在逐年增加，通过制定完善的企业所得税制度，可以在保证企业经济效益的同时，增加国家的财政收入。在减税降费的背景下，我国实施的优惠政策主要集中的领域便是企业所得税。通过加强对企业所得税的控制，一方面可以充分了解并监督企业的各项经营、财务活动，促使企业可以不断改善自身的经营效率，提高盈利能力；另一方面可以从宏观上对企业收入进行调整与控制，从而实现公平税负，对于产业结构调整、环境治理等方面都有着较好的调控作用。

在经济全球化背景下，我国的企业所得税制度需要与国际相接轨，这样才能更好应对国际竞争，为我国经济可持续发展提供充足保障。虽然在经过变革后，企业所得税已经趋近于完善，但还存在税收竞争压力大，税收优惠政策重复、矛盾等问题，难以保证企业税收公平，不利于企业发展。因此企业所得税还应进一步完善。

（一）完善企业所得税的归属制度

完善企业所得税的归属制度可以避免重复征税，并按分支机构合理划分所在地收入。

（二）进一步协调企业所得税与个人所得税关系

协调企业所得税与个人所得税关系能够明确法人和个人的征税范围，平衡企业所得税和个人所得税间的税负。

（三）支持第三产业的发展

从第三产业发展现状来看，还应该采取进一步的税收优惠政策，大力支持第三产业，推动我国以服务行业为核心的第三产业加快发展。

（四）大力支持创新企业发展

创新是发展的重要驱动力，创新性强的企业，有着广阔的发展空间。因此，针对创新企业，需要加大税收支持力度，以推动企业创新，加快企业升级与转型，从劳动密集型过渡到以技术为核心发展的企业。

（五）支持中小型企业的发展

中小型企业的存在，可以提供更多就业岗位、缓解就业压力，带动经济的整体增长，因此需要通过税收优惠政策支持中小型企业的发展。

（六）确保税负公平合理

为实现税收的公平正义，需要及时地调整税收制度来保证税负的公平合理。这就需要国家从企业所得税纳税人认定标准、税率制定、税前扣除项目、税收优惠等方面，多层面、多角度进行政策调整，在综合考虑各方面因素以后，制定出一个相对统一、科学、规范的政策。对于一些在实施过程中难以真正实现，且时效性较低的税收优惠政策应取缔，为企业打造一个良好公平的税收环境。

思 考 题

1. 根据公司所得税与个人所得税之间的关系，公司所得税可分为哪几种类型？
2. 世界各国在公司所得税税基的确定中存在哪些差异？
3. 公司所得税改革的国际趋势有哪些？
4. 世界公司所得税与个人所得税协调的进程如何？
5. 结合实际，探讨完善中国企业所得税的政策思路。

第四章

外国资本利得税

【学习目标】

通过本章的学习，重点掌握资本利得税的基本理论，如资本利得的特点、分类与来源，资本利得的课税范围，资本利得的税负选择等。掌握外国资本利得税的基本情况，了解德国、印度、澳大利亚的资本利得课税制度，为我国资本利得课税制度的完善提供借鉴。

【引言】

本章对外国资本利得税进行了介绍，从资本利得税的基本理论，资本利得税的概念与分类、征税范围、税负选择、资本利亏与再投资，德国、印度、澳大利亚的资本利得税课税制度等方面进行了详细的讲解。最后，通过资本利得税问题的分析，对我国资本利得税的发展提出建议。

第一节　资本利得税概述

资本利得税（capital gains tax），也称资本收益税，对纳税人出售或转让资本性资产所实现的增值收益课征的税。从税种性质上看，因其课税对象为收益额，即所得额，所以国际上通常将其视为所得税类。

纳税人所得根据其性质，通常分为以下几类。

1. 生产经营所得（利润）

生产经营所得是指所得税纳税人从事工、矿、交通运输、农、林、牧、渔、饲养、商业、旅游、饮食、服务以及其他行业生产经营取得的利润所得。一般来讲，对不同经济性质的企业取得的生产经营所得按不同的税法计征所得税。

2. 劳务所得

劳务所得指的是提供劳动或服务而得到的收入，包括因受聘或受雇而取得的工资、薪金所得。

3. 投资所得

投资所得指的是凭借资本所有权从有关投资项目中分得的股息、利息、红利、利润等。

4. 转移所得

转移所得是指政府或企业、个人无偿地支付给其他企业、个人的转移所得，它是一种收入再分配形式。转移所得包括政府的转移所得和企业的转移所得。政府的转移所得大都带有福利支出性质，如社会保险福利津贴、抚恤金、养老金、失业补助、救济金以及各种补助费等；农产品价格补贴也是政府的转移支付。

5. 资本利得

资本利得是指出售股票、债券或不动产等资本性项目取得的收入在扣除其账面价值后的余额。

一、资本利得的概念与分类

（一）资本利得与资本性资产的界定

资本利得指的是从资本性资产转让或销售中获得的利润，即已实现的资本性资产的收益（capital proceeds）。

资本性资产（capital assets）指的是纳税人永久持有或使用的资产，包括土地、建筑物、机器设备、有价证券、商誉、专利权、特许权等资产。

实践中界定资本性资产的方法有如下几种。

1. 目的法

如果获得资产的目的不是为了销售，而是为了拥有使用并获利，则该资产为资本性资产。

2. 销售频率法

如果资产销售活动非常频繁，则更有可能是为了出售而购买，一般不被认为是资本性资产。

3. 资产状况判定法

如果资产的状况和条件得到改进或改善，比如经过维修或更新改造后销售，则这种行为通常被视为正常的经营活动，这类资产也不能作为资本性资产。

4. 经营活动关联法

出售资产的活动与主要经营活动相互联系，则被视为一般经营活动，而不能作为资本性资产。

5. 时间判定法

拥有资产的时间越短，越具有经营活动的特征，则该资产也不能作为资本性资产。

（二）资本利得的特点

（1）资本利得是一种消极所得。资本利得通常是非劳动所得，一般不体现价值增值，而是货币增值。

（2）资本利得是一种非定期取得的所得。资本资产的交易具有不确定性，资产交易通常情况下取决于利益、税收和投机。

（3）资本利得的实现一般需要较长时间。

（4）资本利得通常容易与正常所得相混合。

（三）资本利得的类型

资本利得也有不同的类型，包括：不动产利得、有形动产利得、有价证券利得、无形资产利得。

1. 不动产利得

所谓不动产，是指依照其物理性质不能移动或者移动将严重损害其经济价值的有形物，如：土地以及房屋、林木等地上附着物。出售或交换土地、房屋、建筑物等不动产所取得的所得，一般按实现的价值扣除原值来计算。

2. 有形动产利得

有形动产是相对于无形资产和不动产而言。有形动产是指那些具备实物形态，能够带来经济利益的可移动资产。有形动产利得通常是出售机器、艺术作品等获取的所得。

3. 有价证券利得

有价证券是指具有一定价格和代表某种所有权或债权的凭证，包括股票和债券。有价证券利得是从事股票、债券等有价证券的买卖而获取的所得。

4. 无形资产利得

无形资产是指企业拥有或者控制的没有实物形态的、可辨认的非货币性资产。无形资产利得是转让无形资产，如著作权、专利权、商品权、商誉等取得的利得。

（四）资本利得的来源

（1）公司留存收益的转化。纳税人出售公司股票所获得的资本利得在一定程度上反映了公司留存收益和再投资的情况。

（2）预期收益的变化。预期收益也称为期望收益，是指没有意外事件发生时根据已知信息所预测能得到的收益。通常未来的资产收益是不确定的，它受供求、利率、物价、风险、资产相对收益率的影响。

（3）自然增长。资产价值的自然增长，如森林树木随着生长而带来资产价值的增加，进而引发资本利得的产生和增加。

（4）加速折旧。税收法律规定的折旧超过了经济折旧，从而产生资本利得。

（5）通货膨胀。通货膨胀引起资本性资产货币价值的增加，进而带来了资本利得。

二、资本利得的课税范围

（一）证券利得的课税

资本证券是有价证券的主要形式，是指由金融投资或与金融投资有直接联系的活动而产生的证券。资本证券具体包括股票、债券及其衍生品种，如金融期货、可转换证券等。

证券利得课税是对股票、债券等一般有价证券所实现的收益进行课税，以及对认股证书、投资股权、金融衍生工具及其他证券财产权利的利得课税。

1. 证券利得的主要课税方式

（1）免税。对一般利得都免税，因而对证券利得也不征税；对其他利得课税，但对证券利得免税；对部分证券利得免税。

（2）视同所得课税。将资本利得视为所得课税，将资本利得纳入所得税总额中课税。

（3）对证券利得实行特别课税。有些国家将资本利得税视为单独的税种，实行特别的比例税率纳税。通常，对证券利得单独课税一般比普通所得适用的税率低些。

2. 不同证券利得课税的区别

（1）长期证券利得与短期证券利得。不同的国家对长期和短期证券利得的界定标准有所不同，有的以1年为界，有的以6个月为界，但通常短期证券利得适用的税率重一些，长期证券利得适用的税率轻一些，主要是为了鼓励投资而非投机。

（2）其他不同证券利得的课税。

①按控股程度课税。许多国家对达到一定控股程度的公司股票出让所实现的利得实行特别课税。"达到一定控股程度"是指达到规定的控股比例，即"重要股权"。这种做法主要是出于防范避税考虑。德国、荷兰、奥地利、卢森堡等国都采用这种方法。

②按证券是否上市课税。相较于非上市公司而言，一般对上市证券课以轻税。主要是上市证券更为透明，便于管理。

③交易是否涉及外国居民。出于保障本国经济安全考虑，出售股票给外国居民的行为通常通过征税来进行限制；也有些国家通过对外国公司股票免税来鼓励本国居民购买外国公司的股票。

（二）不动产利得的课税

1. 不动产利得的课税方式

不动产利得的征税对象包括：土地、建筑等不动产，不动产权、土地股权、土地认购权及其他土地权。

（1）许多国家对长期利得免税，短期利得视同所得征税。

（2）长期利得税负随持有期限增加而降低。

（3）有的国家长短期利得都单独征税，对长期利得通常适用的税率会低一些。

2. 住宅利得的税务处理

由于住宅是人们生活中最重要的生活必需品，因此对出让住宅实现的利得，在课税时各国都通常给予特殊减免照顾。

（1）有条件免税。有条件免税的住宅必须为主要住宅，或要求居住一定期限。

（2）住宅利得减税。有的国家采用的是住宅利得减税的政策，如对出售住宅的所得适用较低的税率，以减轻社会成员的住房成本。

（3）再投资优惠。出让住宅的收入再投资于住宅的购买，可免税或递延纳税，日本和葡萄牙采用的就是这一政策。

三、资本利得课税的税负选择

（一）资本利得课税的高税负

通常来说，资本利得是一种非劳动所得，其纳税人往往是拥有较多财富的"富裕阶层"。纳税人本身具有较高的纳税能力，所以资本利得税负比普通所得税负高，这符合税收的纵向公平原则。

（二）资本利得课税的等税负

资本利得课税的等税负即资本利得与普通所得税负一致，特殊情况除外。实现的资本利得与实现的所得一样，都意味着纳税能力的提高，因此，从税收公平角度看应同等课税。这有利于保护所得税收入，避免因资本利得免税或征低税而造成的投资扭曲。

（三）资本利得课税的低税负和零税负

资本利得课税的低税负和零税负指的是资本利得所承担的税负比普通税负轻或全部免税。通常是否采用此政策受以下几个因素的影响。

（1）通货膨胀影响。通货膨胀会带来资本性资产名义价值的增加，但这并不是实际价值的增长，因此对资本利得不应和普通所得一样课税，而是要实行特别的规定，通过指数化调整、税基折征、低税率的方式调减资本利得。

（2）锁住效应影响（lock-in effect）。锁住效应是指对资本利得征税后，会把投资者锁在现有的投资组合中，制约资本性资产正常流通，使资本由于税收因素，不能完全通过市场进行组合来达到结构的合理性，干扰资源的有效配置。

（3）税负方面的考虑——归集效应（bunching effect）。资本利得是多年累积的结果，一次性对实现的资本利得征税，会使税收负担过于沉重。

（4）征管方面的限制。在征管时通常要对资产进行财产估价和通胀调整，较为复杂，出于简化征管的考虑，有必要对资本利得实行轻税负。

（5）培育市场等政府宏观调控的需要。为推动证券市场、房地产市场的蓬勃发展，政府可能会对证券利得、不动产利得给予税收优惠。

四、资本利得课税的税负减免措施

（一）税基折征

税基折征指的是仅就资本利得的一定比例纳入税基征税。

（二）适用特别税率

这种特别税率主要是指对资本利得适用低税率。

（三）按财产持有期限折征或降低税率

有的国家按财产持有期限折征资本利得税，还有国家按财产持有期限降低资本利得税税率。

（四）按简易办法征收

（1）总价法。按财产售价直接计税，按财产出让价格的一定比例来确定需要缴纳的资本利得税。

（2）估算法。按财产售价的一定比例估算利得征税。即包括直接估算法和间接估算法。

①直接估算法：直接根据财产售价的一定比例计算应税资本利得，即

$$应税资本利得 = 资产售价 × 一定比例$$

②间接估算法：按财产售价的一定比例计算财产的扣除成本以此计算应税资本利得，即

$$应税资本利得 = 财产售价 - 财产售价 × 一定比例$$

五、资本利亏与再投资

（一）资本利亏（资本损失）的处理

资本利亏是指资本性资产所产生的贬值，通常各国都允许结转资本利亏。

1. 抵补范围

（1）冲减所得。冲减所得是指产生的资本损失允许由普通所得弥补。从纳税人角度看，这是一种最宽松的弥补方式。

（2）冲减利得。冲减利得是指所有资本损失都允许由资本利得抵补，但不允许由普通所得抵补。

（3）冲减同类利得。冲减同类利得是指资本损失只能从同类型的资本利得中弥补，或按规定以同类型资产抵补。

从税收收入角度看，规定的资本损失抵补范围越窄，税收收入就越有保障，但从税收管理角度看，其征管难度也越大。

2. 抵补期限

从各国税法规定看，对资本利亏抵补期限的规定与亏损弥补的规定基本是一致的。有些国家既允许前转，也允许后转；有些国家只允许向后结转；还有国家不允许结转。

（二）再投资处理

资本性资产转让所得可用于消费，对这部分资本利得课税会减少用于消费的资金。资本性资产转让所得也可用于投资，对这部分资本利得课税会减少用于投资的资金，为减少这种负面影响，通常会对资本性资产转让所得用于投资的利得采取特别的税收优惠，以鼓励资本性利得的再投资活动。通常会采取不同形式的税收递延，用来减轻资本利得的税负，税收递延的方式有如下几种。

（1）折旧递延。折旧递延指的是在新购置资产的折旧期内递延纳税。卢森堡通过设置重置准备金冲减新购置资产成本。

（2）限期递延。限期递延是指不按新购置资产的折旧期，而按税法规定的年限递延纳税。

（3）滚动递延。滚动递延是指纳税义务递延到新购资产再出让时，与其新增利得一并计税。若再出让后的利得用于再投资，则可继续递延。

第二节　德国资本利得税

在 19 世纪所得税制度的扩张中，1820 年德国的南部最先开始实行资本利得税（先是符腾堡州，然后是巴伐利亚州）。资本利得税在流动资本的强劲增长中越来越重要，并不断进行着改良。1920 年的金融改革引入了独立的资本利得税，这使得资本利得税既不计入个人所得税，也不计入公司所得税，同时不影响资本利得的收入和所得税负。自 1925 年税制改革以来，资本利得被纳入所得税。根据 2008 年德国《公司税务改革法》的规定，2009 年 1 月 1 日起从所得税申报表中删除资本利得税。资本利得税本身不是一个税种，与工薪税一样，是征收所得税的特殊形式。

一、纳税人

在德国，资本利得税是个人所得税和公司所得税的一种特殊征收类别，不存在单独的资本利得税收。资本利得税的纳税人包括自然人和企业。

自然人分为居民与非居民。根据个人所得税法案，若自然人的住所或习惯性居住地位于德国境内，该自然人为税收居民，需要承担无限纳税义务。自然人按其"住所所在地"被认定为当地税收居民，所谓"住所所在地"是指其维护和使用某住所的所在地。此外，个人在德国境内连续居住超过 6 个月的，一般被认定为其习惯性居住地在德国。

对于住所或习惯性居住地虽然不在德国，但却从德国公共基金领取工资的公务人员，属于德国的税收居民，在德国有无限纳税义务；而该人连同与其一起居住的家庭成员，在其住所所在地或习惯性居住地的国家仅负有有限纳税义务。

此外，在德国承担有限纳税义务的纳税人有下列情况之一，可以被认定为负有无限纳税义务。

（1）至少 90% 的年收入需缴纳德国所得税。

（2）其德国不征税收入未超过个人基本免税额的上限。

企业分为居民企业与非居民企业。根据公司所得税法案，管理机构或注册地在德国境内的公司在德国即为居民企业，负有无限纳税义务，需要就全球的所得向德国政府缴纳公司所得税。其他公司为非居民企业，只需要就来自德国的所得向德国政府缴纳公司所得税。

资本利得税在债权人收到资本利得时产生，债务人应在向债权人支付资本利得时代扣代缴税款，这也适用于德国的支付机构，如信贷机构。

为了确保税款的征收，在支付资本利得时，银行、保险公司或其他公司对资本利得税进行源泉扣缴，代债权人（股东、合伙人、投资者）计算资本利得并缴纳税款给税务局。独资企业和合伙企业，也需要缴纳资本利得税。

二、征税对象

资本利得的征税对象是资本性资产的收入。例如：来自股权参与、股票出售、投资基金、远期交易和利息的资本收益，及纳税人获得的有息外国股息。为了确保税收的统一性，自 2009 年 1 月 1 日以来的汇率收益也列入了资本性资产收入。

三、税基

资本利得税的税基包括资本性投资的毛利润，如利息、股份公司的股息，以及 GmbH（Gesellschaft mit beschrankter Haftung）公开和隐性的利润分配。

GmbH 是德国、奥地利、瑞士等国家的一种公司组织形式，类似于美国的有限责任公司（limited liability company，LLC）。

资本利得应作为一种实现的收入缴纳所得税，但是，作为私人住宅的财产转让收入不需缴纳资本利得税，持有时间超过 10 年的财产转让收入也无须缴纳资本利得税。

四、税率

一般来说，资本利得税的税率是 25%，只有在少数例外情况下，才适用不同的资本利得税税率。

个人在缴纳资本利得税的同时，还需就资本利得税缴纳 5.5%的团结附加费，如果是正式登记注册的教徒，还需就资本利得缴纳 8%或 9%的教会税。

公司在缴纳资本利得税的同时，也需在资本利得税的基础上缴纳 5.5%的团结附加费。

五、税收优惠

在某些情况下，资本利得税可以抵免。例如，如果已发出豁免令，支付机构可以全部或部分豁免个人一次性支付的 801 欧元或民事伴侣一次性支付的 1 602 欧元。如果向支付机构出示非投资凭证，支付机构可以在不扣缴资本利得税的情况下抵扣资本利得。纳税人来自国外的资本利得，根据所得税双重征税协定，通过资本利得税预提税款的返还，或未来应预提资本利得税的豁免，可以得到部分或全部的税收抵免。

六、纳税申报

（一）纳税申报和税款的缴纳

资本利得税由各州征收，支付给各州所设的税务局。税务局负责向资本利得的所得者征税，或向支付机构征税。

与个人所得税和公司所得税的征收时间不同的是，资本利得税是从支付资本利得的时间点开始征收，而不仅仅是在日历年的年底。支付资本利得的机构为资本利得的取得方代扣代缴税款，并向税务机关缴纳。如果资本利得是按照固定税率（25%）缴纳，则资本利得一般不需要在所得税评估中提交申报表，可以申请特别评估的除外。如果有免税额可以抵扣资本利得税，或者有可以扣除的外国资本利得预提税，或者个人所得税的税率低于25%，就可以申请特别评估。

未纳入固定税率的资本利得，以及要求申请特别评估的资本利得，将与正常的个人所得税或公司所得税一起被视为收入，以前预提的资本利得税可以从应付个人所得税或公司所得税中扣除。

（二）双重征税协议和欧盟案件的特别处理

在德国公司向其他国家的个人和公司支付资本利得的情况下，有各种特殊问题。例如，签署的双重征税协定或欧盟母公司（子公司）条例可能限制德国资本利得税的扣缴。

因此，其他国家的公司必须向德国中央联邦税务局申请免税，德国公司在支付资本利得时，就可以避免扣除资本利得税。只有在有免税证明的情况下，德国公司才可以不扣缴资本利得税。

但是，在签订双重征税协议或受欧盟母公司（子公司）法规约束的情况下，如果资本利得税已在德国被扣缴，资本利得的外国纳税人可向中央联邦税务局申请退还德国的资本利得税。

第三节 印度资本利得税

一、纳税人

在印度，资本利得税的纳税人包括自然人、企业。

自然人分为居民和非居民。居民负有无限纳税义务，需要就全球所得向印度政府缴纳个人所得税。非居民负有有限纳税义务，只需要就来自印度的所得向印度政府缴纳个人所得税。

自然人是印度居民的判断条件如下。

（1）自然人过去一年在印度停留的时间在 182 天以上。

（2）自然人过去一年在印度停留的时间在 60 天以上，且之前四年在印度停留的时间在 365 天以上。

（3）印度公民或印度裔自然人、印度军人过去一年在印度停留的时间在 182 天以上，且之前四年在印度停留的时间在 365 天以上。

（4）印度公民或印度裔自然人除了国外所得之外的所得超过 150 万卢比，过去一年在印度停留的时间在 120 天以上，且之前四年在印度停留的时间在 365 天以上。

（5）印度公民过去一年国外所得之外的总所得在 150 万卢比以上，且不属于其他国家的居民。

其他自然人就属于非居民。

印度裔自然人指个人的父母、祖父母出生于印度教家庭。

企业分为居民企业和非居民企业。在印度注册或实际管理机构在印度的企业为印度居民企业，未达到居民企业标准的企业或外国企业在印度的分支机构被视为非居民企业。居民企业须就其全球的收入缴纳公司所得税，非居民企业只需就来自印度的所得缴纳公司所得税。

二、征税对象

资本利得税的征税对象为资本利得。征收资本利得税需具备的条件是，属于资本性资产的转让，纳税人在前一个纳税年度转让了资本性资产，且获取了转让所得。

资本性资产包括财产持有人持有的各类财产、外国机构投资者持有的有价证券。

资本性资产不包括：存货、易耗物料、原材料；动产（私人用途的珠宝，玉石，金、银、铂金等贵金属制的装饰品，古董藏品，字画，雕刻品及其他艺术品等视作资本性资产）；特别国债、特别不记名债券；印度农业用地；黄金货币化项目下的存款证明。

资本性资产按持有时间的长短分为短期资本性资产和长期资本性资产。

（1）短期资本性资产。

在转让前持有时间不超过 36 个月的资本性资产是短期资本性资产。有的资本性资产在转让前持有时间不超过 12 个月也被视作短期资本性资产，如印度证券市场上市的公司股权或优先股，其他上市有价证券，印度的单位信托基金，股票型基金，零息债券。未上市股票和不动产在转让前持有时间不超过 24 个月被视作短期资本性资产。

（2）长期资本性资产。

在转让前持有时间超过 36 个月的资本性资产是长期资本性资产。有的资本性资产在转让前持有时间超过 12 个月也被视作长期资本性资产，如印度证券市场上市的公司股权或优先股，其他上市有价证券，印度的单位信托基金，股票型基金，零息债券。未上市股票和不动产在转让前持有时间超过 24 个月被视作长期资本性资产。

有的资本性资产的转让不属于资本利得税的征收范围，如公司清算时把资产转给股东；印度教家庭分家时资本性资产的分配；赠与、遗嘱或不可撤销信托中发生的资本性资产的转让；公司向全资子公司转让资本性资产；全资子公司向母公司转让资本性资产等。

三、税基

资本利得的计算取决于转让的资本性资产的性质，短期资本性资产、长期资本性资产或折旧性资产。短期资本性资产和折旧性资产转让获得的资本利得为短期资本利得，长期资本性资产转让获得的资本利得为长期资本利得。

短期资本性资产的资本利得＝转让收入－购置成本－改进成本－转让过程中发生的费用

长期资本性资产的资本利得 = 转让收入 – 指数化的购置成本 – 指数化的改进成本 – 转让过程中发生的费用

折旧性资产的资本利得 = 转让当年年初账面价值 + 当年增加的资产价值 – 转让价格 – 转让过程中发生的费用

四、税率

资本利得税的税率取决于两个因素：资本性资产的性质和持有时间。

1. 短期资本利得

短期资本利得和其他所得一起并入个人或公司的总所得中，按个人所得税税率或公司所得税税率征收。

适用于自然人的税率取决于个人的年龄，采用的是累进税率，如表 4-1～表 4-5 所示，对印度教未分割家庭也使用累进税率。

表 4-1　2022—2023 年度 60 岁以下的居民纳税人的税率

应纳税所得（卢比）	超额累进税率
0～250 000（含）	0%
250 000～500 000（含）	5%
500 000～1 000 000（含）	20%
> 100 0000	30%

数据来源：印度直接税务部，Income-tax Act, 1961 as amended by Finance Act 2021，https://www.incometaxindia.gov.in/Pages/acts/income-tax-act.aspx.

表 4-2　2022—2023 年度 60～80 岁的居民纳税人的税率

应纳税所得（卢比）	超额累进税率
0～300 000（含）	0%
300 000～500 000（含）	5%
500 000～1 000 000（含）	20%
> 1 000 000	30%

数据来源：印度直接税务部，Income-tax Act, 1961 as amended by Finance Act 2021，https://www.incometaxindia.gov.in/Pages/acts/income-tax-act.aspx.

表 4-3　2022—2023 年度 80 岁以上的居民纳税人的税率

应纳税所得（卢比）	超额累进税率
0~500 000（含）	0%
500 000～1 000 000（含）	20%
> 1 000 000	30%

数据来源：印度直接税务部，Income-tax Act, 1961 as amended by Finance Act 2021，https://www.incometaxindia.gov.in/Pages/acts/income-tax-act.aspx.

表 4-4 2022—2023 年度印度教未分割家庭（包括个人协会、个人组织、法人）的税率

应纳税所得（卢比）	超额累进税率
0～250 000（含）	0%
250 000～500 000（含）	5%
500 000～1 000 000（含）	20%
> 1 000 000	30%

数据来源：印度直接税务部，Income-tax Act, 1961 as amended by Finance Act 2021，https://www.incometaxindia.gov.in/Pages/acts/income-tax-act.aspx.

表 4-5 2022—2023 年居民企业的公司所得税税率

毛收入	税率
2019—2020 年度总收入或毛收入不超过 40 亿卢比	25%
其他居民企业	30%

数据来源：印度直接税务部，Domestic Company, https://www.incometaxindia.gov.in/Pages/i-am/domestic-company.aspx?k = Introduction.

印度非居民企业从政府或个人（执行 1961 年 3 月 31 日—1976 年 4 月 1 日间与印度自然人签订的合同）获得的特许权费、技术服务收费（执行 1964 年 2 月 29 日—1976 年 4 月 1 日间签订中央政府批准的合同）适用 50% 的税率，其他所得通常适用 40% 的税率。

公司在缴纳公司所得税时，有两种计算方式：一种是用公司所得税的正常税率计算公司所得税；另一种是用最小替代税税率计算公司所得税。两种方法取大者缴纳公司所得税。

若公司按正常税率计算的税款低于账面利润的 15%，就须按照账面利润的 15% 缴纳最小替代税，而不是按正常税率缴纳公司所得税。非居民企业的资本利得（来自有价证券的转让、利息、特许权、红利及技术服务费）如果适用的税率低于 15%，不需要按最小替代税缴纳税款，仍按正常税率缴纳公司所得税。

转让股票、股票型基金、商业信托产生的短期资本利得，交易需缴纳证券交易税，该短期资本利得按 15% 征税。

2. 长期资本利得

长期资本利得的税率一般为 20%。

转让上市公司股票、零息债券的长期资本利得可按两种方式计算，一种方式是对收益进行指数化调整，按 20% 的税率计税；另一种是不对收益进行指数化调整，按 10% 的税率计税，从两种方式计算的税额中选税额小的来纳税。

非居民个人或外国公司从未上市有价证券转让中获得的长期资本利得在缴纳资本利得税时，不能进行资本利得的指数化调整。

转让股票、股票型基金、商业信托产生的长期资本利得，有的需缴纳证券交易税，免征资本利得税。

转让股票、股票型基金、商业信托产生的长期资本利得，超过 10 万卢比时，按照 10% 的税率征收资本利得税。

五、税收优惠

个人和印度教未分割家庭，从住宅转让中获得的资本利得免税，条件是住宅转让前 1 年内或转让后 2 年内购置了新的住宅，或转让后 3 年内建造了新的住宅，在资本利得储蓄账户中有资本利得储蓄，资本利得与建新住宅的投资额按照两者数额低的额度免税，如果取得新住宅后 3 年内发生了转让，就不能享受免税的待遇，已享受的免税额需要补交税款。

个人或企业，从转让土地、建筑物、厂房、机器设备中获得短期资本利得和长期资本利得免税，条件是转让土地、建筑物、厂房、机器设备是为了把工业生产活动从城市搬迁到农村地区，在转让前 1 年内或转让后 3 年内购置了土地、建筑物、厂房、机器设备，在资本利得储蓄账户中有资本利得储蓄，资本利得与新资产的投资额，按照两者数额低的额度免税，若取得新资产后 3 年内发生了转让，就不能享受免税待遇，已享受的免税额需要补缴税款。

六、纳税申报

印度的财政年度是每年的 4 月 1 日至次年的 3 月 31 日，个人可以采用线下方式或线上方式进行纳税申报，但是公司必须采用线上方式进行纳税申报。

在个人或印度教未分割家庭的账户、公司合伙人的账户或公司合伙人配偶的账户需审计的情况下，个人所得税需要在纳税年度的 10 月 31 日前进行申报。纳税人需提交特定报告时，要在纳税年度的 11 月 30 日前进行纳税申报，其他情况则需在纳税年度的 7 月 31 日前进行纳税申报。个人在纳税年度的预计应纳税额超过 1 万卢比的情况下，需要预缴税款，分 4 期预付所得税：6 月 15 日、9 月 15 日、12 月 15 日和次年的 3 月 15 日。若纳税人采用推定纳税方式缴纳税款，只需要在 3 月 15 日一次性缴纳全部预缴税款。

对于公司来说，一个财政年度的所得税通常需要在下个财政年度（评估年度）支付，提交最终申报表的截止日期为评估年度的 10 月 30 日。对有国际交易或特殊国内交易的纳税人需要在 11 月 30 日前进行纳税申报。公司须在一个会计年度的下列日期分 4 期预付所得税：6 月 15 日、9 月 15 日、12 月 15 日和次年的 3 月 15 日。

如未能如期提交纳税申报表，需要缴纳罚款。未能按规定扣缴税款或隐瞒收入同样会被处以罚款。

第四节　澳大利亚资本利得税

如果纳税人出售一项资本资产，如房地产或股票，通常会获得资本利得或资本损失。纳税人需要在所得税申报表中申报资本利得或损失，并缴纳资本利得税。资本利得税实际上是所得税的一部分，而不是单独的税种。

当纳税人获得资本利得时，需将资本利得加到纳税人的应纳税所得额中，并可能会极大增加纳税人需要缴纳的税款。纳税人需要计算出应缴纳的税款，并留出足够的资金来支付相关金额。如果纳税人产生了资本损失，不能与其他收入抵销，但可以用资本损失来扣减资本收益。

从 1985 年 9 月 20 日开始征收资本利得税以来，纳税人所持有的所有资产均属于资本利得税的征税对象，特殊情况除外。但大多数个人资产不须缴纳资本利得税，包括：房屋、汽车、家具等个人使用的资产。资本利得税也不适用于经营性可折旧资产，如租赁财产中的商业设备或配件。

纳税人发生资本收益或损失的时点通常是签订出售合同的时候，而不是结算时。因此，如果纳税人在 2017 年 6 月签署了出售投资性房地产的合同，并在 2020 年 8 月结算，纳税人需要在 2016—2017 年纳税申报表中报告资本损益。

如果纳税人是澳大利亚居民，资本利得税适用于纳税人在世界任何地方的资产。对于诺福克岛居民，资本利得税适用于从 2015 年 10 月 23 日之后获得的资产。外国居民须对来自澳大利亚的资本利得纳税。

一、纳税人

在澳大利亚，资本利得税的纳税人包括个人、企业。

澳大利亚的个人分为居民和非居民，可以通过以下测试判定是否属于居民。

（一）驻留测试

税收居民的主要测试称为驻留测试。如果个人出于税务目的居住在澳大利亚，则被视为澳大利亚居民。

可用于确定居住状态的因素包括：实际存在、目的和意图、家庭、商业和就业关系、资产的维护和所在地、社交和生活安排。

如果个人不满足驻留测试的条件，只要其满足以下任何一条法定测试，也可认定为澳大利亚居民。

（二）住所测试

如果个人的住所（广义上为永久居住地）在澳大利亚，则被视为澳大利亚居民，除非个人的永久居住地在澳大利亚境外。根据法律，住所是个人的永久居所，例如，可以是原籍地（纳税人出生的地方），也可以是个人的选择地（个人有意愿永久地把家安置于某地）。永久性居住地应具有一定程度的永久性，并可与临时性或暂时性居住地形成对比。

（三）183 天测试

此测试仅适用于暂时停留在澳大利亚的个人。如果纳税人在澳大利亚的实际工作时间超过纳税年度的一半，无论是连续工作还是期间有中断，都被视作居民。

纳税人可以在澳大利亚有一个临时性的住所且不打算长期居住，并且可以确定纳税人的居住地在澳大利亚境外，则适于该项测试。如果纳税人已经在澳大利亚定居，不管其在海外的时间长短，都不适用该项测试。

（四）联邦退休金测试

这项测试适用于在澳大利亚海外工作的政府雇员，包括：CSS（联邦政府退休金计划）或 PSS（公共部门退休金计划）的成员，不适用于 PSSAP（联邦政府退休金积累计划）的成员。如果符合条件，个人（以及配偶和 16 岁以下的子女）被视为澳大利亚居民，而且不考虑任何其他因素。

澳大利亚的外国居民也需缴纳澳大利亚资产的资本利得税。如果纳税人有临时签证，而且纳税人及其配偶都不是澳大利亚居民，就被视为非居民。这意味着纳税人只需申报在澳大利亚获得的收入，加上在澳大利亚非居民期间的海外就业或服务所获得的任何收入，但是其他外国收入和资本收益不用申报。

企业也分为居民与非居民企业。满足以下任一条件，被视为澳大利亚的居民企业。

（1）在澳大利亚境内注册成立。

（2）注册地虽不在澳大利亚，但其在澳大利亚经营且主要管理机构在澳大利亚或控制公司投票权的股东是澳大利亚居民。

二、征税对象

自从澳大利亚开始征收资本利得税以来，纳税人持有的所有资产都属于资本利得税征税对象，特殊情况除外。资本利得税的征税对象包括：闲置土地；经营场所；租赁财产；度假屋；休闲农场；纳税人在 1985 年 9 月 20 日前就持有的财产，在 1985 年 9 月 20 日之后发生的财产改进部分；股份或其他投资；加密货币；购置价值在 10 000 澳元以上的个人用财产，且个人用财产的资本损失不能从其他财产的资本利得中抵减；收藏品（珠宝、古董、钱币、艺术品、罕见书籍、邮票、首日封等）；无形资产（租约、合同权益、商誉、特许等）；外币等。

资本利得税不包括如下财产。

（1）纳税人的主要住所。若主要住所部分出租，或用于经营活动，或主要住房占地面积超过 2 亩，则属于资本利得税的征税范围。

（2）祖母公寓协议。如果祖母公寓协议达成、发生变动或终止，不需要缴纳资本利得税。豁免资本利得税的祖母公寓安排需要具备的条件是，财产所有者是个人，一人或多人在财产中受益，财产所有者和受益人间达成书面的、有约束力的祖母公寓协议，且协议不具有商业性质。

（3）汽车。载重 1 吨以下、9 座以下的汽车才可豁免资本利得税。

（4）个人用加密货币。即加密货币的持有或使用主要为购置个人物品或个人消费，转让加密货币的资本利得或资本损失不属于资本利得税征税范围。

（5）用于经营的折旧资产，例如经营设备、租赁财产中的物件。

（6）1985 年 9 月 20 日之前获得的任何资产。

（7）购置价值低于 10 000 澳元的个人用财产。

（8）购置价值低于 500 澳元的收藏品；1995 年 12 月 16 日前以低于 500 澳元的价格

购得的收藏品；获得市值低于 500 澳元的收藏品。

（9）见义勇为活动受到的奖励，除非个人见义勇为活动是有偿活动。

（10）仅用于免税收入的财产或某些不需申报的非免税收入。

（11）获得的赔偿，如个人的工伤赔偿，个人或家属的疾病赔偿。

（12）赌博、游戏或有奖竞赛带来的收益或损失。

（13）特定计划项目支付的费用，特定计划项目包括：非法解雇援助计划、替代性纠纷解决援助计划、M4 / M5 现金返还计划、澳大利亚政府机构或外国政府机构根据法令或其他法律文书建立的计划。

（14）退休金、养老金、保险赔偿、遗嘱赠与。

（15）共同发展基金的股份。

（16）某些风险投资机构处置投资产生的利润、损益。

三、税基

资本利得税的税基是净资本利得。资本利得是资本收益与资本成本之间的差额，资本成本是纳税人为获得资本性资产支付的成本，以及与收购、持有和处置相关的一些其他成本。资本转让收入超过资本成本的部分为资本利得，资本转让收入低于资本成本发生资本损失，总资本利得减去总资本损失，再减去资本利得的折扣，就得到净资本利得。

有三种计算资本利得的方法，纳税人可以选择对自身最有利的方法进行计算。

（一）指数化法

该方法适用于 1999 年 9 月 21 日上午 11 时 45 分前取得的资本性资产，且资产的持有时间不少于 12 个月。该方法允许纳税人应用 1999 年 9 月之前的消费者物价指数（CPI）的指数因子来增加资本成本。

操作方法为：应用相关指数化系数，然后从资本收益中减去指数化资本成本，即净资本利得 = 资本收益 − 资本成本 × CPI 指数因子。

（二）资本利得税折扣法

资本利得税折扣指的是，纳税人处置资产时，可以扣减 50% 的资本利得，前提条件是纳税人持有该资产 12 个月以上，纳税人是澳大利亚税收居民。廉租房的额外折扣，澳大利亚个人向中低收入者出租廉租房，可以对资本利得多扣减 10%，即出租廉租房的房东一共可以对资本利得扣减 60%。

资本利得税折扣不适用如下情形。

住房在过去 12 个月用于租赁或经营活动，不能使用资本利得税折扣。

如果纳税人在 1999 年 9 月 21 日前就持有该财产，不适用资本利得税折扣，而是采用指数化法，将资产成本指数化，进而计算净资本利得。

外国居民或非税收居民在 2012 年 5 月 8 日后获得的资本利得不适用资本利得税折扣。

资本利得税征收中出现新资产和资本利得时，不适用资本利得税折扣。譬如，在一个严格的契约中，要求纳税人在承诺不做某事或不授予租约的情况下获得报酬，涉及的资产持有时间不到 12 个月，这时不能享受资本利得税折扣。

转让非广泛持有的机构的股份，即纳税人转让非广泛持有的公司或信托（公司或信托的股东少于 300 人）的股份或信托财产时，不适用资本利得税折扣。

收益财产的转换，若出于享受资本利得税折扣的目的，把收益财产转换为资本性财产，不适用资本利得税折扣。

若一项财产持有时间在 12 个月以上，澳大利亚信托机构可以对资本利得扣减 50%。养老金基金可以对资本利得扣减 33.33%。公司不适用资本利得税折扣。

操作方法为：从资本收益中减去资本成本，扣除所有资本损失，然后再减去根据相应的折扣率计算的折扣额，即净资本利得 = 资本收益 - 资本成本 - 资本损失 - 资本折扣额。

（三）其他方法

该方法适用于持有时间少于 12 个月的资本性资产，直接从资本收益中减去资本成本。

四、税率

纳税人的资本利得税是所得税中的一部分，被纳入所得税中计算应纳税总额，如表 4-6～表 4-8 所示。

表 4-6　2020—2021 年度的居民自然人的税率

应纳税总额（澳元）	税率
0～18 200	0%
18 201～45 000	18 200 澳元以上每 1 澳元征收 19 分
45 001～120 000	5 092 澳元，加上超过 45 000 澳元的每 1 澳元征收 32.5 分
120 001～180 000	29 467 澳元，加上超过 120 000 澳元的每 1 澳元征收 37 分
180 001 及以上	51 667 澳元，加上超过 180 000 澳元的每 1 澳元征收 45 分

数据来源：澳大利亚税务局，Individual Income Tax Rates，https://www.ato.gov.au/Rates/Individual-income-tax-rates/.

表 4-7　2020—2021 年度非居民自然人税率

应纳税总额（澳元）	税率
0～120 000	每 1 澳元征收 32.5 分
120 001～180 000	39 000 澳元，加上超过 120 000 澳元的每 1 澳元征收 37 分
180 001 及以上	61 200 澳元，加上超过 180 000 澳元的每 1 澳元征收 45 分

数据来源：澳大利亚税务局，Individual Income Tax Rates，https://www.ato.gov.au/Rates/Individual-income-tax-rates/.

表 4-8　公司所得税税率

类别	2020—2021 年	2021—2022 年
基准利率实体	26%	25%
除基准利率实体以外的公司	30%	30%

数据来源：澳大利亚税务局，The Lower Company Tax Rate is Changing Soon，https://www.ato.gov.au/Newsroom/smallbusiness/General/The-lower-company-tax-rate-is-changing-soon/.

澳大利亚的纳税年度是当年的 7 月 1 日至下一年的 6 月 30 日，所以，2020—2021 年度的税率实际上是 2020 年 7 月 1 日—2021 年 6 月 30 日期间适用的税率。

基准利率实体指的是年总营业额低于 5 000 万澳元，不超过 80% 的所得属于消极投资所得的企业。消极投资所得包括公司分配的红利、红利已扣缴税额抵免、有价证券利得、利息所得（有一些例外）、特许权收入和租金、净资本利得、信托受益人所得或合伙人所得中可归为基准利率实体的消极所得的部分。总营业额包括公司年营业额及各分支机构的年营业额。

五、税收优惠

除了资本利得税的豁免或者损失抵减外，小企业还可享受四项优惠，从而减轻小企业的资本利得税税负。

（一）15 年豁免

如果纳税人的企业连续拥有一项活跃资产 15 年，且纳税人已年满 55 周岁已退休或永久丧失工作能力，则纳税人在出售该资产时不需缴纳资本利得税。

（二）扣减 50% 的活跃资产

纳税人可以将活跃资产的资本利得扣减 50%。

（三）退休免税

出售活跃资产免税的最高限额为 50 万澳元。如果纳税人不满 55 周岁，免税额须缴至养老金基金。

（四）展期交割

如果纳税人出售一项活跃资产（生产经营中可正常使用的资产），且购买了一项替代性资产或在对现有资产进行资本改良时，可以将全部或部分资本利得推迟两年缴税。

只有当纳税人属于以下任一情况，才可以在处置活跃资产时享受以上优惠。

（1）纳税企业是一家年营业总额不到 200 万澳元的小企业。

（2）资产被用于一个密切相关的小企业。

（3）纳税人的净资产不超过 600 万澳元（不包括住宅等个人使用资产，并且这些个人使用的资产未用于生产经营）。

六、纳税申报

（一）自然人

每年的 7 月 1 日至 10 月 31 日为澳大利亚的法定报税季。纳税人必须在此期间向澳洲税务局申报上一财年的所得税，个人自主报税必须在 10 月 31 日前完成，委托会计师报税则可延长到次年的 3 月 31 日。

个人的纳税申请表中必须包含以下信息。

（1）纳税人从工作、银行账户利息或投资获得的收入金额。

（2）已扣缴的税款金额，即雇主从纳税人的工资中扣缴的应税金额。

（3）纳税人要求的全部扣减和税务抵销。

纳税人可以通过线上申报纳税，也可以通过提交纸质申报表线下申报纳税。如果纳税人不提交纳税申报表或延迟提交，都会受到相应的处罚。

（二）公司

公司所得税纳税年度通常为每年的 7 月 1 日至次年的 6 月 30 日，下一个纳税年度的第 6 个月的第 1 天前需要进行纳税申报并缴纳税款。纳税年度于 6 月 30 日截止时，申报缴纳税款的法定截止日期为 12 月 1 日。到期未及时缴纳税款的，会被收取罚款，还需要就所欠税款按照银行 90 天接受汇票的月平均利息率加收 7 个百分点来收取利息。

第五节　比较与借鉴

一、世界各国资本利得课税设计中的难点

（1）资本利得课税范围的规定。资本性资产的确定、估价较为复杂，难以对所有的资本性资产进行征税，多数国家针对较容易征管的资本性资产，如土地、有价证券、建筑物进行征税。

（2）纳税义务发生时间的确定。资本利得税通常是对已实现的资本利得征税，未实现的资本利得不征税，资本性资产的价格总是在不停变动，对已实现的资本利得征税可能不能反映真实的资本利得，且会造成纳税人为少缴税而推迟或提早处置资本性资产，不利于资本市场的稳定。

（3）资本利得实现的集中与波动问题。已实现的资本利得并不是在缴纳税收时产生，而是在存续期间不断地产生，可能会造成纳税人的税负过重，若对已实现的资本利得在存续期间平均化处理，又会使税收过于复杂，产生效率损失。

（4）对通货膨胀影响的税务处理。资本利得有一部分是由于通货膨胀而产生的名义价值的变动，若对这部分利得征税，不够公平，一些国家采取指数化调整的方式对资本利得进行调整，对资本利得实行低税负，但从社会公平的角度看，对积极所得不够公平。

二、影响资本利得课税的因素

（一）经济发展水平

资本利得税和资本市场、产权市场的快速发展，以及个人所得收入分配差距不断加大相关联。若一个国家没有健全的资本市场和产权交易市场，就难以确定资本利得税对收入差距的影响，也就无所谓资本利得课税问题。经济发展水平对资本利得税的发展有至关重要的影响。

（二）税制征管

资本利得属于所得的一种，因此对于以所得税为主体的多数发达国家，在征收时或并入综合所得，或单独处理在技术、征管上不是问题。对于以流转税为主体税种的发展中

国家来说，其征收环境与资本利得税的征收要素相差较远。

（三）税收结构

从世界各国的税收征管环境来看，资本利得税的课征需要较高的征收条件。在发达国家以个人所得税和社会保障税为主体税种的税制结构下，引入资本利得税并不需要太大的制度变迁成本，即引入资本利得税的边际成本接近为零。在发展中国家以流转税为主体税种的税制结构下，引入资本利得税的制度变迁成本相对较高。

三、我国资本利得课税的政策选择

（一）资本利得课税规定中存在的问题

（1）对资本利得的课税处于分散状态，缺乏统一的资本利得税政策。

（2）现有的具体资本利得课税规定不明确且不规范，包括对征税范围、税负水平等的具体规定过于抽象。

（3）对证券资本利得没有全部纳入征税范围，不够公平。

（4）存在经济性重复征税问题，资本利得作为利润已缴纳了企业所得税，个人投资者还要就资本利得缴纳个人所得税，存在重复征税问题。

（二）资本利得课税的政策取向

针对资本利得税规定中存在的问题，可以对资本利得采取轻税政策，实行资本利得并入所得一并征税。同时，随着经济的快速发展，资本利得税出现的频率越来越高，暴露的问题也越来越严重，从长远看，开征资本利得税是大势所趋。

（1）加强资本利得税的法律建设，确保税收的法制化和规范化。

（2）资本利得放入个人所得税、企业所得税中进行规范征收，以确保税收公平。

（3）个人投资者在就资本利得缴纳个人所得税时，可以抵免资本利得已经负担的企业所得税，以避免重复性征税，提高投资者的投资积极性。

思 考 题

1. 资本利得与普通所得相比具有哪些特点？资本利得的来源是什么？
2. 世界各国对资本利得课税范围是如何确定的？
3. 对资本利得课税的税负政策有哪几种类型？
4. 世界各国对资本利亏如何处理？
5. 结合实际分析资本利得课税的难点，探讨中国资本利得课税的政策取向。

第五章

外国社会保障税

【学习目标】

通过本章的学习，要求学生了解社会保障税的基本理论，掌握发达国家的社会保障课税情况，结合实际情况探讨中国社会保障制度的筹资模式。

【引言】

美国是世界上最早开征社会保障税的国家之一。1935 年，美国颁布《社会保障法》，开始征收工薪税（社会保障税），首次用税收来筹集社会保障资金。铁路公司员工退职税、联邦失业税、个体业主税也归于社会保障税之内。

目前世界上大约有 172 个国家开征了社会保障税或类似的税。"二战"后，英国、法国、加拿大都实行了"普通福利"政策，纷纷开征社会保障税。社会保障税已经成为发达国家最主要的税种之一。发展中国家的社会保障制度也得到了一定程度的发展，但还是有一些国家没有开征社会保障税。中东欧国家的社会保障税发展最快，普遍超过了个人所得税的比例。

第一节　社会保障税概述

一、社会保障税的概念

社会保障税(social security tax)，又称社会保险税或工薪税(social security contribution, payroll tax)，为筹集特定社会保障资金而对一切发生工薪收入的雇主、雇员就其支付、取得的工资和薪金收入为课税对象征收的一种税。

二、社会保障税的纳税人

社会保障税的纳税人一般为雇员和雇主，其纳税义务由双方共同承担。

对于自营职业者，由于其不存在雇佣关系，也没有确定的工薪所得，对其是否纳入征税范围，各国做法不同。

对于雇主和雇员纳税人的确定一般以境内就业为准，凡在征税国境内就业的雇主和雇员必须承担纳税义务，不论其国籍和居住地。

三、社会保障税的征税对象

社会保障税的征税对象一般为雇员的工资、薪金收入额和自营职业者的经营纯收益额。工资以外的投资所得、资本利得等所得项目无须缴纳社会保障税。

在雇员的工资、薪金收入中，不仅包括雇主支付的现金，还包括具有工资性质的实物收入和等价物收入。

对计税依据的规定各国差异较大，有的国家规定了单项扣除，有的规定了最高应税限额，只对一定限额以下的工薪收入征税。

四、社会保障税的税率

从税率的形式上看，社会保障税的税率基本可以分为以下五种。

（一）比例税率

（1）单一比例税率，对所有社会保障缴款按照相同的比例进行征收。

（2）分项比例税率，即按保障项目分别规定不同的税率。

（3）差别比例税率，根据纳税人不同情况规定有差别的税率。

（4）分档次比例税率，对纳税人按不同标准划分不同的档次，每一档次设定相应的比例税率。

（二）全额累进税率

把应税工薪按照一定标准划分为若干档次，分别规定每个档次适用的税率，工薪达到新的档次，全部工薪都按新一档次的税率缴纳社会保障税。

（三）超额累退税率

将课税工薪额依标准划分为若干档次，每一档次规定一个从高到低的税率，当税基达到某一档次时，则就其每档工薪额按其所对应的税率征税。

（四）全额累退税率

将课税工薪额依一定标准分为若干档次，每一档次规定一个从高到低的税率，当税基达到某一档次时，则就其全部工薪额按其所对应的税率征税。

（五）定额税率

按人头规定固定的税额。

五、社会保障税的税目

（一）养老保险

规定缴纳社会保障税的劳动者在达到标准退休年龄后，可以享受社会保障税给付的退休金。

（二）失业保险

劳动者就业时缴纳社会保障税而在其非自愿失业时可以向政府申请失业救济，但未满规定缴纳期限或就业期限，以及自愿离职或因违反国家有关规定被解雇者不能享受失业保险的待遇。

（三）医疗保险

医疗保险项目包括：医生出诊、医院门诊、住院治疗、基本药品的提供、产前产后的医疗等。

（四）伤残保险

伤残保险是社会保障制度中为那些因公长期丧失劳动能力的人而设立的一个税目，纳税人或缴款人如果因公失去了劳动能力，则可向政府申请救济，得到保障。

（五）遗属保险

遗属保险是社会保障制度下，向已故受保人遗孀、鳏夫、未成年人子女及其生前扶养的父母等提供的救济。

六、社会保障税税款的负担与缴纳方式

多数国家的社会保障税都由雇主和雇员双方共同负担，各国所规定的分担比例存在差异。有的国家规定社会保障税由雇主和雇员各承担一半，有的国家规定全部由雇主承担。

雇主所缴纳税款可以在公司所得税前列支，而雇员所缴税款则不能作为个人所得税的扣除项目。但有些国家如加拿大可以采取税收抵免方式。

社会保障税款一般实行由雇主进行源泉扣缴征收，雇员应负担的税款，由雇主在支付工资薪金负责扣缴，连同雇主本人应负担的税款一起向税务机关申报纳税。

自营职业者应纳税款则必须自行申报，一般同个人所得税一起缴纳。

七、社会保障税的征收与管理

（一）社会保障税的征收机构

社会保障税的征收机构一般可有两种选择。一是由国家税务部门负责征收。多数国家选择社会保障税由税务机关负责征收，如加拿大、美国、瑞典等国。二是由基金管理部门进行征收。有些国家的社会保障税则由基金管理部门负责征收，如德国和俄罗斯。

（二）社会保障税的纳税期限

多数国家按月征收社会保障税。有些国家社会保障税的纳税期限视企业规模而定。

对自营职业者各国税法都做了特殊规定。比如，美国规定，自营职业者在缴纳所得税的同时缴纳社会保障税，每2个月预缴一次，每年年底申报所得税，进行汇算清缴；加拿大要求自营职业者按季缴纳社会保障税税款。

（三）社会保障资金的管理与监督

1. 社会保障资金的管理

各国社会保障基金管理体系大体分两种类型：一是通过各自的政府资金管理系统对社会保障基金进行财务管理，如美国；二是社会保障机构拥有自己的资金管理系统。

2. 社会保障资金的监督

各国都形成了核定雇主缴纳社会保障税准确性与诚信制度的机制。在有些国家，这种机制是通过税务机关和社会保障基金管理部门的配合来实现的。

各国都依靠征收机构的内部审计和国家审计来保证税法的正确执行，并确保社会保障税税款不被挪用。

第二节　瑞典社会保障税

瑞典是世界上高福利国家的典型代表，也是世界上社会保障制度最为健全的国家之一，其社会保障税采取的是根据不同的承保项目分别设置社会保障税的模式。为支持众多福利的开支，瑞典收取专款专用的称为社会保障缴款的社会保障税。

一、纳税人

瑞典社会保障缴款的纳税人为雇主和自营职业者。自营职业者的社会保障税则由其自行申报与缴纳。

二、征税对象

在瑞典居住者的工资所得和长期居住在瑞典的外国人的劳动所得、经营所得，以及私人公司的瑞典雇员派驻外国不满 1 年的劳动所得。

政府雇员的工资所得，不需单独缴纳社会保障缴款，而是由各级政府统一将一部分钱交给社会保险局，数额基本上按社会保障缴款的标准支付。

65 岁以上雇员，属于退休金领取者，其工资所得免缴社会保障缴款。

三、税率

雇主的社会保障缴款包括养老金缴款、遗属养老金缴款、疾病保险缴款、家长保险缴款、工伤保险缴款、劳动力市场缴款和一般工薪税。从 2019 年 7 月 1 日起取消了针对 65 岁以上老年人的特别工薪税。雇主不需要为 1937 年以前出生的人缴纳社会保障缴款，只需要为 1938—1953 年出生的雇员缴纳退休金缴款。减少雇主对年轻人（15～18 岁，月工资 2.5 万瑞典克朗以下）的社会保障缴款费率（从 31.42%降到 10.21%）。进一步减少雇主对初次就业雇员的社会保障缴款费率（降至 10.21%）。在瑞典没有常设机构的外国雇主不需要缴纳一般工薪税，社会保障缴款的费率为 19.8%。雇主支付的社会保障税可以在计算公司所得税时扣除。如表 5-1～表 5-3 所示。

表 5-1　2021 年瑞典雇主的社会保障缴款费率

雇员情况	费率（%）
出生于 2003—2005 年，月工资 2.5 万瑞典克朗以下	10.21
出生于 1955 年及以后，或出生于 2003—2005 年，月工资 2.5 万瑞典克朗以上	31.42
初次就业员工	10.21
出生于 1938—1954 年	10.21
出生于 1937 年以前	0

数据来源：瑞典税务局. How to Calculate Employer Contributions, Special Payroll Tax on Earned Income, and Tax Deductions. https://www.skatteverket.se/servicelankar/otherlanguages/inenglish/businessesandemployers/startingandrunningaswedishbusiness/declaringtaxesbusinesses/submitpayetaxreturn/howtocalculateemployercontributionsspecialpayrolltaxonearnedincomeandtaxdeductions.4.676f4884175c97df41916a8.html.

表 5-2　2021 年在瑞典没有常设机构的外国雇主的社会保障缴款费率

雇员情况	费率（%）
出生于 2003—2005 年，月工资 2.5 万瑞典克朗以下	10.21
出生于 1955 年及以后，或出生于 2003—2005 年，月工资 2.5 万瑞典克朗以上	19.80
出生于 1938—1954 年	10.21

数据来源：瑞典税务局. How to Calculate Employer Contributions, Special Payroll Tax on Earned Income, and Tax Deductions. https://www.skatteverket.se/servicelankar/otherlanguages/inenglish/businessesandemployers/startingandrunningaswedishbusiness/declaringtaxesbusinesses/submitpayetaxreturn/howtocalculateemployercontributionsspecialpayrolltaxonearnedincomeandtaxdeductions.4.676f4884175c97df41916a8.html.

表 5-3　2021 年自营职业者的社会保障缴款费率

自营职业者情况	费率（%）
出生于 1955 年及以后	28.97
出生于 1938—1954 年	10.21
出生于 1937 年以前	0

数据来源：北欧国家税务网. Social Security. https://www.nordisketax.net/main.asp?url=files/sve/eng/i08.asp.

四、税收优惠

为帮助失业人员重新进入劳动市场，针对符合再就业计划资格的雇员，雇主将获得税收优惠。根据该计划，年龄为 20～24 岁的雇员及 55 岁以上曾失业 6 个月以上的雇员，雇主无须为该部分雇员支付社会保障缴款。此外，对于失业 12 个月以上的个人，也无须缴纳社会保障缴款。

除上述税收优惠外，针对企业核心的外籍员工，企业适用特殊的税收制度。符合条件的员工工资总额的 25%免征个人所得税，雇主就该部分工资金额也无须缴纳社会保障缴款。

五、纳税申报

企业要向瑞典税务局制定的税收账户缴纳社会保障缴款，并且可以随时向税收账户中付款，从而用来支付以后需要缴纳的税款，避免加息罚息。账户中的款项不仅可用于缴纳税款，还可以用来弥补税收账户中的总赤字。

可以通过线上或预付的形式向税收账户中缴税。

款项要在税款缴纳期限内进入税收局账户，若企业每年税收评估基础在 1 万～4 000 万瑞典克朗间，需要在每个月的 12 日交税。若企业每年税收评估基础在 4 000 万瑞典克朗以上，工薪税和扣缴的税款在每个月的 12 日缴纳，增值税在每个月的 26 日缴纳。社会保障缴款要在每个月的 12 日前交纳，7 月和 8 月是 17 日前。

通常纳税人在税收结算表上的纳税日前有至少 90 天的时间缴纳社会保障缴款，若想避免加息罚息可以提早缴纳。

若企业雇主因为事故或疾病不能及时缴纳税款，可以申请延期纳税。

雇主应按月为其全体雇员向税务机关缴纳社会保障税，自营职业者需自己缴纳。

税务局将纳税人缴纳的税款存入各个基金账户，并交国家社会保险局管理。使用时，由各个基金组织分配使用。如果有余额，可存入银行，也可以购买股票，或寻找其他投资途径，具体处理办法由基金组织决定。

瑞典实施严格的税收监管制度。税务机关与金融机构、警察局和社会保障机构等部门间还建立了资源共享的电子信息系统。在瑞典，对逃税者的处罚非常严厉，除情节严重的要追究刑事责任外，即使是一般的偷税者，不仅要补缴税款，还要缴纳所欠税款 40% 的罚款及所欠税款与罚款的利息。瑞典还将纳税记录与享受的社会福利挂钩，一旦偷税，其个人社会福利也会受影响。

瑞典实行信用实名制，纳税人一旦出现偷税行为，终生都会背上这个污点，包括求职、贷款、购房等都有可能会因信用问题而遭到拒绝。特别是瑞典的个人纳税记录并不算隐私，任何人都有权查询，所以偷税者的信息一旦被公开，那么这个人不仅很难再在瑞典社会中立足，更要承担巨大的道德谴责和舆论压力。

第三节　英国社会保障税

英国的社会保障税也称"国民保险缴款"（national insurance contributions）。它一方面与税收具有相同的性质，以收入额为课税对象进行征税；另一方面这种缴款与社会福利存在一定联系，即缴款者都有资格享受一定的社会福利。

英国国民保险缴款采取的是按照不同承保对象分类设置的模式，由四大类构成。

一、第一类国民保险缴款

（一）纳税人

第一类国民保险缴款是指由雇员（主缴款）及雇主（次缴款）缴纳的部分，它是国民保险缴款中最大的一类。

雇员，凡是年龄超过 16 周岁，不到可领取国家养老金的年龄，其收入超过起征收入额（earnings threshold，ET）的人，即具有国民保险缴款的缴纳义务。

　　雇主，凡其雇用的雇员年龄超过 16 周岁，就应对超过起征收入额的雇员收入按一定比例缴纳国民保险缴款。

（二）起征收入额

　　雇员和雇主根据雇员收入的高低缴纳第一类国民保险缴款。周和月起征收入额分别如表 5-4、表 5-5 所示。

表 5-4　历年第一类国民保险缴款的周起征收入额

每周收入（英镑）	2018—2019 年	2019—2020 年	2020—2021 年	2021—2022 年
低收入额的雇员不需缴纳国民保险缴款，但可以享受国家福利	116	118	120	120
雇员开始缴纳国民保险缴款的起征收入额	162	166	183	184
雇主开始缴纳国民保险缴款的起征收入额	162	166	169	170
适用外包养老金的雇员在此额度内缴纳低税率的国民保险缴款	N/A	N/A	N/A	N/A
所有雇员在此额度之上的收入缴纳低税率的国民保险缴款	892	962	962	967
21 岁以下雇员的雇主在此额度下缴纳 0 税率的国民保险缴款	892	962	962	967
25 岁以下学徒的雇主在此额度以下缴纳 0 税率的国民保险缴款	892	962	962	967

数据来源：英国政府网. Rates and Allowances: National Insurance Contributions. https://www.gov.uk/government/publications/rates-and-allowances-national-insurance-contributions/rates-and-allowances-national-insurance-contributions.

表 5-5　历年第一类国民保险缴款的月起征收入额

每周收入（英镑）	2018—2019 年	2019—2020 年	2020—2021 年	2021—2022 年
低收入额的雇员不需缴纳国民保险缴款，但可以享受国家福利	503	512	520	520
雇员开始缴纳国民保险缴款的主要起征收入额	702	719	792	797
雇主开始缴纳国民保险缴款的次级起征收入额	702	719	732	737
适用外包养老金的雇员在此额度内缴纳低税率的国民保险缴款	N/A	N/A	N/A	N/A
所有雇员在此起征收入额上限之上的收入缴纳低税率的国民保险缴款	3 863	4 167	4 167	4 189
21 岁以下雇员的雇主在此额度之下缴纳 0 税率的国民保险缴款	3 863	4 167	4 167	4 189
25 岁以下学徒的雇主在此额度之下缴纳 0 税率的国民保险缴款	3 863	4 167	4 167	4 189

数据来源：英国政府网. Rates and Allowances: National Insurance Contributions. https://www.gov.uk/government/publications/rates-and-allowances-national-insurance-contributions/rates-and-allowances-national-insurance-contributions.

（三）第一类国民保险缴款费率

1. 雇主费率

表 5-6 显示雇主的缴费费率，表 5-7 显示了不同雇员的雇主国民保险缴款的费率。

表 5-6　历年第一类国民保险缴款的雇主费率

	2018—2019 年	2019—2020 年	2020—2021 年	2021—2022 年
次级起征收入额之上适用的税率	13.8%	13.8%	13.8%	13.8%
次级起征收入额上限之下适用的税率	0%	0%	0%	0%
学徒次级起征收入额上限之下适用的税率	0%	0%	0%	0%
雇员属于外包养老金项目的减免	N/A	N/A	N/A	N/A
雇员属于现金购买项目的减免	N/A	N/A	N/A	N/A
A 类①雇员的公司补助②适用税率	13.8%	13.8%	13.8%	13.8%

数据来源：英国政府网. Rates and allowances: National Insurance Contributions. https://www.gov.uk/government/publications/rates-and-allowances-national-insurance-contributions/rates-and-allowances-national-insurance-contributions.

表 5-7　不同雇员的雇主国民保险缴款的费率（2021—2022 年）

类别	周薪 120～170 英镑 （月薪 520～737 英镑）	周薪 170.01～967 英镑 （月薪 737.01～4 189 英镑）	周薪 967 英镑以上 （月薪 4 189 英镑以上）
A	0%	13.8%	13.8%
B	0%	13.8%	13.8%
C	0%	13.8%	13.8%
H	0%	0%	13.8%
J	0%	13.8%	13.8%
M	0%	0%	13.8%
Z	0%	0%	13.8%

注：A：除了本表中的 B 组、C 组、J 组、H 组、M 组和 Z 组之外，所有雇员。

B：可以以较低费率缴纳国家保险缴款的已婚妇女和寡妇。

C：达到领取国家养老金年龄的雇员。

H：25 岁以下的学徒。

J：因已经在另一份工作中支付了国民保险缴款，从而可以推迟缴纳国民保险缴款的员工。

M：21 岁以下的雇员。

Z：因已在另一份工作中支付了国民保险缴款，从而可推迟缴纳国民保险缴款的不满 21 岁的雇员。

数据来源：英国政府网. National Insurance Rates and Categories. https://www.gov.uk/national-insurance-rates-letters.

2. 雇员费率

如果个人有工作，作为雇员需要缴纳第一类国民保险缴款的费率：①如果雇员每周收

---

① A 类雇员如表 5-7 所示。

② 公司补助包括差旅补助、车补、育儿补助、健康保险等。

入为 184.01～967 英镑，需要支付 184.01～967 英镑收入的 12%；②如果每周的收入超过 967 英镑，还要支付 967 英镑以上所有收入的 2%；③如果雇员是雇主的退休金计划的成员，可支付较低的费率；④雇员的缴款由雇主从其工资中扣除。表 5-8、表 5-9 为雇主需要从雇员工资中扣除的国民保险缴款所适用的费率。

表 5-8　历年第一类国民保险缴款的雇员费率

	2018—2019 年	2019—2020 年	2020—2021 年	2021—2022 年
主要起征收入额与起征收入额上限间的收入	12%	12%	12%	12%
起征收入额上限之上的收入	2%	2%	2%	2%
雇员属于外包工作地养老金项目的减免	N/A	N/A	N/A	N/A
已婚女性收入在主要起征收入额与起征收入额上限间的低费率	5.85%	5.85%	5.85%	5.85%
延迟缴纳国民保险缴款的雇员	2%	2%	2%	2%

数据来源：英国政府网，Rates and Allowances: National Insurance Contributions. https://www.gov.uk/government/publications/rates-and-allowances-national-insurance-contributions/rates-and-allowances-national-insurance-contributions.

表 5-9　不同雇员的国民保险缴款费率（2021—2022 年）

类别	周薪 120～184 英镑（月薪 520～797 英镑）	周薪 184.01～967 英镑（月薪 797.01～4 189 英镑）	周薪 967 英镑以上（月薪 4 189 英镑以上）
A	0%	12%	2%
B	0%	5.85%	2%
C	N/A	N/A	N/A
H	0%	12%	2%
J	0%	2%	2%
M	0%	12%	2%
Z	0%	2%	2%

数据来源：英国政府网. National Insurance rates and categories. https://www.gov.uk/national-insurance-rates-letters.

注：A：除了本表中的 B 组、C 组、J 组、H 组、M 组和 Z 组之外，所有雇员。

B：可以以较低费率缴纳国家保险缴款的已婚妇女和寡妇。

C：达到领取国家养老金年龄的雇员。

H：25 岁以下的学徒。

J：因已经在另一份工作中支付了国民保险缴款，从而可以推迟缴纳国民保险缴款的员工。

M：21 岁以下的雇员。

Z：因已在另一份工作中支付了国民保险缴款，从而可推迟缴纳国民保险缴款的不满 21 岁的雇员。

2022 年 4 月 6 日—2023 年 4 月 5 日，英国国民保险缴款费率会提高 1.25%，增加的国民保险缴款收益会用于国民健康保险和社会福利。其中第一类国民保险缴款中，雇员缴纳的费率提高 1.25%，第四类国民保险缴中，自营职业者缴纳的费率提高 1.25%，雇主为第一类国民保险缴款中的雇员、1A 或 1B 类雇员（雇主给 1A 或 1B 类雇员提供附加福利，如公司车辆、健康保险、旅游休闲开支、子女看护费用）的缴费费率提高 1.25%。若雇员已到领取国家养老金的年龄，则不会提高费率。

（四）纳税申报

雇员用自己的工资支付国民保险缴款。雇主会在发工资之前把国民保险缴款从雇员的工资中扣出，雇员工资单会显示雇员的国民保险缴款。如果个人是一家有限公司的董事，个人也可以成为自己公司的雇员，并通过个人的预扣所得税的工资支付第一类国民保险缴款。第一类国民保险缴款期为当年 4 月 6 日到下年的 4 月 5 日。若雇主按月纳税，需在次月 22 日前扣缴国民保险缴款，若雇主按季度纳税，需在季度满的次月 22 日前扣缴国民保险缴款。

二、第二类国民保险缴款

（一）纳税人

第二类国民保险缴款为自营职业者缴纳的部分。

（二）税率

这类缴款根据自营职业者每周的收入按固定税额缴纳。

如果纳税人是自营职业者，且年收入超过 6 515 英镑，第二类国民保险缴款按每周 3.05 英镑的固定金额支付，如表 5-10 所示。

表 5-10　历年自营职业者国民保险缴款的金额

	2018—2019 年	2019—2020 年	2020—2021 年	2021—2022 年
每年小额利润起征收入额（英镑）	6 205	6 365	6 475	6 515
每周的缴款金额（英镑）	2.95	3	3.05	3.05

数据来源：英国政府网．Rates and Allowances: National Insurance Contributions. https://www.gov.uk/government/publications/rates-and-allowances-national-insurance-contributions/rates-and-allowances-national-insurance-contributions.

表 5-11 是第二类国民保险缴款的特别税率。

表 5-11　历年第二类国民保险缴款的特别税率

每周	2018—2019 年	2019—2020 年	2020—2021 年	2021—2022 年
股份制渔民（英镑）	3.60	3.65	3.70	3.70
自愿开发工人（英镑）	5.80	5.90	6.00	6.00

数据来源：英国政府网．Rates and Allowances: National Insurance Contributions. https://www.gov.uk/government/publications/rates-and-allowances-national-insurance-contributions/rates-and-allowances-national-insurance-contributions.

注：自愿开发人员是英国慈善组织中的雇员在海外从事开发工作。

股份制渔民是从入股渔船中获利的渔民。

（三）税收优惠

如果自营职业者的净利润低于最低收入限额，可以不需缴纳第二类国民保险缴款，2021—2022 年，第二类国民保险缴款的最低收入限额为每年 6 515 英镑。

（四）纳税申报

第二类和第四类（见本节第四部分）国民保险缴款需要通过自我评估系统在 1 月 31 日和 7 月 31 日缴纳。每月或每 6 个月通过直接借方支付第二类国民保险缴款。支付第二类国民保险缴款的多少，取决于纳税人的利润。如果纳税人不通过自我评估缴款系统来缴款，那么英国税务海关总署将在 10 月底前向纳税人发送付款通知。不同的付款方式，花费的时间不同，如果最后期限是在周末或银行假日，纳税人要确保付款在节假日之前的最后一个工作日到达英国税务海关总署账户。如果纳税人错过了最后期限，可能需要支付更多的钱来填补国民保险缴款记录中的拖欠。税务局会寄信给纳税人，告诉纳税人需要支付的款项金额。

自主申报系统是英国税务海关总署用来征收所得税的系统。通常从工资、养老金和储蓄中自动扣除。有其他收入的个人和企业必须在纳税申报表中报告，可以网上填写或者寄送纸质申报表。纳税人需要保存记录（例如银行对账单或收据），以便正确填写纳税申报表。英国税务海关总署将根据纳税人的报告计算其应缴纳的款项。纳税人需在 1 月 31 日之前付清自主申报账单。

纳税人如果成为自营职业者（如独立经营者或合伙人），需要告知英国税务海关总署。

特殊职业有特殊的规则。一些自由职业者不必通过自主申报系统缴纳国民保险缴款，但可进行自愿缴款的缴纳。如考官、主持人、监考人、出题人，经营不动产的个人，没有工资的宗教传道士，不作为职业也没有佣金的投资人士，居住在国外的人员，作为非税收居民的英国自营职业者，在海外工作的人员。

三、第三类国民保险缴款

第三类国民保险缴款主要是针对自愿参加国民保险的人员征收的国民保险缴款。

（一）纳税人

自愿参加国民保险的人，包括没有正式工作但又想保持其领取保险金权利的人和前两类中想增加保险金权益的雇员和个体经营者，也实行固定税额。

（二）税率

纳税人可以支付自愿的第三类国民保险缴款来填补国民保险缴款的缺失年份。若在过去两年中，2019—2020 年、2020—2021 年，纳税人支付的是自愿国民保险缴款，填补缺失时还用当时的费率，若填补其他年份的国民保险缴款的缺失，就要用 2021—2022 年的费率计算，历年第三类国民保险缴次税额如表 5-12 所示。

2021—2022 年第三类国民保险缴款每月需支付费率。纳税人每月需支付的费率取决于当月有 4 周还是 5 周，如表 5-13、表 5-14 所示。

表 5-12　历年第三类国民保险缴款费率

每周	2018—2019 年	2019—2020 年	2020—2021 年	2021—2022 年
第三类费率（英镑）	14.65	15	15.30	15.40

数据来源：英国政府网. Rates and Allowances: National Insurance Contributions. https://www.gov.uk/government/publications/rates-and-allowances-national-insurance-contributions/rates-and-allowances-national-insurance-contributions.

表 5-13　2021—2022 年第三类国民保险缴款月支付费率与时间

支付时间	支付费率（英镑）
2021-05-14	61.60
2021-06-11	61.60
2021-07-09	77.00
2021-08-13	61.60
2021-09-10	77.00
2021-10-08	61.60
2021-11-12	61.60
2021-12-10	77.00
2022-01-14	61.60
2022-02-11	61.60
2022-03-11	61.60
2022-04-08	77.00

数据来源：英国政府网. Rates and Allowances: National Insurance Contributions. https://www.gov.uk/government/publications/rates-and-allowances-national-insurance-contributions/rates-and-allowances-national-insurance-contributions.

表 5-14　不同纳税人适用的国民保险缴款类别

纳税人的状况	需支付的等级
已就业但每周收入低于 120 英镑且无资格获得国家保险抵免	第三类
自营职业者，利润低于 6 515 英镑	第二类或第三类（获得不同的福利）
既就业又是自营职业者，收入低，利润小	联络英国税务海关署查询
作为考官、宗教传道士或投资或土地和财产企业的自营职业者	第二类或第三类（获得不同的福利）
在国外生活和工作	第二类（但前提是纳税人在离开前在英国工作，而且之前在英国已经连续生活了至少 3 年，或支付了至少 3 年的自愿缴款）
只在国外生活，没有在国外工作	第三类（前提是纳税人之前在英国已经连续生活了至少 3 年，或支付了至少 3 年的自愿缴款）
失业且未申领福利	第三类
未用低税率支付的已婚女性或寡妇	第三类

数据来源：英国政府网. Voluntary National Insurance. https://www.gov.uk/voluntary-national-insurance-contributions/who-can-pay-voluntary-contributions.

表 5-14 中的纳税人可以按每周 3.05 英镑的统一费率支付第二类国民保险缴款，或每周 15.4 英镑的统一费率支付第三类国民保险缴款，按第三类国民保险缴款进行缴费时，通常按缴费时适用的费率进行缴费。如果纳税人补缴过去一年的第二类国民保险缴款，或补缴过去两年的第三类国民保险缴款，可以按照补缴年份适用的费率进行缴费。如果纳税人符合国民保险抵免的条件不能缴纳第三类国民保险的自愿缴款，或已婚女性或寡妇按低税率缴纳国民保险缴款，也不能缴纳第三类国民保险的自愿缴款。

（三）税收优惠

若纳税人享受收入支持计划福利，提供长期看护服务，可以自动享受第三类国民保险缴款的减免。

纳税人享有工作税收抵免，但未享受残疾人津贴，上班的年收入低于 6 240 英镑，或作为自营职业者年利润低于 6 515 英镑，可自动获得第三类国民保险缴款的减免。

（四）纳税申报

第三类国民保险缴款可以通过直接借方每月付款。如果纳税人想改变缴款方式，可以与英国税务海关署联系，允许一次性缴款。如果想改为季度缴款，那么英国税务海关署会在每年 7 月、10 月、次年的 1 月和 4 月寄给纳税人账单。纳税人要确保在最后期限前支付国民保险缴款给英国税务海关署。纳税人的缴款时限取决于纳税人选择的支付方式。

支付方式有：当天支付或隔天支付方式，线上支付或电话银行支付，英国自动清算支付系统（clearing house automatic payment system，CHAPS），通过银行或建筑协会支付，也可以通过银行自动票据交换系统（bankers automated clearing，BACS）在 3 天内支付。在新冠肺炎疫情期间不能通过邮局进行支票支付，以后也不能再通过邮局支付。

纳税人通常可以支付过去 6 年的自愿缴款，截止日期为每年 4 月 5 日。比如，纳税人必须在 2020 年 4 月 5 日之前弥补 2013—2014 年税收年度及之后缺失的国民保险缴款。

四、第四类国民保险缴款

（一）纳税人

第四类国民保险缴款主要是针对自营职业者中利润超过最低限额部分的人。

（二）征税对象

该类国民保险缴款与纳税人的利润有密切联系，一般根据年应税利润，按照比例税率缴纳。

（三）税率

如果纳税人是自营职业者，且每年的利润超过 9 568 英镑，那么需要缴纳的第四类国家保险按照年度应纳税利润的百分比支付。当自营职业者的年利润为 9 568～50 270 英镑，比例为 9%，超过 50 270 英镑的利润需缴纳 2% 的国民保险缴款，如表 5-15 所示。纳税人缴纳所得税时，一并缴纳第四类国民保险缴款。

表 5-15　历年第四类国民保险缴款费率

每年	2018—2019 年	2019—2020 年	2020—2021 年	2021—2022 年
自营职业者缴纳第四类国民保险缴款的起征利润额下限（英镑）	8 424	8 632	9 500	9 568
自营职业者缴纳第四类国民保险缴款的起征利润额上限（英镑）	46 350	50 000	50 000	50 270
利润额在上限和下限之间	9%	9%	9%	9%
利润超过利润额上限	2%	2%	2%	2%

数据来源：英国政府网. Rates and Allowances: National Insurance Contributions. https://www.gov.uk/government/publications/rates-and-allowances-national-insurance-contributions/rates-and-allowances-national-insurance-contributions.

表 5-16 是国民保险缴款后可以享受的福利。

表 5-16　各类国民保险缴款者可以享受的福利

	第一类的雇员	第二类的自营职业者	第三类的自愿缴款者
基于国家养老金	是	是	是
附加国家养老金	是	否	否
新国家养老金	是	是	是
基于缴款的谋职者补贴	是	否	是
基于缴款的就业和支出补贴	是	是	否
孕妇补贴	是	是	是
丧亲支持补贴	是	是	否

数据来源：英国政府网. National Insurance. https://www.gov.uk/national-insurance/what-national-insurance-is-for.

第四类国民保险缴款中的自营职业者的利润在 9 569 英镑以上，通常不享受国家福利。

第四节　新西兰社会保障税

新西兰社会福利制度由来已久，早在 1898 年为保障老年人的生活就已引入了养老金制度。新西兰社会福利与澳大利亚有点相似，但与其他国家的社会保障制度不同，新西兰收入资助的资金来源于税收收入。在新西兰没有一个特别的基金会需要工薪族缴纳任何款项。对那些符合资助标准的人来说，接受现金救济是他们应有的权利。

KiwiSaver 是一项自愿储蓄计划，旨在使新西兰人更容易为退休而储蓄。KiwiSaver 计划的资金由作为 KiwiSaver 供应商的私营公司管理。纳税人可以选择 KiwiSaver 供应商中的任何一家私营公司投资自己的资金。加入 KiwiSaver 是一个重大的财务决定，一旦加入，就不能退出，当纳税人达到一定年龄时（目前是 65 岁），才可以把这笔钱拿出来。纳税人的 KiwiSaver 储蓄余额是：纳税人的缴款 + 政府缴款 + 雇主缴款 +/- 投资回报 − 任何提款、费用和税收。

大多数 KiwiSaver 成员将通过他们的工资定期缴款来积累他们的储蓄。同时，KiwiSaver 计划也是一项政府倡议，涉及 KiwiSaver 供应商、雇主和政府机构。

一、纳税人

大多数符合条件的新西兰人均可以加入 KiwiSaver，包括新西兰公民、有权无限期地居住在新西兰的人、在新西兰正常工作生活的人。持有临时、访客、工作或学生许可证、居住在海外的非政府雇员不能加入 KiwiSaver。

二、征税对象

对许多人来说，KiwiSaver 以工作为基础，这意味着纳税人的 KiwiSaver 缴款直接来自其工资扣除。如果纳税人是自营职业者或不工作，根据 KiwiSaver 供应商的意见，纳税人想缴纳多少，可以直接向它们缴纳。

对大多数人来说，KiwiSaver 是一种以工作为基础的储蓄计划，因此雇主扮演着重要的角色。如果个人作为雇员工作，雇主会在雇员 18 岁时向其 KiwiSaver 付款。这个付款是雇主付给纳税人工资之外的缴款，称为强制雇主缴款。纳税人可以告知雇主自己满 18 岁与否，满 18 岁了雇主就会支付强制雇主缴款。

如果个人年满 18 岁，主要居住在新西兰，可以向自己的 KiwiSaver 账户缴款，政府也会在每年 7 月或 8 月向个人的 KiwiSaver 账户缴款。

KiwiSaver 项目中，需要缴款的是纳税人的毛收入，包括所有的工资薪金，如奖金、佣金、额外工资、报酬、加班工资；所有其他税前收入，如应税福利津贴。但有一些工资不属于需要缴纳 KiwiSaver 缴款的收入，如遣散费，提供的食宿或食宿津贴，海外生活津贴或生活开支，雇员股份计划下收到的免费股份或折价股份（即为股份购置协议），工业部、健康部和教育部资助的自愿国债计划的付款，火灾和应急管理部向志愿者发放的酬金。

雇主需要对 KiwiSaver 缴款中的免税收入进行记录保存，新西兰税务局会每年向雇主进行收入信息核实。

毛收入不同于雇员的合规基金。雇主根据毛收入计算应扣缴的雇员的 KiwiSaver 缴款和雇主的 KiwiSaver 缴款，意味着毛收入中要扣除奖金、佣金及其他不属于雇员的基本工资的收入（这些收入要在基金信托协议中明确）。

三、税率

如果纳税人选择加入 KiwiSaver，雇主会从纳税人的工资中按 3%、4%、6%、8%或 10%（由纳税人自己选择）的比例扣除 KiwiSaver 缴款，投资于 KiwiSaver 计划。如果纳税人没选缴款费率，雇主会按 3%的费率进行扣缴。

雇主的强制雇主缴款金额相当于雇员工资的 3%。雇主也可缴纳额外的自愿雇主缴款。雇主缴款的部分需要纳税。

政府将为每一新西兰元的会员缴款支付 50 新西兰分，政府最高付款额为 521.43 新西兰元。这意味着纳税人必须每年缴纳 1 042.86 新西兰元及以上，才有资格获得最高限额的政府缴款 521.43 新西兰元。雇主缴款、政府缴款和根据 Trans-Tasman 退休储蓄的可转移性从澳大利亚转移的金额不计入纳税人的 1 042.86 新西兰元缴款。如纳税人的缴款少于 1 042.86 新西兰元，纳税人可自愿缴款，以确保能收到政府的全额缴款。

四、税收优惠

当从纳税人的工资中扣款时，如果纳税人遭受"经济危机"，可以在成为 KiwiSaver 会员的前 12 个月内，申请持续 3～12 个月的"储蓄暂停"。KiwiSaver 储蓄通常将被锁定，直到纳税人有资格领取养老储蓄（目前是 65 岁）。但是在下列情况下，纳税人可以提前提取部分（或全部）存款：购买第一套房子，永久迁往海外，遭受重大经济困难，严重的疾病。

对雇主来说，下列几种情况可以不必向 KiwiSaver 账户强制缴款：雇员未满 18 周岁；雇员已年满 65 周岁，或已成为 KiwiSaver 成员 5 年，以日期较晚者为准；雇员没有缴款（例如暂停储蓄或无薪休假）。

五、纳税申报

如果纳税人在 18 周岁以下，要加入 KiwiSaver，需要联系 KiwiSaver 供应商，不能通过纳税人的雇主加入；如果纳税人还不到 16 周岁，需要所有的法定监护人同意才能加入 KiwiSaver，自己不能直接报名加入；如果纳税人年龄为 16～17 岁，法定监护人必须与纳税人共同签署纳税人的申请表；如果纳税人没有合法的监护人，可以直接注册一个 KiwiSaver 供应商。在大多数情况下，一旦注册，就不能退出。如果纳税人在 18 岁之前错误地注册了 KiwiSaver，可以在 19 岁之前选择退出。自营职业者自己联系 KiwiSaver 供应商签合同，直接加入。

KiwiSaver 供应商是一个提供新西兰储蓄计划的组织，负责管理成员在该计划中的储蓄。会员可以在各种组织提供的各种计划中选择，所有储蓄计划都由金融市场管理局以类似于其他已登记的退休金计划的方式加以管理，还采取了其他措施，确保 KiwiSaver 计划具有竞争力，并照顾到成员的最大利益。

雇主的职责包括：把雇员的资料传给税务局，使雇员能够自动登记（如果雇员还不是 KiwiSaver 会员）；可以为不想自己选择的雇员选择 KiwiSaver 计划；从雇员税前工资中扣除 KiwiSaver 缴款；向雇员的 KiwiSaver 账户或合规基金支付强制性缴款；如果新雇员在 2～8 周内选择退出，应其要求采取行动；如果雇员申请"储蓄暂停"，可以停止缴款，但是暂停到期后要重新开始缴款。保留法律要求的某些 KiwiSaver 记录。

根据 KiwiSaver 倡议，政府每年向符合条件的会员支付政府缴款，KiwiSaver 不属于政府保障范围。

国内收入署主要通过源泉扣缴税制管理会员的缴款。根据 KiwiSaver 的规定，国内收入署的主要职责是：为雇主提供资料包，让他们把资料传给雇员；接受会员及雇主缴款；为不做选择的人分配 KiwiSaver 默认方案；管理退出申请和缴款暂停申请；向公众提供信息，并帮助他们提高对 KiwiSaver 储蓄倡议的认识等。

金融市场管理局负责登记并监督已登记的 KiwiSaver 计划和其他计划，管理实施养老金计划，鼓励纳税人遵守 1989 年颁布的《退休金计划法》和 2006 年颁布的《新西兰储蓄法》。

KiwiSaver 项目对纳税人的缴款进行投资，为纳税人赚钱。纳税人需要对所获得的投资收益缴纳税款。从 KiwiSaver 项目中取钱是免税的。KiwiSaver 项目包括广泛持有的养老金项目、有价证券投资实体。KiwiSaver 供应商的产品披露声明中会告知纳税人投资的项目。

如果纳税人的 KiwiSaver 项目是广泛持有的养老金项目，投资收入适用的税率是 28%。

所有 KiwiSaver 默认项目的管理者都是有价证券投资实体，其将缴款投资于各种基金。项目提供商会使用纳税人选择的规定的投资者税率对投资收益扣缴税款。规定的投资者税率根据纳税人过去 2 个纳税年度（4 月 1 日到次年的 3 月 31 日）的应税收入确定。

无论是 KiwiSaver 缴款还是 KiwiSaver 投资收入的税款都要按时足额纳税。雇主需要在支付工资后的一个月内缴纳。如何没有及时进行纳税申报、没有及时缴纳税款或申报有误，可能会面临罚款。雇主没将雇员的信息及时提交给新西兰国内收入署，没有把可自动加入 KiwiSaver 的雇员加到 KiwiSaver 计划里，需要缴纳罚款的标准为：对按月申报纳税的雇主的罚款是每月 50 新西兰元，对每月两次申报纳税的雇主的罚款是每月 250 新西兰元。

如果雇主没有把雇员缴款和雇主强制缴款交给国内收入署或延迟了缴纳，会受到的处罚与 PAYE 个人所得税扣缴时的延迟纳税罚款、延迟申报罚款与加息的处罚标准相同。强制雇主缴款如果没有及时缴纳，需要按未缴纳款项的 10%缴纳罚款。每延迟 1 个月，会加收未缴纳款项的 10%的罚款。如果国内收入署下达罚款决定后，雇主及时补交了所欠的所有款项，或雇主与国内收入署达成了分期支付的协议安排，罚款可减至按未缴纳款项的 5%缴纳。罚款的上限是未缴款项的 150%。未缴的雇主强制缴款不需加收利息。自愿雇主缴款若短缴或未缴，不会收取罚款或加息。刑事惩罚有罚款和监禁。

第五节　比较与借鉴

一、外国社会保障税的特点

虽然各国社会保障税制度设置方式有所差异，但由于其目的和本质上是相同的，因此在许多方面具有一致性。

（1）社会保障税的纳税人一般均为雇主、雇员及自营职业者等有劳动收入的人员，以确保税款有充裕来源。课税对象基本上是雇员的工资、薪金收入及自营职业者的经营纯收入。

（2）社会保障税的税率一般设置为比例税率，只有少数国家实行单一比例税率，而大多数国家根据不同的保险项目规定差别比例税率。这种根据纳税人的承受能力不同而采取的差别税率能更好地体现税收的量能课税原则。

（3）社会保障税在项目范围上基本包括养老保障、失业保障及医疗保障三大类。这是以解决人类最基本的生存和发展需求为出发点。

（4）大多数国家的社会保障税封顶不封底，即没有确定下限的起征点，却有上限的最高额限制。这样做的目的是为了体现该税对社会下层的倾斜保护，但在某种程度上也产生了低收入者重税负、高收入者轻税负的逆向调节作用。

（5）在社会保障税缴税方式上，对于雇员所需要缴纳的税款一般采取源泉扣缴的办法，即雇主负责对雇员的收入实行源泉代扣代缴，对于雇主应该缴纳的税款由雇主直接向税务部门进行缴纳；而对于那些自营职业者及其他社会公众应缴纳的社会保障税，一般要求纳税人到税务部门进行自行申报缴纳。

二、社会保障税的国际发展趋势

1. 发达国家社会保障税的发展趋势

（1）社会保障税占税收收入总额的非加权平均比重不断上升，使该税成为税制体系中增长速度最快的税种。

（2）OECD 成员国社会保障税占税收总额比重超过了个人所得税。社会保障税占 GDP 的平均比重增幅也大大超过个人所得税。

2. 发展中国家社会保障税的发展趋势

从发展中国家社会保障税收入在税收总收入中的地位来看，主要体现为三个特点。

（1）发展中国家各国社会保障税收入占税收收入的比重不均衡。

（2）亚洲、非洲和欧洲的发展中国家的社会保障税收入占税收收入的比重在逐步上升。

（3）发展中国家社会保障税收入总体平均水平与发达国家的平均水平比较而言，发展中国家的平均水平要低得多。

3. 社会保障税的优势

从未来发展趋势看，随着世界各国社会保障制度的健全和完善，社会保障税具有极大的发展潜力。

（1）经济的发展使社会有了更多的剩余产品，可以用于缴纳社会保障税，广大公众日益寻求保护自身权益，其中就包括病老伤残的保险权益。

（2）社会保障税使各国政府顺利解决了国民安全、保险的资金筹集等问题，维护了社会稳定。另外，社会保障税实行专款专用，增强了财政收支透明度，也赢得了纳税人的支持，因而使各国政府更有可能积极开征此税。

（3）尽管许多国家的社会保障税制度规定了纳税的上限，但从总体上讲，个人纳税的多少与工资收入水平相适应，而富人和穷人之间享受的社会保障支出却相对均等，实现了税收在贫富之间的自动调节。

（4）在征收社会保障税的国家中，绝大多数将其作为中央收入，体现了在全社会范围内互助共济的公平原则。同时，许多国家的社会保障税实行不同形式的积累制，具有"蓄水池"的自动调节作用。

（5）各国社会保障税也非常关注效率问题，主要是将纳税的多少与个人的社会福利直接或者间接挂钩。这种效率机制主要表现在三个方面：一是明显提高了筹资效率；二是可较好地解决政府收入与支出的矛盾，降低政府决策的难度；三是该税对纳税人经济效率的影响明显低于所得税对经济效率的影响。

三、社会保障税的国际经验

（一）世界各国社会保障筹资方式的选择

1. 征收社会保障税

政府通过税收形式筹集社会保障基金，直接构成政府的财政收入，并通过专门的社会保障预算进行管理。

2. 缴纳社会保险费

通过雇主和雇员共同缴费的形式筹集社会保障基金，不直接构成政府的财政收入，但由政府专门部门进行管理和运营。

3. 强制储蓄形式

将雇主为雇员缴纳的社会保障基金及雇员按规定缴纳的社会保障基金，都统一存入个人专门的社会保障账户。

（二）三种筹资方式的比较

1. 社会保障水平不同

缴税制国家通常强调政府只为公民提供最基本的生活保障。

缴费制国家政府提供的社会保障水平相对更高。

强制储蓄制国家以个人自我保障为主，保障水平与个人账户积累程度直接相关。

2. 缴费和管理程序不同

实行社会保障税的国家，保险项目及其税率设置一般较为简单明了，社会保障由政府部门直接管理，部门分工明确，管理比较集中。

实行缴费制的国家，保险项目设置比较复杂，每一个项目都有相对独立的一套缴费办法，社会保障管理多由社会承担，制度复杂，管理分散。

实行储蓄制的国家，保险项目按账户设置，一目了然，基金的收、付、管理由政府高度集中，但账户运作比较复杂，难度较大。

3. 保险缴税（费）水平不同

美国和英国社会保障税率的综合水平都在20%左右。

法国和德国的社会保险费率都在40%以上，新加坡的公积金缴纳比例也高达40%。

实行缴费制和储蓄制国家的缴费率要远远高于实行缴税制国家的社会保障税税率。

（三）社会保障税的设置模式

1. 项目型社会保障税模式

项目型社会保障税模式是指按照社会保险的不同承保项目分项设置社会保障税。这种模式以德国、瑞典最为典型。

优点：①社会保障税的征收与社会保障的承保项目建立起对应关系，专款专用，返还性明显；②可以根据不同项目支出数额的变化来调整税率，哪个项目对财力的需求大，哪个项目的税率就适当提高。

局限性：主要表现为各个项目之间财力调剂余地较小。

2. 对象型社会保障税模式

对象型社会保障税模式是指按社会保障的承保对象分类设置社会保障税模式，也称英国模式。

优点：可以针对不同就业人员或非就业人员的特点，采用不同的税率制度，便于执行。例如，对收入较难核实的自营职业者和自愿投保人实行定额税率，征管更方便。同时，由于设置了起征额，减轻了低收入者的负担，因此英国模式的社会保障税的累退性较弱。

局限性：英国模式的社会保障税与承保项目没有明确挂钩，社会保险税的返还性未能得到具体的体现。

3. 混合型社会保障税模式

混合型社会保障税模式是指以承保对象和承保项目并存设置的社会保障税模式，也称美国模式。

优点：具有较强的针对性和灵活性，可在适应一般社会保障需要的基础上，针对某一保障项目或某一特定行业实行重点的社会保障，还可保证特定的承保项目在社会保障费收支上自成体系，具有内在的灵活性。

局限性：统一性差，管理不够便利，返还性表现不够具体。此外，由于社会保障税规定了最高限额，使高收入阶层的工薪所得很大一部分不需纳税，因此具有一定的累退性。

四、我国社会保障税（费）的发展方向探讨

改革开放 40 多年来，中国经济得到快速发展。但随之而来的市场失灵与社会发展滞后问题并未同时得到解决。人的生老病死不可避免。如果这些风险完全靠个人承担，将大大加重家庭的负担，这样容易造成贫富差距扩大，引起极端社会矛盾，也不利于市场经济的长远发展。当前的社会矛盾如果不能及时得到有效解决，改革发展的大局将会受到掣肘。因此，必须通过立法建立一套社会保障制度，发挥政府"看得见的手"的作用，与市场经济"看不见的手"一起实现社会经济的双引擎发展。在建立社会保障制度的同时，也要防止社会保障扩大化从而变成企业的负担，以实现市场活力与效率的统一。

社会保障应当与经济发展水平相适应。发达国家的社会保障从总体上看比较完善和健

全，保障程度也高，这不仅是其经过长期演化改进发展的结果，从根本上看是经济发达和财力雄厚的体现。中国是一个发展中国家，而且是人口众多的大国，国家综合经济实力与发达国家还有差距，由此决定中国社会保障改革只能分阶段、有重点地逐步推进，不可能一蹴而就。特别是在社会保障起步时，不能一下子把支付标准定得过高，要考虑将其控制在政府及社会各个方面的承受能力之内。国际经验表明，有些国家因为社会保障水平过高，一方面加重了政府支出的负担，另一方面也大大提高了企业的成本，影响了这些国家的经济竞争力。即使政府想改革负担过重的状况，但由于社会保障与国民利益息息相关，政府一般不敢轻易改变。鉴于此，必须妥善地处理经济发展与社会保障水平的关系，在实现经济长期有效增长的前提下，逐步提高社会保障水平。

中国社会保障制度的资金筹措方式，存在缴税制与缴费制两种观点。

（一）缴税制的理论依据

许多主张开征社会保障税的学者主要从收入分配、制度统一性、社会伦理和管理便利性等角度，提出对社会保障统筹部分实行"费改税"，具体如下。

（1）可与国际接轨。许多发达国家都是社会保障税，不是社会保障费，费改税是国际改革的大潮流。

（2）费改税可以提高征缴率，提升征缴权威性，增强征缴的强制性，以此加大征收力度，防范逃费现象的发生。

（3）可以降低成本。费改税之后，由税务部门实施征收管理，利用已有的机构可大幅降低征缴成本。

（4）可以解决重复征税的一些矛盾。

（5）费改税可以建立税务机关征收、财政部门管理、社保部门支出的管理体制，三位一体，相互制约，相互监督，这种"三管齐下"的格局可以加强社保资金的安全性，有效防止挪用挤占和腐败。

（6）符合全国范围费改税的大趋势。

（二）缴费制的理论依据

有些学者通过对税与费的基本理论进行分析，认为中国目前的社会发展条件和社会保障制度框架不应该实行费改税。

（1）费改税将切断缴费与待遇之间的联系。区别税和费的重要标志是看当前社保制度供款与未来待遇之间是否存在紧密联系。如果制度设计需要这种联系，强调个人和企业的缴费激励，那就应该选择缴费制；反之，才应该选择缴税制。

（2）费改税不符合目前的制度环境要求。由于我国实行的统账结合制度，从理论上讲社会统筹部分可改成税，但个人账户部分则是不可能的。

（3）费改税不符合当前社会经济发展水平。费改税将涉及纳税人的定义和税率的设定等许多问题，但在目前经济社会发展水平下，农民年均纯收入水平偏低，连农业税都免了，当然就更没有能力做社会保障税的纳税人。

（4）费改税不一定能提高征缴力度及其权威性。

我国自 2019 年 1 月 1 日起，社会保障费在全国范围内统一由社会保障部门转由税务部门征收。于是，有观点指出，社会保障费变为社会保障税了。但实际上，社会保障费与社会保障税虽只有一字之差，含义却有本质的区别。

由税务部门征收社会保障费，不能等价于社会保障费变为社会保障税了。实际上，一些政府性费用以及其他非税收入都已由税务部门代征，但未能改变它们依旧是"费"的本质。比如教育费附加，税务部门征收几十年了，但依然改变不了它的本质是一种"费"。

社会保障资金筹措是税的形式更好还是费的形式更好，关键要明确三个方面的问题。一是社会保障资金的运作是根据非市场机制建立起来的，其基本特点就是：维持这一活动的收入与生产它的成本是分离的，也因为如此，收支两条线成为行政性基金管理的共性，即其收入和支出应由不同的行政管理机构执行。显然，社会保障资金也不应例外。而且对于社会保障资金管理单位而言，无疑也同样存在着组织系统内一个带有共性的问题，即内部激励与外部约束机制的问题。因此，为确保社保资金管理所追求的系统目标和社会目标的一致，资金收入、支出、发放、运营、管理的组织建构相互分离与相互制衡成为非常必要的举措。二是每一个机构都有其特定的职责履行范围，在其职责范围的边界内，其工作业绩和管理成本能实现最优化，而如果超越这一边界，必然产生高昂的管理成本。显然，我国社保部门同样只应该是政府的一个由财政划拨经费的职能部门，其职责的划分原则与其他政府部门并无任何不同。三是社会保障制度的实施，也就是公民社会保障权的实现，需要耗费巨额的稀缺公共资源，即实施成本极为高昂，并在很大程度上决定着整个社会保障资金的使用效率、公共资金压力及投保企业、家庭或个人的负担水平。这种实施成本广义上主要包括直接支付成本、管理成本和转制成本三个方面，而狭义的社会保障制度实施成本主要是指管理成本，具体包括社会保障立法成本、社保税（费）征缴成本、社会保险待遇支付管理成本、社会保险管理信息系统建设成本、社会保险管理活动服务成本及宣传成本等。显然，征收主体的选择，涉及最主要的就是极为高昂的管理成本。在当前我国整个社会管理成本已居高难下，而专司政府收入的税务机构已在全国城乡蛛网般密集设置且全面覆盖的情况下，再单设一套社保资金平行征收管理机构，即使单从征管成本的角度而言，也是丝毫无可取之处的。

思 考 题

1. 与其他税种相比，社会保障税有哪些特征？

2. 世界各国社会保障税的制度设计包括哪些内容？

3. 世界各国社会保障税的发展趋势如何？

4. 从实践上看，项目型社会保障税模式、对象型社会保障税模式、混合型社会保障税模式各有哪些特点？

5. 结合实际情况探讨中国社会保障制度的筹资模式。

第六章

外国增值税

【学习目标】

通过本章的学习，学生应掌握以下内容：增值税产生的背景与发展趋势，增值税课税制度的内容，了解法国、新西兰、英国的增值税内容，知悉增值税制度的国际经验与改革趋势，能为我国增值税的完善提出建议。

【引言】

传统的流转税包括产品税、营业税等，其特点是对企业销售货物或提供服务时取得的收入总额作为计税依据。由于大量货物或服务并不是最终消费的，而是继续作为下游企业的投入，如果每个环节都是按照其收入总额全额计税，将产生严重的重复征税问题，尤其是加工工序越靠后的环节，其负担的税收将会越重。这一现象不利于社会分工和经营模式的合理化，对于处在产业链不同环节中的企业，其税负水平也不公平。为了解决这一突出问题，出现了增值税（Value Added Tax）。增值税在澳大利亚被称为商品劳务税（Goods and Service Tax），在如日本被称为消费税（Consumption Tax），在我国台湾被称为加值型营业税，在其他一些国家和地区还有别的名称。增值税的真正征税对象是国内最终消费，在税收实践中表现为对销售货物或提供服务过程中实现的增值额征收的一个税种，即对任何交纳增值税的单位和个人，扣除了上道环节生产经营者已纳过税的那部分转移价值，只就本环节生产经营者没有纳过税的新增价值征税。这一做法避免了按销售额全额课税时产生的重复征税问题，有效适应了市场经济专业化分工日益细化的要求，解决了传统流转税制存在的社会化分工越细、重复征税越严重的突出矛盾。本章通过介绍法国、新西兰和英国的增值税的税制要素，帮助读者更好地了解增值税的国际发展态势，进而为我国增值税的完善提供启示。

第一节　增值税概述

一、增值税的产生与发展

增值税是以商品或劳务的增值额为课税对象所征收的税。

所谓增值额，可从两方面来理解：就某一厂商而言，增值额是指该厂商的商品销售额或经营收入额扣除规定的非增值项目（相当于物化劳务的价值）后的余额。就商品生产流转的全过程而言，一种商品从生产到流通的各个流转环节的增值之和，相当于该种商品进入消费时的最后销售总值即零售价格。

增值税的概念最早由美国耶鲁大学的亚当斯（Thomas Adams）提出。1948 年，法国为了解决全额流转税对中间产品重复征税而严重影响专业化分工协作发展的问题，把制造阶段的商品税全额征税改为对增值额征税。1954 年，法国又将增值税扩展到批发阶段，开征消费型增值税并取得成功。20 世纪 60 年代末，开征增值税的国家不足 10 个，目前已经有超过 140 个国家和地区开征增值税；在 OECD 的 30 个成员国中，除美国以外，有 29 个成员国都开征了增值税，增值税收入占税收收入总额的比重接近 1/5。

二、增值税的类型

（一）生产型增值税

生产型增值税是以销售收入减去原材料、辅助材料、燃料、动力等投入的中间性产品价值，即法定非增值性项目后的余额为课税增值额。

其计税基数按照国民生产总值的口径计算，即每一流转环节，每一厂商，都以其商品与劳务的销售收入额减去其用于生产的购入中间性产品及劳务支出的数额作为增值额，相当于工资、租金、利息、利润、折旧之和。

厂房、机器、设备等资本品的折旧额不予减除。从国民经济总体来看，由于这种计税基数相当于国民生产总值，故称之为生产型增值税。

（二）收入型增值税

收入型增值税是以销售收入减除原材料、辅助材料、燃料、动力等投入生产的中间性产品价值和资本品折旧后的余额为课税增值额。

其计税基数是按照国民生产净值的口径计算。即每一流转环节、每一厂商，都以其商品与劳务的销售收入额减去其用于生产的购入中间性产品和劳务支出以及资本品的折旧的数额，增值额相当于工资、租金、利息、利润之和。

从国民经济总体来看，由于这种计税基数相当于国民收入部分，故称之为收入型增值税。

（三）消费型增值税

消费型增值税是以销售收入减除投入生产的中间性产品价值和同期购入的固定资产全部价值后的余额为课税增值额。

其计税基数是在生产型增值税课税基数的基础上，再扣除同期购入的资本品价值。

从国民经济的整体来看，这种计税基数只包括全部消费品的价值，不包括原材料、固定资产等一切资本品的价值，故称之为消费型增值税。

三种类型增值税的主要区别如下。

（1）三者的税基大小不同。生产型增值税的税基最大，收入型增值税次之，消费型增值税最小。因此，从取得收入的角度看，在税率相同的条件下，生产型增值税取得的收入最多，收入型增值税次之，消费型增值税最少。而从鼓励投资的角度看，消费型增值税的效果最优，收入型增值税次之，生产型增值税最差。

（2）三者对于购入资本性固定资产在计算增值额时是否扣除以及如何扣除的处理原则不同。生产型增值税不予扣除资本性固定资产，收入型增值税按使用年限分期扣除，消费型增值税则实行当期一次扣除。

从世界各国征收增值税的实践看，大多数国家普遍采用的是收入型增值税和消费型增值税，而采用生产型增值税的国家极少。

三、增值税的征收范围

增值税的征收范围可从两方面考察。

（1）从国民经济的各个生产部门看，增值税的课税范围一般包括采矿业、制造业、建筑业、能源交通业、商业以及劳动服务等行业，有些国家也包括农林牧渔业。

（2）从商品的原材料采购、产制、批发和零售等流转环节看，增值税和一般销售税一样，一般实行多环节课税。

如果不考虑世界各国增值税在对待农业或农民纳税人政策上的差别，仅从增值税征税对象范围这个角度看，增值税的征税范围大体可以按制造业增值税、零售前增值税和全面型增值税三种类型进行讨论。

（一）制造业增值税

制造业增值税的征税范围仅覆盖全部制造业产品以及工程承包行业和进口产品。

制造业全面实行增值税，基本上解决了传统流转税对企业组织形态的扭曲问题，提高了经济效率，有利于财政收入的稳定增长。

但是，由于这种类型的增值税将批发和零售排除在增值税体系之外，覆盖范围较窄，使得与增值税制度相配套的统一发票制度难以建立，增值税的抵扣要依据账簿记录，增值税纳税人之间交叉审计的自动控制机制不能真正形成。

（二）零售前增值税

零售前增值税的征税范围包括制造业、批发和进口，但不包括零售。

实际上，零售前增值税仍不是规范的增值税，同样存在制造业增值税所具有的缺点，只是在程度上有所减轻。

在一些经济相对落后，税务管理水平低，同时尚不具备条件实行全面型增值税的国家，可以通过逐步扩大增值税的征税范围，从制造业增值税扩大到零售前增值税，再积累经验，最终实现全面型增值税。

（三）全面型增值税

全面型增值税的征税范围覆盖农业、工业、批发、零售、服务等所有交易领域。

全面型增值税的普遍推行，为实施凭发票进行投入品税收抵扣制度创造了条件，有利于增值税交叉审计、控制偷漏税机制的形成。

全面型增值税对客观环境的要求较高，比如经济发达、生产的社会化、商品化、市场化程度较高等。

四、增值税的制度设计

（一）增值税的纳税人

1. 一般规定

世界各国增值税纳税人有两种类型。

（1）以企业主从事的经营活动确定增值税的纳税人。

在许多国家，除政府通过税法特案规定免征增值税的交易项目外，企业主凡从事任何销售商品、提供劳务、进口等活动，都要缴纳增值税。

（2）与课税对象相结合确定增值税的纳税人。

在增值税课税范围较窄，未能全面实施增值税的国家，由于增值税的课税未能涉及全部交易领域，因而只能采取列举和与征税对象范围相结合的定义方法，以那些从事属于列举征收增值税的交易活动和劳务活动的当事人为纳税人。

2. 特殊规定

（1）对小企业主纳税义务的规定。

①对流转额低于某一数额的潜在纳税人实行免税是欧盟各国的普遍做法。优点是减轻了税务部门的管理负担；缺点是会让大型企业产生一种被歧视的感觉，这种感觉会影响企业自觉纳税的积极性，增加低报营业额的可能性。如果企业主享受免税条款，就失去了抵扣增值税和要求取得记载详细资料发票的权利。因此，为了解决这些问题，有此国家规定对小企业主免税的同时，允许小企业放弃免税待遇，如德国、丹麦、希腊、葡萄牙、卢森堡、土耳其等国。

②使用多档税率对某些小企业实行优惠。这种办法的优点是简便易行，使小企业得到更多的优惠，也能降低征税成本。但缺点在于这种办法会使税收收入减少，如果小企业数额过多，税收损失的数额会相当大。

③对免税小企业的供货按高于正常的税率征税。根据这一制度，为小企业提供货物的供货商必须向小企业收取一笔相当于对其销售货物应征税的税金（比利时称之为"平衡税"），并将这笔税款上缴国库。小企业可以对它们购买的某些投资性货物所支付的增值税申请退税。优点是避免了税收收入的下降，又减少了小型零售商直接纳税的麻烦，在技术上有一定的可操作性。缺点是适用的范围有限。

④估定征收。税务局对小企业主的销售额进行估算。

（2）对政府及所属机构纳税义务的规定。

①根据政府经济活动性质予以不同的处理方式。

政府从事执行政府职能的经济活动时，不被视为纳税人。

政府从事商业性质的活动时，被视为纳税人。

②政府及其所属机构一律当作非纳税人。

政府及其所属机构都不是纳税人，因而它们所提供的商品和劳务都没有缴纳增值税的义务。

（3）对农民增值税纳税义务的规定。

①加价补偿法。

加价补偿法是欧盟国家普遍采取的一种方法。

农民既不用进行增值税纳税登记，也不用开销售发票，可把在购买农业投入物时所支付的增值税税款通过在销售农产品时向消费者收取一个加价比例得到补偿。

这个加价比例是统一的，适用于所有农民，该加价可作为农产品购买者的进项增值税，从销项增值税中扣除。

这种方法的优点是简化了农民缴纳增值税的难题，但也带来一些其他问题。

采取统一的加价补偿率不能对所有的农民都做到精确地补偿，因为增值税税负往往会因不同的农业项目及不同的地区而存在差异，实行统一的加价补偿办法难以真正实现税收的公平。

由于加价补偿率本身并不是增值税税率，但可以作为农产品购买者的进项增值税予以抵扣，这容易造成概念上的混乱。

②免税法。

大多数拉美国家把农民的销售收入排除在纳税范围之外，或对首次销售的未加工农产品免税。

③特别税率法。

有些国家对农业企业征收增值税，但有各种特殊规定，不仅制定特别税率，而且在记账方法、申报期等方面也予以特别规定。采用这种办法的国家有挪威、土耳其、卢森堡、德国等。

由于农业的复杂性，对农业征收增值税的国家往往同时采用 2~3 种方法，以适用农业的各种具体情况。各国税法通常还允许农业纳税人选择对自己有利的征税方式，比如，奥地利、卢森堡、荷兰、爱尔兰、意大利和法国等都明确规定，纳税人可以放弃特殊待遇而选择按一般方式缴纳增值税。

（二）增值税税率的选择

1. 增值税税率的类型

（1）单一税率。增值税只有一个比例税率，不管征税对象是谁，也无论在哪个环节纳税，一律按一个税率征税。实行单一税率的国家主要有丹麦、厄瓜多尔、智利、巴拿马、危地马拉等。

（2）复式税率。增值税税率由两个以上构成，一般包括基本税率、高税率和低税率，例如，比利时采取 21%的基本税率，6%和 12%的低税率；保加利亚采取 20%的基本税率，9%的低税率；塞浦路斯采取19%的基本税率，5%和 9%的低税率；爱尔兰采取 23%的基本税率，9%和 13.5%的低税率，4.8%的超低税率，13.5%的中间税率，通常出口商品劳务适用零税率[①]。

2. 增值税免税与零税率的比较

（1）免税。免税是指对企业主从事某些特定的生产经营活动所获得的销售收入或报酬，及对某些进口行为不征增值税，但该企业主为生产经营免税项目而购进的商品、劳务的已纳

[①] European Union. VAT Rates Applied in EU Member Countries. https://europa.eu/youreurope/business/taxation/vat/vat-rules-rates/index_en.htm#shortcut-7.

增值税是不准予抵扣的。

免税的设计主要是出于三点考虑：某些商品和劳务是应予以支持鼓励的，因此免税；免税项目能起到改善增值税累退性的作用；有些商品和劳务征税困难，从管理的角度看应对其免税。

各国增值税中免税项目的类型有如下。

①采用列举法。在税法中一一列举予以免税的项目。荷兰、西班牙、匈牙利、加拿大、印度尼西亚、菲律宾、韩国等大多数国家和地区都采用这一方法。各国列举的免税项目主要有不动产、企业转让、金融交易、通信与运输等。

②按营业额确定免税界限。在税法中规定一个限额，对未超过该限额的纳税人一律免税，而对达到或超过限额的纳税人，则全额征税，实际是规定了起征点。

③以业务范围确定免税项目。采用这种办法的主要是土耳其。土耳其税法规定，适用免税的交易有供应用于文化、体育、教育、娱乐、科学、社会和军事的商品与劳务，及某些其他免税品。

欧盟批准的免税项目十分有限，主要包括出口、邮政服务、教育卫生事业及与教育卫生事业有关的产品、慈善事业、文化事业、赌博、土地提供、金融服务以及不动产租赁等。

（2）零税率。提供的商品和劳务不再含增值税。对企业主免征增值税并且允许抵扣进项税额。

零税率是增值税的一大特色，世界上第一个使用零税率的国家是荷兰。

3. 增值税税率设计的基本经验

（1）税率要少。实行单一税率、对出口商品和劳务实行零税率，同时限制免税项目，这种观点和做法在增值税实施较成功的国家占绝对主流。

（2）基本税率要适度。基本税率的确定既要考虑国家财政的需要，也要考虑消费者的负担能力。

（3）高税率和低税率的设置应尽量放在商品销售的最后阶段，即最终进入消费的阶段。

（三）增值税的计税依据

通常，增值税的计税依据为纳税人销售货物和提供劳动取得的全部价款和各种费用，具体包括：商品和劳务的销售额、关税和各种税额、各种收费（包括代理商佣金、包装费、运输费、保险费等）。一些特殊情况的计税依据有特殊的处理方式，如下。

1. 视同销售行为

视同销售一般包括纳税人自我供应和私人使用两种情况。

各国税法一般都明确规定，商品的自我供应和私人使用应该征税。货物的计税依据是同样货物的市场购买价格，如无可比市场价，则按组成计税价格确定。劳务的计税依据是使用此项劳务而发生的有关费用总额。

由于自我供给劳务难以把握，多数国家对自我供应劳务不征税。但也有国家比照第三者提供劳务时应有的价格征税，如比利时、西班牙、葡萄牙、爱尔兰、丹麦等国家。

2. 折扣的税务处理

折扣形式分为无条件折扣、即时支付的折扣和有条件的折扣。

典型的无条件折扣：当商品在甩卖时，只要购买商品就给予折扣，折扣在买卖成交时就做出。多数国家以折扣价作为计税依据。

即时支付的折扣：商人为了鼓励顾客能在 28 天之内付款，从而提供某种程度的折扣。由于折扣是购货时给予的，如顾客接受，多数国家以折扣价作为计税依据；如未被接受，以全价为计税依据。

有条件折扣：对顾客提供折扣后还附加一定的要求，如顾客要得到折价优惠就必须继续购买一定数量的商品等。多数国家的计税依据是全价。

3. 以旧换新的税务处理

以旧换新是市场条件下典型的促销方式。各国处理方式如下。

（1）按全部报酬征税。如支付购买新货的价款时，一部分用现金，一部分用旧货折价支付，则以全部报酬作为计税依据。

（2）按差额征税。折价的旧商品价值不构成增值税的计税依据，仅以新商品销价与旧商品折价的差额作为计税依据。

（3）视同两笔交易。把销售新商品和收购旧商品看作两笔交易，按新商品价款和旧商品折旧确定计税依据。

4. 旧货的税务处理

（1）按全部销售额征税，以销售价为计税依据。

（2）按购销差价征税。

（3）规定特别税率。

在荷兰，非免税企业出售旧货要缴增值税，拍卖古董、艺术品、铸币和邮票按低税率9%征税。

有些国家还同时采取两种方法，如英国、丹麦、葡萄牙、比利时等。

（四）增值税的计税方法和税款抵扣制度

1. 增值税的计税方法

（1）税基列举法，也称"加法"，把企业在计算期内实现的各项增值项目相加，求出全部增值额，然后再依税率计算增值税。增值项目包括工资、奖金、利润、利息、租金以及其他增值项目。这种加法只是一种理论意义上的方法，实际应用的可能性很小，甚至不可能应用。这是因为：由于企业实行的财务会计制度不同，致使确定增值项目与非增值项目的标准也不尽相同，在实际工作中容易造成争执，难于执行。增值额本身就是一个比较模糊的概念，很难准确计算。如企业支付的各种罚款、没收的财物或接收的捐赠等是否属于增值额有时难以确定。

（2）税基相减法，也称"减法"，即从一定期间内的商品和劳务销售收入中减去同期应扣除的项目作为增值额。以企业在计算期内实现的应税货物或劳务的全部销售额减去规定的外购项目金额以后的余额作为增值额，然后再依税率计算增值税，这种方法又叫扣额法。当采取购进扣额法时，该计算方法同扣税法没有什么区别，但必须有一个前提条件，即只有在采用一档税率的情况下，这种计算方法才具有实际意义，如要实行多档税率的增值税制度，则不能采用这种方法计税。

（3）税额扣减法，也称"扣税法"，指不直接根据增值额计算增值税，而是首先计算出应税货物的整体税负，然后从整体税负中扣除法定的外购项目已纳税款。由于这种方法是以外购项目的实际已纳税额为依据，所以又叫购进扣税法或发票扣税法。这种方法简便易行，计算准确，既适用于单一税率，又适用于多档税率，因此，是实行增值税的国家广泛采用的计税方法。

2. 增值税税款的抵扣制度

（1）发票法

依据发票注明的税款抵扣，欧盟国家普遍使用发票法进行增值税已纳税款的扣除。优点是计算简便，会形成纳税人之间自动钩稽效应。

缺点是易出现偷税漏税。

（2）账簿法

增值税的计算以账簿记录为依据，可抵扣的进项税额和销项税额的多少不与发票直接挂钩，发票只是作为记账的原始凭证，优点是纳税人不可能通过伪造假发票骗取抵扣款或多得退税，税务机关也容易通过账簿记录进行审计，了解纳税人的行为。缺点是计算复杂，难以形成自动监督的机制，不利于纳税人健全会计制度。

（五）增值税的征管方法

增值税的征管办法主要根据企业规模的大小和财务管理水平来确定。规模较大、账目比较健全的企业，一般采取自行填送纳税申报表并由税务机关加以审核的课征方法；规模较小、账目不健全的企业，实行定额课征的方法。

（六）增值税与其他商品劳务税的配合模式

增值税与其他商品劳务税的配合共有三种模式。

1. 交叉征收模式

交叉征收模式是在对商品或劳务普遍征收增值税的基础上，再选择一部分商品或劳务征收消费税或货物税。增值税起普遍调节作用，保持经济中性和取得财政收入；选择性商品劳务税体现社会政策和经济政策，起特殊调节作用。增值税与其他商品劳务税交叉征收，一般采用相同的税源，相同的或不同的计税依据、纳税环节。

2. 并行征收模式

并行征收模式是指只对一部分商品和劳务征收增值税，对另一部分商品和劳务征收其他税。征收增值税的商品和劳务不再征收其他商品劳务税；征收其他商品劳务税的也不再征增值税，互不交叉，税不重征。如德国对征收不动产转让税、赌博税、保险税的品目不再征收增值税。

3. 限定模式

限定模式是指对某些商品或劳务既征收增值税，又同时征收其他商品劳务税，在征收

增值税的情况下其他商品劳务税征税额固定为一个数额。例如意大利的不动产转让按 8%
缴注册税，若缴增值税，则定额收取注册税。

第二节　法国增值税

法国增值税指法国政府对所有经济活动课征的一种流转税，是消费者在法国消费的所
有商品和服务都需要缴纳的一种间接税。法国增值税始征于 1954 年，用以代替多阶段重
复课征的营业税。法国是国际上第一个开征增值税的国家，自正式实行增值税以来，已作
过多次修改完善。且为了在欧盟成员国内打造一个单一市场，自1967 年起，欧盟成员国就
开始在本国税法中执行欧盟法律，在成员国间增值税的征税范围、税基、纳税义务、商品
服务供应地域、申报要求都逐渐趋于一致。成员国可以在税率、豁免和扣除项目上有一些
过渡性条款。

在法国，除了一些特例，商品的销售、服务都需要缴纳增值税。

一、纳税人

法国的增值税纳税人是指独立地、经常或偶然地从事一种或多种应纳增值税的交易活
动的所有人员，不论其法律身份或性质以及在其他税收中的地位。

二、征税对象

商业、工业、手工业、自由职业的活动，符合如下要求的都需要缴纳增值税。

（1）性质上属于商品的供应，服务的提供，从欧盟成员国购置的商品或服务，买方付
费、属于征税的经济活动，为法人或自然人经常性独立提供的经营活动。

（2）法律要求征税的商品服务供应，进口商品服务，商品服务的自我供应、过去五年
以内完工的建筑物的转让。

1. 纳税人选择性的征税活动

有的法人或自然人不负有增值税纳税义务，可以选择对其交易收取增值税，包括工业
和商业用的不带装修的建筑物租赁，通常符合增值税豁免要求的公司可选择缴纳增值税，
地方政府提供的某些服务、地区政府销售建筑物，不负有增值税缴纳义务的农场主，这类
在法国发生的交易都可选择缴纳增值税。

2. 不征收增值税的交易

商品的出口、向欧盟成员国进行的商品供应。

3. 进口产品的增值税

进口产品的增值税在进口产品进入法国领土，在海关清关时需要向海关缴纳增值税，
外国产品与法国产品适用同样的增值税税率。自 2015 年 1 月 1 日起，商业经营者可以使
用单一国内清关程序，选择把进口交易需要缴纳的增值税汇入法国税务局，与营业额一同
申报并缴纳。

纳税人从其他欧盟成员国购置的商品服务，需要在自己的普通增值税纳税申报中和其他应税交易一起进行申报，这个条款适用于法国本土、科西嘉、法属摩纳哥、法属海域和大陆架、法国海外领地留尼旺、马提尼克、瓜德罗普。但三个法国海外领地的商品服务卖到法国本土视同从第三方国家出口。增值税暂时不适用于法属圭亚那、马约特岛。

位于法国的实物商品供应视为在法国制造的商品，包括下列情形。

（1）买方提货，卖方发货给买方，代表买方或卖方利益的第三方把货交给买方，卖方或卖方的代表安装或组装商品后，无须运送商品，买方就能拿到商品或发货后商品到达另一国，这些情形下商品就视为在法国制造。

（2）欧盟成员国，通过轮船、飞机或火车发货，服务提供地视作在法国，若客户在服务提供地注册登记或有常设机构，或居住地或常住地在法国，需要缴纳增值税。

增值税在商品供应或服务提供时征收，同时满足下列条件：处于经济活动中，出于价值考虑，有纳税义务的人，即法人或自然人独立开展的交易属于增值税征税范围。

公共法律监管下的法人实体，即公共部门从事的活动不属于增值税征税范围，除非不纳税会引发竞争的扭曲。

增值税税收豁免包括：教育，医疗或辅助医疗活动、医院看护和医疗处置费用，公益机构，保险、再保险或相关服务的提供，一些银行业务（放贷和贷款协议、放贷者的信贷管理、责任的协议和承担，担保和其他形式的保证利益、放贷方信贷担保的管理）。

一些增值税豁免的活动可以选择自愿纳税，如欠发达地区用于商业用途的不动产出租，农村财产出租，银行和金融业务等。

三、征收方式

增值税包含在商品服务的价格中，由消费者负担。每一个中间商（生产厂家、零售商等）从客户那里收取增值税，扣除付给供应商的进项税额，就余额缴纳给所在地的税务局。增值税是对增值额征收的一种税，商品或服务在每一个生产或流转阶段所增加的价值都要缴纳增值税，在商品或服务到达消费者手中时，整个税负就落在向消费者收取的最后销售价格里。

四、税基

商品的供应、货物的提供和欧盟成员内商品服务的获取构成了征税的税基，具体包括商品供应商或服务提供方在交易中从买方、客户或第三方获得的所有价款、利益、补贴。而且，税基不仅包括价格，还包括增值税之外的所有其他国内税、关税及其他费用（包括运输费、保险费、包装费等）。增值税应税价格不包括价格减免（如直接给予客户的现金折扣、回扣等）或中间商代表货主发生的费用的返还。中间商有责任把这个费用记入账簿的暂记账户，并向税务局说明这笔费用的性质和具体金额。

进口产品的税基是指符合欧盟法令的关税法定义的价值。

当应税事项发生时，国内商品和服务的税基包括关税、国内税、收费，不包括折扣、减收和其他扣除，包括抵达目的地的各种价外费用（佣金、包装费、运费、保险费）和运输到欧盟内另一地点的费用。

前一个纳税年度纳税人的营业额没有超过如下数额的，则无须缴纳增值税。

（1）商品供应、堂食食物饮品销售或住宿服务不含增值税的营业额低于82 800欧元，若之前一年没超过82 800欧元，前一年营业额低于90 000欧元，就不需缴纳增值税。

（2）其他行业不含增值税的营业额不超过33 200欧元，若之前一年没超过33 200欧元，前一年营业额低于35 200欧元，就不需缴纳增值税。

（3）其他情况的特殊规定，作家、艺术家、表演者、律师不含增值税的营业额不超过42 900欧元不需要缴纳增值税[1]。

符合税收豁免条件的纳税人可以选择缴纳增值税，进而可以进行进项税额的抵扣。

五、税率

税率分为基本税率、中间税率、低税率、超低税率四种。

（1）基本税率为20%，适用于所有未获豁免的、不适用中间税率、低税率和特别税率的商品服务交易。

（2）10%的低税率适用于乘客运输、表演、游戏和娱乐活动、面向个人的一些服务、社保不资助的药品、旅馆住宿服务、带家具的公寓房、分类营地、餐厅等现场消费的食物和饮料（不包括学校食堂）、不用于人食用的初级农产品、水产品、家禽等农产品、有机农业中使用的产品、新的中等收入阶层的社会福利房，还适用于两年以上房龄的住宅的维护、改造、修缮工程，但不包含一些大型设备的供应。

（3）5.5%的低税率适用如下商品和服务：水、非酒类饮料、人吃的食物；残疾人专用器材、残疾人专用运动器材、女性卫生用品；低压电、热力、燃气的供应合同，热力供应中至少50%来自可再生能源；养老院住房、残疾人住房、为健康状况不佳人员提供的服务；通过各种媒介提供的书籍，如下载、展销等方式，不包括在普通场所提供书籍的服务；电影票、非商业性的电影节上放映电影的门票；艺术家或艺术品继承人提供的艺术品、进口或从欧盟其他成员国购入的古董、艺术品、收藏品；两年以上房龄住宅的能源修缮工程；社会福利房的提供、建造、修缮工程；运动赛事举办方收取的参与费。

（4）特别税率2.1%适用于印刷品、线上出版物、社保部门补助的药品。科西嘉和法国海外领土留尼旺、马提尼克、瓜德罗普采用2.1%的特别税率[1]。

六、增值税的计算

为计算到底需要缴纳多少增值税，纳税人从应税营业额中应缴的增值税中扣除购进商品服务的进项增值税税款。

（一）增值税销项税额

增值税销项税额＝不含增值税的商品销售额或服务营业额×适用税率。

（二）增值税进项税额

除了明文规定的不能抵扣的住宿开支、乘客交通费外，纳税人为开展经营活动采购的

---

① Ministry of Economy. Overview of French Tax System. https://www.impots.gouv.fr/portail/international_en?l=en.

商品服务支付的购置费、间接费用、资本支出负担的增值税，或外贸交易虽然不需要缴纳增值税但可以抵扣的进项税额，都可以从增值税销项税额中扣除。

纳税人自行计算需要缴纳的增值税，如果增值税销项税额小于进项税额，可以要求税务部门给予税收返还，但通常是从以后的应纳税额中进行扣除。

其他国家的纳税人在一定情况下可以要求返还从法国购进的商品服务负担的增值税税款。

七、纳税人的职责

增值税纳税人需要承担以下职责。

（1）报告经营活动进行现状、性质或终止情况。

（2）保留有相应的凭证或特别分类账的分项账簿。

（3）开具增值税发票，列明不含增值税的价格、税率、增值税税额和卖方的增值税识别号，在某些欧盟成员国内交易，还需提供买方的增值税识别号。

（4）根据年应纳增值税税额的规模，按月或按季度进行营业额申报。

根据年应纳增值税税额的规模，按月或按季度进行营业额申报。按月申报的，纳税申报截止日期为次月的 19 日（对于欧洲公司）或 22 日（对于非欧洲公司）。年度增值税低于 4 000 欧元的纳税人按季度申报，按季度申报纳税的截止时间是次月的 19 日（对于欧洲公司）或 22 日（对于非欧洲公司）。

法国对迟交增值税的处罚:罚款为所欠增值税税款的 0.2%～5%，对持续延误的罚款会增加到所欠税款的 80%。

2015 年 1 月 1 日起，进口环节的增值税采纳了逆向征收的程序。允许纳税人进口交易向国内税务机构申报，从整个营业额需要缴纳的增值税中扣除进口环节需要缴纳的增值税，不需要向海关进行进口货物增值税的申报缴纳。

最初，逆向征收的程序只适用于位于欧盟内的增值税纳税人，且有权采用唯一居住地清关程序，以及欧盟之外的纳税人，其报关代表有唯一居住地清关程序授权。从 2017 年 1 月 1 日起，一个授权程序取代了过去的选择性程序，取消了非欧盟进口商报关代表的唯一居住地清关程序授权要求。授权的经济运营商身份的纳税人和不具有授权的经济运营商身份但能提供类似担保的纳税人进口环节的增值税都可采取逆向征收的程序。

豁免增值税的纳税人如下责任得以免除：出于统计和税收目的要求的特定的欧盟内交易填列商品服务的欧洲销售清单，自愿在向商业税务局进行营业额申报时缴纳税款或提前进行税款的分期缴纳。一些活动，如银行和金融服务、黄金投资交易、旅行社等，实施特殊的增值税规定。

第三节　新西兰增值税

商品服务税（goods and services tax，GST）是新西兰的增值税，对在新西兰境内提供商品和劳务，以及进口商品和劳务所征的税。

新西兰增值税被国际税收专家称为现代型增值税。

新西兰第四劳工党领导的政府于 1986 年 10 月 1 日起对大多数商品和服务实行税率为 10% 的商品服务税。商品服务销售税是新西兰工党财政部长罗杰·道格拉斯（Rodger Douglas）发起的经济改革的一部分，商品服务税是在对个人所得税税率进行补偿时实行的。

新西兰商品服务税旨在成为一个征税范围广泛的税收制度，很少有豁免。存在的例外情况包括对出租住宅收取的租金、捐款、贵金属和金融服务。

消费者负担了所购买商品和服务的商品服务税，因为商品和服务的购买价格中包含商品服务税。

一、纳税人

纳税人指提供商品服务税应税商品和劳务并注册登记的人。注册登记类型有两种。

一是强制注册登记，从事应税行为的实体组织符合如下两个条件之一，就必须注册登记为商品服务税纳税人。

（1）从事应税活动，营业额在过去 12 个月内达到 60 000 新西兰元或预计未来 12 个月会达到 60 000 新西兰元。

（2）从事应税行为，在销售商品提供服务时在价格之外收取商品服务税。

二是自愿注册登记，从事应税行为的实体组织不符合强制注册登记的两个条件，可自愿选择是否注册登记为商品服务税的纳税人。

注册登记为商品服务税纳税人后需要履行的职责如下，向客户收取商品服务税，进行商品服务税申报，向税务局缴纳应纳商品服务税，保留商品服务税记录。

有分支机构的法人，可以选择注册为一个商品服务税纳税人，也可以选择分别注册为商品服务税的纳税人。非营利组织、协会或机构，可以作出如下选择之一，注册为一个商品服务税纳税人，或各分支机构分别注册为不同的商品服务税纳税人，但各分支机构需要位于不同地点或从事不同的经营活动。各分支机构需要进行商品劳务税纳税人的注册登记，保留各自的账户系统，从事经营活动。如果企业有分支机构，需要把所有分支机构的营业额加总起来以判断是否需要注册登记为商品服务税的纳税人。各分支机构若选择分别注册为商品劳务税纳税人，就会得到各自的商品服务税税号，并在这个税号下开具商品服务税发票，分别进行商品服务税的申报，保留各自的商品服务税记录。

商品服务税集团。一些实体组织有着共同的所有权或控制权，可以注册登记为商品服务税集团，从而减少集团成员的纳税遵从成本。

代理人或代表。代理人或代表为下列人承担税收职责：死亡的人，失能的人，进入接管、清算或破产阶段的人。若代理人或代表被指定为商品劳务税集团的代理人或代表，集团的成员不受影响。代理人或代表可以是个人的代表、清算人、接管人、抵押权所有人等。代理人或代表在被指定的 21 天之后，需要知会税务局。代理人或代表被指定后，就有权开展所代理人或代表人的商品服务税活动，履行其商品服务税职责，对其商品服务税欠款负责。

二、征税对象

商品服务税的征税范围指所有的应税商品和劳务。商品包括除货币以外的各种类型的动产和不动产；劳务包括各种类型的劳务，如维修电视、医生服务、园艺等。

购买的有些商品不需要在价格之外负担商品劳务税，如非经营用私人财产的销售，非商品服务税纳税人销售的商品服务。不需要缴纳商品服务税的商品服务包括：金融服务（如贷款利息或银行费用），由非营利性组织销售的受赠商品服务，私人住宅的租金、罚息。不需缴纳商品服务税的商品服务的销售额不需要在商品服务税中申报，也不能要求返还免税商品服务相关的进项税额。

从 2019 年起从国外购买的 1 000 新西兰元以下的小额货物需要缴纳商品劳务税。

三、税率

自新西兰商品服务税实施以来，税率增加了两次，分别是 1989 年 7 月 1 日，税率增至 12.5%，2010 年 10 月 1 日，税率又增至 15%。

从 2010 年 10 月 1 日起生效的现行商品服务税税率为 15%，如表 6-1 所示。

表 6-1 新西兰的商品服务税税率

标准税率	15%	多数商品和劳务
零税率	0%	出口商品和劳务；转让企业（买卖企业且不改变经营范围）；土地销售

数据来源：新西兰税务局. What GST is. https://www.ird.govt.nz/gst/what-gst-is.

四、商品服务税的计算

注册为商品服务税纳税人的组织和个人只根据销售商品服务收取的商品服务税和购买商品服务所负担的商品服务税之间的差额来支付商品服务税（纳税人根据自己销售的商品服务和购买商品服务之间的商品服务税差额来支付商品服务税，即销项税减去进项税）。这是通过定期（通常每两个月一次）核对销售商品服务收到的商品服务税和购买商品服务支付的商品服务税来实现的。一些有资格的公司可选择一个月为一期或者六个月为一期。如果销售所收取的商品服务税大于支付的商品服务税，则向税务局支付商品服务税，如果购买支付的商品服务税高于销售收取的商品服务税，则从税务局获得税款的返还。

从新西兰出口商品和服务的企业有权对其产品实行"零税率"，即企业对出口商品和服务收取的商品服务税税率为0。这使得企业可以收回购买商品服务时负担的商品服务税，使最终非新西兰的消费者不需缴纳商品服务税。生产免税商品的企业不能收回购买商品服务所负担的商品服务税。

由于企业收回了所负担的商品服务税，所以包含商品服务税的价格通常与现金流问题无关，也与企业购买决策无关。因此，批发商往往报价时报的是不含商品服务税的价格，但在销售时必须收取包含商品服务税的全部价格，并将所收取的商品服务税缴纳给税务局。

五、纳税申报

商品服务税纳税人需要定期进行申报。申报的频次根据纳税人的销售额大小而定。纳税人在注册登记为商品服务税纳税人时选定申报频次，如表 6-2 所示。

表 6-2　新西兰商品服务税纳税人的税款申报频次

申报频次	申报资格要求	适用的客户
按月申报	任何纳税人，如果销售额在任一 12 个月内超过 2 400 万新西兰元，对商品服务税集团是整个集团销售额在任一 12 个月内超过 2 400 万新西兰元	愿意定期得到商品服务税返还的客户
每 2 个月申报一次	任何纳税人，如果销售额在任一 12 个月内超过 2 400 万新西兰元，对商品服务税集团是整个集团销售额在任一 12 个月内超过 2 400 万新西兰元	认为定期申报有助于在文书工作中保持主动的客户
每 6 个月申报一次	任何纳税人，如果销售额在任一 12 个月内超过 50 万新西兰元，对商品服务税集团是整个集团销售额在任一 12 个月内超过 50 万新西兰元	销售和购进都较少的客户，只需要一年申报两次，但一次报 6 个月的销售和购进，工作量不小

数据来源：新西兰税务局. Choosing Your GST Filing Frequency. https://www.ird.govt.nz/gst/registering-for-gst/choosing-your-gst-filing-frequency.

记账基础是指商品服务税报告的方式，表 6-3 显示了在商品服务税申报表中需要展示的收取的商品服务税和负担的商品服务税。在注册登记为商品服务税纳税人的时候就需要选择记账基础。

表 6-3　新西兰商品服务税纳税人的记账基础

记账基础	资格要求	职责
支付方式	总销售额在过去 12 个月内低于 200 万新西兰元，预计未来 12 个月总销售额低于 200 万新西兰元	在商品服务税申报表中列明申报期内商品服务税纳税人从客户收到的金额，向客户支付的金额
发票	任何人	在商品服务税申报表中列明商品服务税纳税人向客户开具的发票金额，即便没有收到价款。若发票还未开具，客户已经付款，申报中也需把这部分金额计入。列明商品服务税纳税人从供应商收到的发票金额，即使还未付款。如果已付款，但发票未收到，需要在收到发票后才能申请税收返还
混合方式	任何人，因过于复杂使用较少	根据发票金额计算销售额，使用付款金额计算开支

数据来源：新西兰税务局. Choosing Your GST Accounting Basis. https://www.ird.govt.nz/gst/registering-for-gst/choosing-your-gst-accounting-basis.

纳税人在进行商品服务税申报时就需要缴纳商品服务税，通常是应税期满后的下个月的 28 日。如纳税期满时为 5 月 31 日，需要在 6 月 28 日前缴纳税款。但有两个例外，纳税期满时为 3 月 31 日需要在 5 月 7 日前缴纳税款，纳税期满时为 11 月 30 日需要在下一年 1 月 15 日前缴纳税款。

若没有按期纳税需要缴纳滞纳金和罚款。

六、发票管理

商品服务税纳税人销售应税商品服务需要开具发票。

在应税活动中购买价值在 50 新西兰元以上的商品服务，要获得税收返还，必须取得发票。新西兰有以下几种开票形式。

（1）买方开具税收发票。有时，买方比卖方开具税收发票更为便利，但买方需要申请开具发票的许可。

（2）修正的税收发票。卖方有时不能满足税务部门所要求的开具发票的条件，这时可以申请开具修正的税收发票。

（3）共享税收发票。有时两个或两个以上的卖方可以合开一张发票给买方。

（4）多种货物的税收发票。纳税人向同一个买方销售多种商品服务，可以只开一张发票。

（5）代理人开具税收发票。代理人在代表客户销售或购买商品服务时，可以开具发票或取得发票。

（6）贷记票和借记票。若开具发票后或进行商品劳务税申报后，商品服务的价格发生变动时，纳税人需要开具贷记票或借记票。

第四节　英国增值税

1972 年 7 月，英国通过了实行增值税制度的法案，1973 年 4 月该法案正式生效，取代了以前的购买税（purchase tax）和选择性就业税（selective employment tax）。英国的增值税是对消费品和劳务课征的一种间接税，通常由最终消费者负担。

一、纳税人

英国增值税的纳税人是指供应货物或想要供应货物的人，同时也应是按照法令办理纳税登记的人，包括个人、合伙企业、社团或公司，集团公司或同一公司所属的一些部门也可以注册登记成同一纳税人合并纳税。特殊群体如农民和渔民等，有可能免于注册登记而不成为增值税纳税人。

注册登记是英国增值税制度管理的基础。英国现行制度规定，如果在过去的 12 个月内，营业额达到 85 000 英镑或者预计年营业额会很快超过这个数额的人都必须进行增值税注册登记。还有一种情况是让纳税人自行决定是否注册登记，某人销售或打算销售应税商品，由于不符合上述最低营业限额的规定，可以不登记。但是由于该人的竞争对手是已注册登记的纳税人或者他的客户是增值税纳税人，需要增值税发票，而英国增值税制度规定，只有注册登记的纳税人才能开具增值税发票，因此，为了避免在竞争上处于不利地位，该人也可注册登记成为增值税的纳税人。

二、征税对象

英国增值税的征税对象包括：商品服务的销售、物品租赁、销售经营用资产；佣金、向员工销售商品服务（如员工食堂的餐饮服务）、经营性商品的个人使用、非直接销售（如以货易货、半送半卖）。

免税项目包括：保险、金融、信贷；教育和培训；慈善机构筹集善款的活动；会员组织的会员费；商业用地和商业建筑的销售、租赁（该项豁免可放弃）、邮票和邮寄服务；医生提供的健康服务等。

企业只销售免税的商品服务属于免税企业，免税企业不需要进行增值税的注册登记，不能进行购进商品服务的进项税额的抵扣。如果企业主要销售或只销售零税率的商品服务，可以申请免于增值税的注册登记，也就不能进行进项数额的抵扣。

企业若购进一些免税商品，企业就属于部分免税，这称为进项税豁免。不能取得进项税额的返还，但如果豁免的进项税额低于一定额度，可以得到全额返还。

部分免税企业的非经营性使用，企业购买的商品服务如果不用于经营活动则不能获得进项税额的返还。若企业属于部分免税，购买的商品服务中负担的进项税额需要在经营用部分和非经营用部分进行分割，经营用部分的进项税额可获得返还。

企业若为部分免税，需要保有相应的记录。企业同时提供应税商品服务和免税商品服务，需要分别记录免税的营业额、应税的营业额，并计算可返还的进项税额。

土地和建筑物，如果企业销售、出租商业用地或商业建筑物，可以选择放弃免税，按标准税率收取增值税，这称为土地和建筑物的选择性增值税。这时就可以获得相应的进项税额的返还。

资本性资产的购置或创建。

若纳税人购置或创建了一项价值高昂的资本性资产，可以使用资本性商品项目来计算未来年份中可以获得的进项税额的返还。

资本性资产购置或创建中的净增值税为如下额度。

（1）土地、建筑或土木工程项目的净增值税在 250 000 英镑及以上。

（2）计算机或计算机设备的净增值税在 50 000 英镑及以上。

（3）飞机、船舶或其他超大型轮船的净增值税在 50 000 英镑及以上。

若是企业拥有的资产用于提供应税商品服务，根据资产使用程度在未来 5～10 年需要调整可返还的增值税。如果资产提供的应税商品服务比例提高，可以获得更多的增值税返还，如果资产提供的应税商品服务比例下降，可以获得的增值税返还额也要相应调减。

一些商品服务不属于增值税的征税范围，如英国之外购买并使用的商品服务；法定收费，如伦敦拥堵费；出于兴趣爱好销售的商品，如销售收藏的邮票；向慈善机构的无偿捐赠。

三、税基

增值税的计税依据是不含增值税的价款。

20%标准税率的商品劳务含税的价格 = 不含税价格 × 1.2

5%低税率的商品劳务含税的价格 = 不含税价格 × 1.05

四、税率

英国现行增值税税率分为三档，第一档是标准税率 20%，第二档是低税率 5%，第三档是零税率。

大多数商品和服务适用 20%的标准税率。

5%的低税率适用于家庭燃料或电力、机动车内的儿童座椅，60 岁以上老年人安装在家中的移动辅助器材等。

零税率适用于报刊书籍；儿童衣物鞋品；电动车头盔；从北爱尔兰向非增值税注册纳税人的欧盟客户销售的商品，且在远程销售起征点之下，若超过起征点，就需要在客户所在国进行增值税注册登记；商品服务从英格兰、苏格兰和北爱尔兰出口到英国之外的国家，商品服务从北爱尔兰出口到欧盟之外的国家。

英国商品从北爱尔兰销售到欧盟的注册增值税纳税企业，都需要检视增值税税号的有效性。如果纳税人从北爱尔兰向欧盟销售货物，需要欧盟客户的增值税税号和书面证明证实该批活动在一定时期内送到（通常为 3 个月）。

五、增值税的计算

销售商品服务收取的销项税额减去准予抵扣的购进商品服务的进项税额，差额大于 0，需要向英国税务海关总署缴纳税款，差额小于 0，可以获得税款的返还。

六、纳税申报

通常，增值税纳税人需要按照会计年度向英国税务海关总署申报缴纳税款，一年 4 次，如表 6-4 所示。

表 6-4　英国增值税纳税人一年申报 4 次的安排方式

安排	1/4 年度的结束时间	参照年度	每一纳税年度的起始月份
1	3 月、6 月、9 月、12 月	于 9 月结束	次年 4 月
2	4 月、7 月、10 月、次年 1 月	于 10 月结束	次年 5 月
3	5 月、8 月、11 月、次年 2 月	于 11 月结束	次年 6 月

数据来源：英国政府网. VAT Payments on Account. https://www.gov.uk/guidance/vat-payments-on-account.

如果纳税人属于第一种安排，就根据结束于 2018 年 9 月的参考年份的增值税缴纳情况来确定 2019 年 4 月—2020 年 3 月中 4 次分别要预先缴纳的增值税税款，每次按参考年份增值税的 25%预缴。

依照会计年度缴纳增值税的期限是每三个月期满后的第二个月和第三个月的最后一个工作日，如果不按期缴纳税款，英国税务海关总署会根据法律收取罚款。

纳税人也可以选择按月申报缴纳增值税。一旦选择按月申报缴纳，持续时间至少一年。如果企业按月申报缴纳增值税，且采取电子支付方式，期满后可以延迟 7 天进行增值税的申报缴纳，每次按参考年份增值税缴纳情况的 10%支付增值税税款，新办企业按预估税款的 10%支付增值税税款。企业可以选择不提交增值税的月申报表就进行增值税的缴纳。如 2 月底缴纳的税款事实上属于 1 月的应纳税款。

如果纳税人一年的增值税应税营业额低于 135 万英镑，可以申请加入年报账项目，这样就可以根据前一年的营业额预付增值税税款，若是新办企业就根据预估的营业额预付增值税税款，一年只需要进行一次增值税申报。

从 2019 年 4 月 1 日起，所有纳税人都要保留数字增值税记录，使用软件进行增值税的申报。进行纳税申报时，若预付的增值税款与实际的增值税额间的差额大于 0，就补齐差额，若小于 0，就申请税款的返还。若纳税人经常性地需要申请增值税的返还，就不是很适用于年报账项目，因为这个项目只能在进行增值税申报时得到一年一次的增值税税款的返还。

按年进行增值税纳税申报时，会计年度结束后 2 月内需要进行增值税的申报缴纳。

英国增值税的纳税期限如表 6-5 所示。

表 6-5　英国增值税的纳税期限

支付方式	纳税期限
按月支付	4 月、5 月、6 月、7 月、8 月、9 月、10 月、11 月和 12 月的各月月底
每 3 个月一付	4 月、7 月和 10 月的各月月底
每年一付	12 个月满后的 2 个月内

数据来源：英国政府网，Return and Payment Deadlines，https://www.gov.uk/vat-annual-accounting-scheme/return-and-payment-deadlines.

若英国税务海关署没有在截止日期前收到纳税人的增值税纳税申报，或没有在截止日期前收到应纳增值税税款，会认定纳税人存在违法行为。

纳税人违法后就进入 12 个月的附加费收费期，若在此期间纳税人再次违法，附加费收费期会延长 12 个月。附加费是在纳税人所欠增值税税款基础上加收的罚款。

如果纳税人只是延迟进行纳税申报，但已经在截止日期前足额缴纳了增值税，或无须纳税，或可以得到税收返还，不需要缴纳附加费。

附加费按照会计年度内所欠增值税税款的一定比例缴纳。在附加费收费期若再次违法，每多违一次法，附加费的费率就会相应提高。第一次违法纳税人不需要缴纳附加费。如表 6-6 所示。

表 6-6　增值税附加费的收费率

12 个月内的违法次数	年营业额在 150 000 英镑以下适用的附加费费率	年营业额在 150 000 英镑及以上适用的附加费费率
第二次	不收附加费	2%（如果营业额在 400 英镑以下，不收附加费）
第三次	2%（如果营业额在 400 英镑以下，不收附加费）	5%（如果营业额在 400 英镑以下，不收附加费）
第四次	5%如果营业额在 400 英镑以下，不收附加费）	10%或 30 英镑（取大值）
第五次	10%或 30 英镑（取大值）	15%或 30 英镑（取大值）
第六次及以上	15%或 30 英镑（取大值）	15%或 30 英镑（取大值）

数据来源：英国政府网. Surcharge and Penalties. https://www.gov.uk/vat-returns/surcharges-and-penalties.

若纳税人纳税申报不准确，不管是无心所致还是故意造成的，会按少报的应纳税款，或多报的退税款，由英国税务海关总署向纳税人收取 100%的罚款。

若英国税务海关总署通知纳税人应纳的税款额度过低，纳税人没有在 30 日内告知英国税务海关总署税款额度算错了，会被处以应纳税款的 30%的罚款。

如果英国海关税务总署没有通知纳税人可以不在线进行增值税纳税申报或可以不制作税务数字兼容软件，纳税人进行增值税的纸质纳税申报，会被处以 400 英镑的罚款。

第五节　比较与借鉴

一、外国增值税的特点

国际增值税专家将增值税划分为三种类型。

（一）不完整型增值税

不完整型增值税指尚处在改革进程中的增值税。

（二）欧盟型增值税

欧盟型增值税指通过欧盟发布指令，确立共同运行规则，使增值税能在欧盟各国间共同运行。欧盟增值税有如下特点。

（1）增值税是欧盟各成员国的重要税种之一，其收入约占欧盟税收总收入的 20%。

（2）在欧洲的税制中，开征增值税是申请加入欧盟的必要条件，因为成员国要通过增值税向共同体的财政提供一定的资金。

（3）在实践中，欧盟的增值税也是世界各国的典范。

此外，欧盟委员会还发布了许多指令，对增值税做出基本规定，促进增值税的规范化和在欧盟内部的一体化。其中，欧盟委员会的第六号指令被称为是成员国共同的增值税法，规定了以下内容。

（1）欧盟委员会第六号指令明确规定了增值税纳税人，是指在任何地方独立地从事下列活动的人：①生产活动；②商业活动；③劳务活动；④矿物开采和农业生产活动；⑤自营职业者的活动；⑥以赢利为目标，对有形资产和无形资的开发活动。指令还规定，国家、地区和地方当局以及按公法管理的其他团体，以公共机关的名义从事活动时，将不视为纳税人；但是一旦它们的活动具有经济或商业性时，它们将被视为纳税人。

（2）征税范围广泛，覆盖所有的商品和劳务。欧盟增值税的征税对象范围最为广泛，从农产品销售、工业制造，一直实行到批发、零售和劳务环节。

（3）实行比例税率，并对特殊商品和劳务实行低税率。增值税的标准税率由每个成员国按计税金额的百分比确定。

（4）具有明确的纳税期限和税款计算办法。欧盟委员会第六号指令规定，商品一经交付或劳务一经提供，应征税活动即发生，便可征税。在商品进口方面，当进口商品运入共同体区域时，即发生应征税活动，便可征税。

（5）具有明确的税收优惠政策，明确指出税收减免的适用范围，如某些公共利益的活动。其中包括如下。

①邮政服务。

②医院、医疗劳务和由法律支配的机构从事的有关活动。

③与下列活动有关的商品销售和劳务：社会保障、青少年保护、学校和大学教育、职业培训或再培训。

④非营利组织向参加体育运动和体育教育的人提供的与体育运动和体育教育有关的某些劳务。

⑤由法律支配的机构或由有关成员国认可的文化组织提供的某些文化服务和有关的商品。

⑥非商业性质的公共广播和电视机构的活动以及相关服务。

⑦其他服务，包括保险和再保险、不动产的出租、银行和金融服务等。

（三）现代型增值税

现代型增值税由新西兰于1986年10月起实行。国际增值税专家认为，它坚持了欧洲增值税的相同原则，却避免了欧洲增值税制的复杂性，使增值税由不定型转为定型的增值税。现代型增值税有如下特点。

（1）按照增值税对国内消费的商品和劳务普遍征收的税种特征，除了特殊行业（如金融保险）以免税方式不征收增值税而另征其他税外，最大限度地把所有商品和劳务纳入增值税的征税范围，是征税范围最完整的增值税。它与消费税配合形成最佳商品劳务征税制度结构。

（2）根据增值税属于最终消费者负担的消费行为税的性质，对商品、劳务按单一税率征收增值税，从而大大减少了因税率划分给增值税带来的复杂性。

（3）按照国际公认的目的地征税原则，对出口产品由出口国按零税率全部退还该产品已缴纳的税款。避免了国际间的重复征税，以利于货物、劳务在全球范围的正常运行。

（4）按照增值税既征税又扣税这一特殊税收机制的要求，以税收法律规定的方式保护国家依法征税权和纳税人的抵扣权不受侵犯。除税法明文规定的免税项目外，不得任意减免增值税或任意中止或降低抵扣标准，从而保证了增值税征扣税机制运行的科学性和严密性。

（5）合理地确立了增值税纳税人的注册标准。

因现代型增值税的以上特点，国际增值税专家认为，它是当今增值税的最佳模式，具有税制简化、机制严密、对经济扭曲程度最低、征纳成本最低、易于管理等优点。

二、我国增值税的发展路径选择

（一）中国增值税改革的进程

1994年我国进行了以增值税为核心的税制改革，在全面实行增值税时选择了生产型增值税。

2004年7月1日，在东北地区老工业基地实行增值税转型试点改革。当年9月14日，财政部、国家税务总局印发《东北地区扩大增值税抵扣范围若干问题的规定》，在东北地区正式启动增值税转型改革试点。试点采取"增量抵扣"方式，试点领域限定在八大行业。

2007 年 5 月 11 日，财政部、国家税务总局联合颁布《中部地区扩大增值税抵扣范围暂行办法》，2007 年 7 月 1 日起，在中部地区 6 个省的 26 个老工业基地城市中的 8 个行业试行扩大增值税抵扣范围的试点。

2008 年 7 月，内蒙古东部 5 个市（盟）被纳入增值税转型改革试点范围。

2008 年 8 月 1 日，财政部、国家税务总局联合下发了《汶川地震受灾严重地区扩大增值税抵扣范围暂行办法》，增值税转型的区域又扩大到了受地震影响严重的地区。此次试点方案与东北地区和中部地区不同，采用的是"全额抵扣"方式。

2009 年 1 月 1 日起，在全国范围内实施"三全"为主要内容的增值税全面转型，"三全"即全国范围、增值税覆盖的全行业和全额抵扣。允许企业抵扣新购入设备所含的增值税，同时，取消进口设备免征增值税和外商投资企业采购国产设备增值税退税政策，将小规模纳税人的增值税征收率统一调低至3%，将矿产品增值税税率恢复到17%。

2011 年 6 月，《关于 2011 年深化经济体制改革重点工作意见》指出，在部分生产性服务业领域推行增值税改革试点。

2011 年 11 月，财政部和国家税务总局发布《营业税改增值税试点方案》。

2012 年 1 月，上海市作为首个试点城市，在交通运输业和部分现代服务业开展营业税改征增值税工作。

2012 年 7 月，财政部和国家税务总局印发通知，明确将交通运输业和部分现代服务业营业税改征增值税试点范围，由上海市分批扩大至北京市、天津市、江苏省、浙江省（含宁波市）、安徽省、福建省（含厦门市）、湖北省、广东省（含深圳市）8 个省（直辖市）。

2013 年 4 月，国务院常务会议决定，自 2013 年 8 月 1 日起，将"营改增"试点在全国范围推开，适当扩大部分现代服务业范围，广播影视作品的制作、播映、发行等，也开始纳入试点，力争"十二五"期间全面完成"营改增"改革。

2019 年有如下改革措施。

（1）增值税一般纳税人发生增值税应税销售行为或者进口货物，税率调整为 13%；低税率调整为 9%。

（2）纳税人购进农产品，扣除率调整为 9%。纳税人购进用于生产或者委托加工 13% 税率货物的农产品，按照 10%的扣除率计算进项税额。

（3）一般出口退税率调整为 13%；特殊出口货物、跨境应税行为，出口退税率调整为 9%。

（4）适用 13%税率的境外旅客购物离境退税物品，退税率为 11%；适用 9%税率的境外旅客购物离境退税物品，退税率为 8%。

（5）2019 年 4 月 1 日至 2021 年 12 月 31 日，允许生产性、生活性服务业纳税人按照当期可抵扣进项税额加计 10%，抵减应纳税额。

（6）纳税人取得不动产或者不动产在建工程的进项税额可自税款所属期起从销项税额中抵扣。

（7）纳税人购进国内旅客运输服务，其进项税额允许从销项税额中抵扣。

（8）逐步建立期末留抵退税制度。

2020—2021 年受疫情影响,增值税方面给予延长税收优惠,自 2021 年 4 月 1 日至 2021 年 12 月 31 日,湖北省增值税小规模纳税人适用 3%征收率的应税销售收入,减按 1%征收率征收增值税;适用 3%预征率的预缴增值税项目,减按 1%预征率预缴增值税。增值税起征点自 2021 年 4 月 1 日起提高到月销售额 15 万元。总体来看,我国增值税对小企业的优惠力度不断加大。

（二）增值税改革的政策取向

收入超 5 万亿元的第一大税种增值税近些年改革频繁,下一步如何改牵动着市场的神经。《国民经济和社会发展第十四个五年规划和 2035 年远景目标纲要》明确,聚焦支持稳定制造业、巩固产业链供应链,进一步优化增值税制度。

1. 简化税率

降低制造业企业负担,完善增值税抵扣链条作为值税改革重点,制造业增值税税率 13%有必要适当下调,增值税税率朝着三档（13%、9%、6%）简并两档方向进行。

2. 加速制造业留抵退税

推动制造业高质量发展,少不了设备更新换代,一些制造业企业采购设备、器具形成较大的增值税留抵税款,占用了企业资金,增加了企业资金成本,拖累企业运营。为了解决这一问题,2018 年,我国开始对部分先进制造业等行业试点退还部分增值税留抵退税。2019 年又试行增值税期末留抵税额退税制度,符合条件的企业可以向主管税务机关申请退还增量留抵税额。2021 年政府工作报告提出,对先进制造业企业按月全额退还增值税增量留抵税额。未来可以将先进制造业增值税留抵税款全额退税拓展到所有制造业中,进一步支持制造业发展。

目前增值税留抵退税仅针对增量部分,尚未针对存量部分。下一步可以推出更加优惠的增值税留抵退税政策,可优先对先进制造业的存量留抵税额进行退税。另外可以考虑给予符合条件的部分先进制造业产品即征即退政策,适当简化免抵退税手续等。

3. 贷款利息抵税

为了完善增值税抵扣链条,近些年不动产、国内旅客运输服务等允许抵税,这减轻了企业负担。不过目前增值税抵扣链条仍需进一步完善,在"营改增"后,企业所支付的利息费用及直接相关的其他费用需要负担增值税,无法用于进项抵扣。对于资本密集型的行业,或者那些需要银行贷款扶持的新兴企业,无法抵扣利息相关进项,造成增值税抵扣链条的断裂,增加企业流转税负,不利于行业的健康发展。将贷款利息支出纳入增值税的进项抵扣范围,以降低企业的融资成本,支持企业发展。

4. 加快增值税立法进程

鉴于"营改增"后,增值税是由人大授权国务院立法,立法层次较低,应尽快实现增值税立法,以避免时间过长,形成新的利益固化,给增值税的进一步改革造成障碍。

5. 保障地方收入

我国增值税收入归属实行的是生产地原则,也就是说,地方政府分享增值税的依据是当地生产所形成的增值税。按生产地原则确定增值税归属易产生生产要素配置的扭曲效应。如果不同生产地的增值税税率存在差异，或者虽然名义税率相同，但考虑到税收返还后实际税率出现差异，生产厂商对投资地点的选择就会受到影响。

在现行不科学的政绩考核机制下，地方政府为招商引资，往往采取财政返还政策、低价提供土地或放松环境监管政策，这就改变了生产厂商面临的实际税率和实际成本，造成财经纪律和土地市场秩序的混乱，并对环境保护产生不良影响。

生产地原则还扩大了地区间的收入差距。生产企业的增值税是在出厂环节征收，作为纳税人的生产企业经营地点固定，生产环节商品增值率较高，而增值税税负提高部分会转嫁给下一环节（如商品批发环节），对当地经济影响很小。各地的资源禀赋、经济发展水平不均衡，在此情形下，按照生产地原则分配增值税收入，只会使富者越富、贫者越贫。

增值税收入划分现在实行"五五分享"比例，即中央分享增值税的 50%、地方按税收缴纳地分享增值税的 50%。但还需进一步稳定社会预期，引导各地因地制宜发展优势产业，鼓励地方在经济发展中培育和拓展税源，增强地方财政造血功能，营造主动有为、竞相发展、实干兴业的环境。

思 考 题

1. 增值税有哪几种类型？它们各有哪些优缺点？
2. 在确定增值税纳税人时，世界各国对小企业主如何进行增值税税务处理？
3. 世界各国对农民增值税纳税义务是如何规定的？
4. 增值税实施中的免税与零税率有何区别？
5. 增值税与其他商品劳务税的配合模式有哪几种？
6. 结实实例，分析增值税改革的国际经验有哪些？
7. 结合实际，探讨中国增值税改革的政策取向。

第七章

外国消费税

【学习目标】

通过本章学习，掌握消费税的发展背景和趋势，消费税的制度设计，不同国家消费税征税范围的异同，为我国消费税的完善与发展提供思路。

【引言】

消费税产生于古罗马帝国时期。当时，由于农业、手工业的发展，带动了城市的兴起与商业的繁荣，于是各国相继开征了盐税、酒税等。今天随着个人所得税和社会保障税的兴起，消费税法的调节地位不断降低，占各国税收总收入比例远远低于前两种，成为各国的辅助税种。

第一节　消费税概述

一、消费税的纳税人

消费税是对商品和劳务课征的一种税，其税金基本上最终都由消费者承担，并且多数国家都是采取价外税的形式，也有国家采用价内税的形式。

价外税指的是税在价格之外，消费者在购买商品时，除了支付商品的价格，还要另外支付税款，较为透明。价外税让消费者知道自己的权益，明明白白消费，有利于引导消费方向。价内税是指税款包含在货物价格之内，通俗来讲就是说当消费者购买货物或者接受劳务进行付款时，虽然在发票上没有标注税金，但是税款已经隐含在价格之内了。通过将税负隐含在商品价格中的形式成功地将消费税转移到消费者身上，存在税负转嫁。

二、消费税的征税对象

（一）影响消费税征税对象的因素

由于各国国情不同，经济发展水平以及文化背景存在差异，因而在消费税的征税范围上也存在着一定的差异，有的国家消费税征税范围很广，比如韩国，征税项目从贵重物品（如珠宝等）到生活用品（如电动洗衣机等），具体税目达30多种，印度的消费税具体征税项目有114种。当然，也有的国家征税范围很窄，比如捷克、荷兰、冰岛和马来西亚的征税项目就仅限于烟、酒和石油等。从总体上来看，各国在选择征税项目时，考虑的因素如下。

（1）体现寓禁于征的精神。对于一些按照社会规范应该节制消费的消费品或者是长期使用对身体有伤害的消费品，如高档汽车、游船、烟和酒等，国家和政府将禁止或者限制这些商品消费行为的意图寓于征税过程中。

（2）抑制消费，引导消费者作合理的消费选择。在实际征税过程中，针对奢侈品和高级消费品的课税，体现了高收入者承担更高税负的原则，在国民经济中具有调节收入分配的作用。

（3）体现政府在国家宏观经济中的地位。对特定消费品征收消费税，可以提高产品的税负，降低企业的利润水平，调整其收益，借以抵制企业对一部分产品生产的积极性。

（4）一般选择税源大、能提供充足税收收入的项目。由于各国资源情况不同，选择的课税对象也不同，大部分国家的征税对象中都有酒和烟草制品。

（5）历史因素。有些课税的项目在特定国家有着悠久的历史，人们对其有纳税习惯，比如对盐的课税。

（二）消费税的课征范围

从世界上征收消费税的国家来看，消费税的征税范围主要分为有限型、中间型和延伸型三种。

1. 有限型消费税

有限型消费税的征税范围仅限于传统的货物项目，包括酒精饮料、烟草制品、石油产品，以及高档汽车和各种形式的娱乐活动，有的国家还包括糖、巧克力、饮料等食物制品。一般而言，有限型消费税的征税范围通常不会超过 15 个税目。

在实行消费税的国家中，采取有限型消费税的有美国、俄罗斯、加拿大、巴西、哥伦比亚、新西兰、荷兰等，共60多个国家，约占实行消费税国家的一半。

2. 中间型消费税

中间型消费税的应税项目多于有限型消费税，为 15～30 种，除包括传统的消费税项目外，还涉及食物制品（如牛奶等），有些国家的税目中还包括一些被广泛消费的商品（如纺织品、鞋类），以及某些奢侈品（如化妆品、香水）等。采用中间型消费税的国家约占实行消费税国家的30%，主要有法国、德国、意大利、马来西亚、葡萄牙、西班牙、瑞典、土耳其、叙利亚、乌拉圭等30多个国家。

3. 延伸型消费税

延伸型消费税的应税项目最广，除了中间型包括的应税项目外，还包括更广泛的消费品，如空调、电视机、冰箱、音响等电器设备，以及一些生产性的消费资料，如钢材、塑料、树脂、木材、电缆等。实行延伸型消费税的国家有日本、希腊、尼泊尔、孟加拉国、韩国、牙买加、印度、埃及、利比亚等 20 多个国家，其中日本、韩国和印度等国的消费税应税项目几乎包括所有的工业品。

三、消费税的税率

消费税按照选定的消费品分别确定不同的税率，税目之间的税负水平差别很大。这种多税率、差距大的特点，体现了国家相关政策的需要。

比如日本对酒类产品按照酒精含量执行不同税率，酒精含量越高，税负越重，酒精含量越低，税负越轻。有的国家对机动车的用油征税，根据耗油量大小制定不同的税率，一般而言，耗油量大的征收消费税，耗油量小的免征消费税。

四、消费税的税收优惠

从世界各国消费税的实践来看，消费税的减免情况很少，因此，消费税在调节消费、保证财政收入方面，具有重要作用。比如在英国，环境税作为一种消费税，若纳税人是小企业，使用能源较少，可以得到一定的税收减免；若在经营中购置使用了节能技术，也可以得到一定的税收减免。这些优惠措施旨在鼓励纳税人以环境友好的方式从事经营活动。

五、消费税的纳税申报

不同国家对不同的消费税都规定了一定的纳税申报期限，若逾期，会受到一定的惩处，如缴纳滞纳金、加息等。申报缴纳方式有在线缴纳、邮寄缴纳、现金、支票或专门的支付系统。

第二节　英国消费税

英国有 10 类消费税，包括砂石税（aggregates levy）、航空乘客税（air passenger duty）、酒税（alcohol duties）、博彩税（betting，gaming and lottery duties）、气候变化税和碳价格支持税（climate change levy and carbon price floor）、燃油税（hydrocarbon oils duties）、保费税（insurance premium tax）、土地填埋税（landfill tax）、饮料行业税（soft drinks industry levy）、烟草税（tobacco duties）。

一、砂石税

砂石税是对在英国商业经营中使用的砂石征收的一种税，且砂石采自英国地下或英国海域或国外进口。

（一）纳税人

砂石税的纳税人指经营采石场，开采砂石，进口砂石，运营移动碎石机的单位或个人。

（二）税率

砂石税按砂石重量进行定额征收，高于 1 吨，每吨 2 英镑，低于 1 吨少于 2 英镑，半吨 1 英镑，0.25 吨 50 便士。

纳税人若是商业性使用应税砂石，就需要进行砂石税的注册登记。

（三）税收优惠

在下列情况下，单位或个人不需要进行砂石税的注册登记或支付砂石税：得到特别豁免，砂石以前用于建筑目的，已经支付过砂石税。若单位或个人使用砂石得到特别豁免，需向英国税务海关署（HMRC）提供相关信息。

关联公司可以作为集团注册，各公司就可以在一个注册号下缴纳砂石税。

在合伙制下，各合伙人都要承担合伙制的砂石税所有责任义务，也包括向英国税务海关署进行砂石税注册登记。

单位或个人需要在商业性开采利用应税砂石的 30 天内，或打算进行商业性开采利用砂石的 30 天内进行注册登记，若不及时进行注册登记，英国税务海关署会开出罚单。

（四）纳税申报

纳税人每 3 个月对砂石税进行纳税申报，若英国税务海关署认为纳税人有不按期纳税的风险，可能会要求纳税人每月进行一次纳税申报。

二、航空乘客税

航空乘客税是对飞机运营商征收的一种税。

（一）纳税人

如果飞机运营商在英国机场运营固定机翼飞机，且飞机重 5.7 吨以上，使用航空燃油，有偿或无偿运送乘客，就需要在第一次航行前或 7 天内向英国税务海关署进行注册登记，缴纳航空乘客税。

（二）税率

航空乘客税对不同的目的地适用不同的税率，有两个目的地类别。

（1）A 类是伦敦到目的国首都的距离为 0～2 000 英里。

（2）B 类是伦敦到目的国首都的距离在 2 000 英里以上。

按每个乘客的目的地适用税率征收航空乘客税。

每个目的地按旅行的级别分为三档税率。

（1）低税率，适用飞机座椅间距小于 1.016 米（40 英寸）。

（2）标准税率，适用于飞机座椅间距超过 1.016 米（40 英寸）。

（3）高税率，适用乘坐重量超过 20 吨，装载乘客人数少于 19 人的飞机旅行。

除北爱尔兰、苏格兰高地、英国海外领地，从英国机场开始的航行适用的税率如表 7-1 和表 7-2 所示。

表 7-1 2022 年 4 月 1 日—2023 年 3 月 31 日航空乘客税税率

目的地类别	低税率	标准税率	高税率
A 类（英镑）	13	26	78
B 类（英镑）	84	185	554

数据来源：英国政府网. Rates for Air Passenger Duty. https://www.gov.uk/guidance/rates-and-allowances-for-air-passenger-duty.

表 7-2 2021 年 4 月 1 日—2022 年 3 月 31 日航空乘客税税率

目的地类别	低税率	标准税率	高税率
A 类（英镑）	13	26	78
B 类（英镑）	82	180	541

数据来源：英国政府网. Rates for Air Passenger Duty. https://www.gov.uk/guidance/rates-and-allowances-for-air-passenger-duty.

北爱尔兰机场起飞的航行适用的航空乘客税税率如表 7-3 和表 7-4 所示。纳税人不需要对从北爱尔兰机场起飞的直飞长途旅行缴纳航空乘客税。直飞长途旅行指的是乘客的旅行从北爱尔兰机场开始，旅行的第一部分的目的地是 A 类之外的目的地，且这个航行是直接的，事先与其他地方不相连。纳税人不需要在纳税申报单上列明这些直飞航行，但需要按季度向中央确认小组提供相关航行信息，并在纳税申报单上列明所有间接长途飞行。

表 7-3 2022 年 4 月 1 日—2023 年 3 月 31 日航空乘客税税率

目的地类别	税率类别	税率	
		直飞	非直飞
A 类（英镑）	低税率	13	13
	标准税率	26	26
	高税率	78	78
B 类（英镑）	低税率	0	84
	标准税率	0	185
	高税率	0	554

数据来源：英国政府网. Rates for Air Passenger Duty. https://www.gov.uk/guidance/rates-and-allowances-for-air-passenger-duty.

表 7-4 2021 年 4 月 1 日—2022 年 3 月 31 日航空乘客税税率

目的地类别	税率类别	税率	
		直飞	非直飞
A 类（英镑）	低税率	13	13
	标准税率	26	26
	高税率	78	78
B 类（英镑）	低税率	0	82
	标准税率	0	180
	高税率	0	541

数据来源：英国政府网. Rates for Air Passenger Duty. https://www.gov.uk/guidance/rates-and-allowances-for-air-passenger-duty.

（三）税收优惠

2 岁以下的孩子乘飞机旅行不占座位时，不需要缴纳航空乘客税。

16 岁以下的孩子乘坐最低级别座位的飞机旅行，不需要缴纳航空乘客税。

一些乘客是在航班上执行任务，可免缴航空乘客税。飞行人员或乘务员、护送乘客或货物的人员、执行维修、安全工作的人员、调配食物饮料的人员，这些人员在 72 小时内的飞行中执行任务时免缴航空乘客税。这些人员在 72 小时内执行任务后返程回到常驻地或服务地免缴航空乘客税。

法定职责下的乘客免缴航空乘客税。包括被拒绝进入英国境内需要由航空公司遣返的人员，因检查飞机乘坐飞机的人，机组人员的民航局飞行运营检查员。

（四）纳税申报

航空乘客税按年或按月申报缴纳。不同支付方式申报缴纳的宽限期不同（如表 7-5 所示）。若没有及时申报缴纳，英国税务海关署会开出罚单。若纳税申报的截止日期是节假日，需要在节假日前的一个工作日进行纳税申报。

表 7-5　不同支付方式的缴税宽限期

支付方式	宽限期
直接借记（不适用于临时运营商项目）	10 个工作日
线上支付或电话银行（快捷支付）	当天或次日
自动清算支付系统（CHAPS）	当天或次日
银行自动清算系统（Bacs）	3 个工作日
邮寄支票	3 个工作日

数据来源：英国政府网. Pay Air Passenger Duty. https://www.gov.uk/guidance/pay-air-passenger-duty.

三、酒税

（一）啤酒税

啤酒酿造商或包装商需要进行啤酒税的注册登记。啤酒在制造后就需要缴纳啤酒税。啤酒在包装、从啤酒厂运离、消费、丢失、饮用时均需缴纳啤酒税。

1. 征收范围

对下列酒精含量超过 1.2% 的啤酒征收啤酒税：麦芽酒，波特酒，世涛酒，其他啤酒，其他啤酒替代物，包括啤酒与其他非酒精饮料的混合（如掺柠檬汁的香蒂啤酒）。

2. 税率

英国啤酒税税率如表 7-6 所示。

表 7-6　啤酒税税率

啤酒类别	每百升啤酒所含酒精含量适用税率（英镑）
一般啤酒税率	19.08
高度啤酒的酒精含量超过 7.5%，在一般啤酒税率之外加收的税率	5.69
低度啤酒的酒精含量超过 1.2% 没有超过 2.8% 适用的税率	8.42

数据来源：英国政府网. Alcohol Duty Rates from 1 February 2019. https://www.gov.uk/government/publications/rates-and-allowance-excise-duty-alcohol-duty/alcohol-duty-rates-from-24-march-2014.

啤酒与烈性酒混合适用的税率，按烈性酒的税率计征。

3. 税收优惠

如果酿造商前一年酿造的啤酒在 600 万升（含 600 万升）以下，适用低税率。如果酿造商前一年酿造的啤酒在 50 万升以下，税率减半，超过 50 万升，适用税率会提高，即酿造商前一年酿造的啤酒在 50 万升至 60 万升之间，税率不断提高，但都低于正常税率。

4. 纳税申报

纳税人要在会计期结束后的下一个月的 15 日前进行啤酒税的纳税申报，在会计期结束后的下一个月的 25 日前缴纳税款，通常通过直接借记的方式支付税款。

（二）果酒税

果酒税是对产制销售的果酒征收的一种税。

1. 征收范围

果酒是使用发酵的苹果汁或梨汁加上允许的添加成分后制成，酒精含量一般为 1.2%～8.5%。

如果果酒的酒精含量为 5.5%～8.5%，且在 20 ℃用 3 帕以上的压强加压二氧化碳进入密封瓶，或不管压强，装于密封瓶中有蘑菇形酒塞密封，就按起泡酒税率计税。

对酒精含量低于 1.2% 及以下的低度果酒不需要缴税。

果酒的酒精含量在 8.5% 以上，就归入酿造葡萄酒，按葡萄酒税率缴纳葡萄酒税。

如果纳税人一年产制 7 000 升以上的果酒用于销售，且果酒的酒精含量在 1.2% 以上，必须向英国税务海关署进行果酒税注册登记，缴纳果酒税。

2. 税率

英国苹果酒和梨酒的税率如表 7-7 所示。

表 7-7 苹果酒和梨酒税率

酒的类型	每百升的税率（英镑）
不起泡的苹果酒和梨酒：酒精含量超过 1.2% 但低于 6.9%	40.38
不起泡的苹果酒和梨酒：酒精含量超过 6.9% 但低于 7.5%	50.71
不起泡的苹果酒和梨酒：酒精含量超过 7.5% 但低于 8.5%	61.04
起泡苹果酒和梨酒：酒精含量超过 1.2% 但低于 5.5%	40.38
起泡苹果酒和梨酒：酒精含量超过 5.5% 但低于 8.5%	288.10

数据来源：英国政府网. Alcohol Duty Rates from 1 February 2019. https://www.gov.uk/government/publications/rates-and-allowance-excise-duty-alcohol-duty/alcohol-duty-rates-from-24-march-2014.

3. 税收优惠

若果酒制造商一年酿造的果酒低于 7 000 升，可以免于进行果酒的注册登记。若果酒制造商一年酿造的果酒高于 7 000 升，必须进行果酒的注册登记。

4. 纳税申报

纳税人要在会计期结束后的下个月 15 日内进行线上申报，在会计期结束后的下个月

25 日内进行税款的缴纳。不同支付方式的宽限期不同，如表 7-8 所示。因新冠肺炎疫情，2020—2021 年英国税务海关署不接受邮寄支票的付款方式。

表 7-8　不同支付方式的缴税宽限期

支付方式	宽限期
直接借记	45 个工作日
线上支付或电话银行（快捷支付）	当天或次日
自动清算支付系统（CHAPS）	当天或次日
银行自动清算系统（Bacs）	3 个工作日
邮寄支票	—

数据来源：英国政府网. Pay Beer Duty. https://www.gov.uk/guidance/pay-beer-wine-and-cider-duty.

（三）葡萄酒税

纳税人生产销售鲜葡萄酒或酿造葡萄酒，且酒精含量在 1.2%以上，需要缴纳葡萄酒税。

1. 征收范围

鲜葡萄酒。鲜葡萄酒是新鲜葡萄或葡萄混液发酵做成。

酿造葡萄酒。酿造葡萄酒是果酒之外的发酵制成的含酒精饮料，没有经过蒸馏或其他步骤，如蜂蜜酒是酿造葡萄酒。啤酒如果和其他产品混合后酒精含量超过 5.5%，也归为酿造葡萄酒。

高浓度葡萄酒或葡萄酒与烈性酒混合。若酒精含量超过 22%，就属于烈性酒，按烈性酒税税率纳税。

起泡葡萄酒。葡萄酒的酒精含量超过 5.5%低于 15%，且在 20 ℃用 3 帕以上的压强加压二氧化碳进入密封瓶，或不管压强，装于密封瓶中有蘑菇形酒塞密封，就按起泡葡萄酒税率计税。

低浓度葡萄酒。葡萄酒的酒精含量低于 1.2%，不需要缴纳葡萄酒税。

纳税人若生产销售酒精含量在 1.2%以上的葡萄酒，就需要向英国税务海关署申请葡萄酒牌照，缴纳葡萄酒税。

2. 税率

英国鲜葡萄酒和酿造葡萄酒的税率如表 7-9 所示。

表 7-9　鲜葡萄酒和酿造葡萄酒税率

酒的类型	每百升的税率（英镑）
鲜葡萄酒和酿造葡萄酒：酒精含量超过 1.2%但低于 4%	91.68
鲜葡萄酒和酿造葡萄酒：酒精含量超过 4%但低于 5.5%	126.08
不起泡鲜葡萄酒和酿造葡萄酒：酒精含量超过 5.5%但低于 15%	297.57
鲜葡萄酒和酿造葡萄酒：酒精含量超过 15%但低于 22%	396.72
起泡鲜葡萄酒和酿造葡萄酒：酒精含量超过 5.5%但低于 8.5%	288.10
起泡鲜葡萄酒和酿造葡萄酒：酒精含量超过 8.5%但低于 15%	381.15

数据来源：英国政府网. Alcohol Duty Rates from 1 February 2019. https://www.gov.uk/government/publications/rates-and-allowance-excise-duty-alcohol-duty/alcohol-duty-rates-from-24-march-2014.

3. 税收优惠

有时纳税人可以缓期纳税。例如，纳税人在缓期纳税期间在注册场所持有自己产制的葡萄酒；纳税人把葡萄酒送往其他持牌照的葡萄酒生产商处进行进一步加工；纳税人把葡萄酒送往保税仓库储存或进行其他加工程序如瓶装等，都可以缓期纳税。

如果鲜葡萄酒或酿造葡萄酒用于样品展示，或毁损、污染、破坏，可以申请税收减免。

4. 纳税申报

纳税人要在会计期末进行纳税申报，在会计期末下一个月的 15 日前进行税款的缴纳。会计期可以是日历月份，也可以是在与英国税务海关署协商后的 4 周或 5 周内。

（四）烈性酒税

烈性酒税对任何烈性酒，或烈性酒与其他物品的混合，只要酒精含量超过 1.2%，在产制后就需要缴纳烈性酒税。

1. 牌照与许可

纳税人凡在英国通过蒸馏液体或分离乙烯气体的方式产制烈性酒，均需要申请蒸馏牌照，生产和加工许可，并向英国税务海关署申报缴纳烈性酒税。

若纳税人要通过蒸馏器再蒸馏烈性酒或烈性酒混合物，需要申请蒸馏厂家牌照。若纳税人在混合烈性酒和非水物质时没有使用蒸馏器，需要申请混合酒厂牌照。

2. 税率

英国烈性酒税率如表 7-10 所示。

表 7-10　烈性酒税率

酒的类型	每升纯酒精的税率（英镑）
烈性酒	28.74
烈性酒混合的即饮型饮料	28.74
鲜葡萄酒或酿造葡萄酒：酒精含量超过 22%	28.74

数据来源：英国政府网. Alcohol Duty Rates from 1 February 2019. https://www.gov.uk/government/publications/rates-and-allowance-excise-duty-alcohol-duty/alcohol-duty-rates-from-24-march-2014.

3. 税收优惠

在新冠疫情期间，使用或供应非天然酒精和免税烈性酒，以帮助企业生产洗手液和洗手啫喱的烈性酒产制方，享受一定的税收减免。

4. 申报时间

纳税人需要按季度在每年的 3 月底、6 月底、9 月底、12 月底提交蒸馏产品申报表，对蒸馏的每种不同类型的烈性酒分别进行申报纳税。

四、气候变化税和碳价格支持税

气候变化税和碳价格支持税是对生产销售应税能源商品或自我使用应税能源商品的单位或个人征收的一种税。

（一）纳税人

纳税人销售应税能源或自我使用应税能源，就需要进行气候变化税的注册登记，并保留能源供应记录，定期进行纳税申报。在能源供应发票中应包含气候变化税，一般向英国税务海关署缴纳气候变化税。纳税人作为应税能源供应商，若客户购置应税能源用于工业、商业、农业或公共管理，就需要向客户收取气候变化税。

向家庭用户、非商业用户或慈善机构供应的能源免于缴纳气候变化税。若单位或个人只供应免税能源，就不需要进行气候变化税的注册登记。

如果单位或个人运营热电站，需要进行气候变化税的注册登记。

（二）征税范围

应税能源商品包含四类：电力、天然气、液化石油气（包含其他液化的碳氢气体）、煤炭和褐煤（包含焦炭、半焦炭和石油焦炭）。纳税人在向商业用户供应应税能源商品、自用应税能源商品、使用应税能源商品发电都需要收取气候变化税。

（三）税率

气候变化税可以按照主流征收税率、碳价格支持税率进行税款的征收。

经营性能源供应商需要向客户收取正确的气候变化税。

发电企业需要计算收取正确的碳价格支持税。

1. 主流税率

气候变化税的主流税率如表 7-11 所示。

表 7-11　气候变化税的主流税率

应税商品	2018 年 4 月 1 日起的税率（英镑）	2019 年 4 月 1 日起的税率（英镑）	2020 年 4 月 1 日起的税率（英镑）	2021 年 4 月 1 日起的税率（英镑）
每千瓦时电力	0.005 83	0.008 47	0.008 11	0.007 75
每千瓦时天然气	0.002 03	0.003 39	0.004 06	0.004 65
每千克液化石油气	0.013 04	0.021 75	0.021 75	0.021 75
每千克其他应税商品	0.015 91	0.026 53	0.031 74	0.036 40

数据来源：英国政府网．Climate Change Levy Rates. https://www.gov.uk/guidance/climate-change-levy-ratesCarbon Price Support rates.

2. 低税率

纳税人若属于气候变化协议框架的成员，就适用低税率。低税率是在主流税率基础上给予一定折扣，如表 7-12 所示。

表 7-12　低税率的折扣　　　　　　　　　　　　　　（％）

应税商品	2018 年 4 月 1 日起的税率折扣	2019 年 4 月 1 日起的税率折扣	2020 年 4 月 1 日起的税率折扣	2021 年 4 月 1 日起的税率折扣
电力	90%	93%	92%	92%
天然气	65%	78%	81%	83%
液化石油气	65%	78%	77%	77%
其他应税商品	65%	78%	81%	83%

数据来源：英国政府网．Climate Change Levy Rates. https://www.gov.uk/guidance/climate-change-levy-rates.

（四）碳价格支持税税率

若纳税人拥有发电站，或是热电站的经营者，需要缴纳碳价格支持税。天然气经过发电站的电表，液化石油气、煤炭或其他固体化石燃料进入发电站入口，纳税人就需要缴纳碳价格支持税，如表 7-13 所示。

表 7-13　碳价格支持税税率

碳价格支持税的应税商品	天然气	石油气或其他液化气态烃	煤炭和其他固态化石燃料
单位	每千瓦时	每千克	基于总热值的千兆焦
2015.4.1—2016.3.31	0.003 34 英镑	0.053 07 英镑	1.568 60 英镑
2016.4.1—2023.3.31	0.003 31 英镑	0.052 80 英镑	1.547 90 英镑

数据来源：英国政府网. Climate Change Levy Rates. https://www.gov.uk/guidance/climate-change-levy-rates.

（五）纳税申报

纳税人进行纳税申报时，要申报气候变化税，包括碳价格支持税，并保存正常的商业会计记录。

2020 年起，英国税务海关署不再接受支票缴税方式。纳税人需要通过电子方式缴纳气候变化税，如快捷支付、自动清算支付系统（CHAPS）、银行自动清算系统（Bacs）。

对主流气候变化税和碳价格支持税，每 3 个月进行一次纳税申报，纳税人在进行气候变化税申报的时候缴纳税款。通过直接借记方式缴纳税款有 7 天的延长。若纳税人没有按期进行申报纳税，可能需要缴纳罚款，如表 7-14 所示。

表 7-14　不同支付方式的纳税宽限期

支付方式	宽限期
直接借记	10 个工作日
线上支付或电话银行（快捷支付）	当天或次日
自动清算支付系统（CHAPS）	当天或次日
银行自动清算系统（Bacs）	3 个工作日
邮寄支票	3 个工作日

数据来源：英国政府网. Pay Climate Change Levy. https://www.gov.uk/guidance/pay-climate-change-levy.

五、燃油税

燃油税是对生产、进口或使用燃油的单位或个人征收的一种税。

（一）纳税人

燃油税的纳税人是指生产、进口或使用燃油的单位或个人，其需要进行燃油税的注册登记和纳税申报。

（二）税率

各类燃油的征税税率详见表 7-15～表 7-20。

表 7-15　轻 油 税 率

燃油税	2021 年 1 月 1 起的税率（英镑/升）
无铅汽油	0.579 5
非无铅汽油或航空燃油外的轻油	0.676 7
航空燃油（航空汽油）	0.382 0
发给许可人用于锅炉燃料的轻油	0.107 0

数据来源：英国政府网. Excise Duty-Hydrocarbon Oils Rates. https://www.gov.uk/government/publications/rates-and-allowances-excise-duty-hydrocarbon-oils/excise-duty-hydrocarbon-oils-rates Heavy oils.

表 7-16　重 油 税 率

燃油税	2011 年 3 月 23 日下午 6 点起的税率（英镑/升）
重油（柴油）	0.579 5
标记的汽油	0.111 4
燃料油	0.107 0
燃料油、汽油、煤油之外的用作燃料的重油	0.107 0
不用于车辆或加热而是用作发动机燃料的煤油	0.111 4

数据来源：英国政府网. Excise Duty-Hydrocarbon Oils Rates. https://www.gov.uk/government/publications/rates-and-allowances-excise-duty-hydrocarbon-oils/excise-duty-hydrocarbon-oils-rates Heavy oils.

表 7-17　生物燃料税率

燃油税	2011 年 3 月 23 日下午 6 点起的税率（英镑/升）
生物乙醇	0.579 5
生物柴油	0.579 5
非车辆用生物乙醇	0.111 4
非车辆用的与汽油混合的生物柴油	0.111 4

数据来源：英国政府网. Excise Duty-Hydrocarbon Oils Rates. https://www.gov.uk/government/publications/rates-and-allowances-excise-duty-hydrocarbon-oils/excise-duty-hydrocarbon-oils-rates Heavy oils.

表 7-18　道路燃油税税率

燃油税	2011 年 3 月 23 日下午 6 点起的税率（英镑/千克）
液化石油气	0.316 1
道路燃油天然气包括生物汽油	0.247 0

数据来源：英国政府网. Excise Duty-Hydrocarbon Oils Rates. https://www.gov.uk/government/publications/rates-and-allowances-excise-duty-hydrocarbon-oils/excise-duty-hydrocarbon-oils-rates Heavy oils.

表 7-19　管制石油的注册交易商供应私人娱乐飞机用标号汽油的税率

生效日期	税率（英镑/升）	折扣税率（英镑/升）	附加税率（英镑/升）
2011 年 3 月 23 日	0.579 5	0.111 4	0.468 1

数据来源：英国政府网. Excise Duty-Hydrocarbon Oils Rates. https://www.gov.uk/government/publications/rates-and-allowances-excise-duty-hydrocarbon-oils/excise-duty-hydrocarbon-oils-rates Heavy oils.

表 7-20　燃油税的碳价格支持税税率

燃料	2013.4.1—2014.4.31	2014.4.1—2015.3.31	2015.4.1—2016.3.31
燃料油、其他重油、折扣轻油（英镑/升）	0.015 68	0.030 11	0.057 30
汽油、折扣的生物聚合物燃料（英镑/升）	0.013 65	0.026 42	0.049 90

数据来源：英国政府网. Excise Duty-Hydrocarbon Oils Rates. https://www.gov.uk/government/publications/rates-and-allowances-excise-duty-hydrocarbon-oils/excise-duty-hydrocarbon-oils-rates Heavy oils.

碳价格支持税不适用于北爱尔兰发电站使用的燃料油,无论电力是输送至电网还是用于北爱尔兰电力消费。

(三)税收优惠

纳税人若因特定目的使用燃料、石油,或出口燃油用于英国境外消费,则可以得到税收豁免或已缴纳燃油税的返还。

(四)纳税申报

用作车辆燃料的生物燃油、其他燃油替代物和汽油的燃油税需要在每个纳税申报期末的下一个月的 15 日前申报并缴纳税款。

若纳税人得到消费税支付安全系统的授权,就可以延迟缴纳消费税且无须提供保证金。但若应税商品通过进口进入英国境内用于消费,例如,从消费税仓库、注册的烟草生产场所、注册的石油生产场所进入英国市场用于消费,从英国的啤酒、鲜葡萄酒、酿造葡萄酒、苹果酒或梨酒生产场所进入英国市场用于消费,这时纳税人必须缴纳消费税,也包括燃油税。若纳税人没有得到消费税支付安全系统的授权,纳税人就需要缴纳 100%的保证金用于消费税的支付。

六、保费税

保费税是对保险合同约定收取的保费收入征收的一种税。

(一)纳税人

保费税的纳税人是保险公司,应税中介。应税中介指的是就高额保险合同向受保人收取保险相关费用的人。保险公司和应税中介都需要进行保费税的注册登记,如果保险公司只承保豁免保费税的保险业务,收取的保费收入不需要缴纳保费税,也无须进行注册登记。

(二)征税范围

所有英国境内的保险都是应税的,除非有特别的豁免规定。不需要缴纳保费税的保险包括:大多数长期保险,再保险,商用船只或飞机的保险,风险发生在英国境外的保险合同的保费收入(可能需要在国外缴纳类似税收)。

(三)税率

保费税的标准税率为 12%,高税率为 20%,适用于需要缴纳增值税的商品货物相关的保险费,销售汽车、轻型货车、摩托车,电动器械或机械器具的保险,旅行保险,与销售、租用商品相关的保险,应税中介收取的保险相关费用。

(四)纳税申报

纳税人进行保费税注册登记后,就需要进行线上申报纳税。通常纳税申报期为 3 个月,纳税申报期结束后下一个月月底是纳税申报的截止日期,需要在此之前完成纳税申报和税款的缴纳。不在规定日期内完成纳税申报和税款缴纳的,英国税务海关署会向纳税人开出罚单。

七、土地填埋税

如果单位或个人运营填埋场，或拥有在土地上处置废弃物的许可，就需要缴纳土地填埋税。

（一）征税范围

1996 年 10 月 1 日及以后，在许可的填埋场通过填埋方式处置的所有废弃物，没有特别的豁免规定，都属于土地填埋税的征税范围。

（二）税率

土地填埋税按重量征收，有两种税率。惰性或非活跃的废弃物适用低税率，如表 7-21 所示。

表 7-21　土地填埋税税率　　　　　　　　　　　　　　　　　　　（英镑/吨）

	2019 年 4 月 1 日起的税率	2020 年 4 月 1 日起的税率	2021 年 4 月 1 日起的税率
标准税率	91.35	94.15	96.7
低税率	2.90	3	3.1

数据来源：英国政府网. Changes to Landfill Tax Rates From 1 April 2021. https://www.gov.uk/government/publications/changes-to-landfill-tax-rates-from-1-april-2021/changes-to-landfill-tax-rates-from-1-april-2021.

（三）税收优惠

采石场挖掘、开采产生的废弃物，宠物墓地，受污染土地改造、采石场填埋产生的废弃物，到访英国的外国军队的废弃物享受税收豁免。

（四）纳税申报

纳税人进行了土地填埋税的注册登记，每个会计期都需要进行土地填埋税的纳税申报。土地填埋税的纳税申报和缴纳时间一致。英国税务海关署会在每个会计期末的前 2 周向纳税人寄送纳税申报表，纳税人需要在计账期满的次月在最后一个工作日前进行纳税申报并缴纳税款。

八、饮料行业税

饮料行业税是对从事应税饮品销售的单位或个人征收的一种税。

（一）纳税人

单位或个人的业务涉及从任何地方（包括欧盟和海峡群岛）把应税饮品带入英国销售，需要注册登记并缴纳饮料行业税。单位或个人拥有应税饮品的品牌，或在其他品牌下生产应税饮品，且不是小生产商；在英国为其他人瓶装、灌装或其他方式包装应税饮品的单位或个人，需要注册登记并缴纳饮料行业税。

对不从事应税饮品销售的经营者不征收饮料行业税，比如经营者只是运送应税饮品，为应税饮品提供仓储服务。

（二）征税范围

饮料具备下列条件，就需要缴纳饮料行业税。饮料在生产过程中添加了糖或含糖物质（如蜂蜜），不包括果汁、蔬菜汁和牛奶；每 100 毫升即饮品或稀释品中含糖量至少 5 克；可直饮或加水后即可饮用，且可以加入碎冰，混入二氧化碳等；经瓶装、灌装或其他包装后可以直接饮用或稀释后饮用，酒精含量在 1.2% 及以下。

（三）税率

每 100 毫升的饮品含糖量为 5～8 克，每升饮品税额为 18 便士；每 100 毫升的饮品含糖量高于 8 克，每升饮品税额为 24 便士。

（四）纳税申报

应税饮品的生产商、包装商或进口商，需要每个季度向英国税务海关署进行纳税申报。纳税申报期固定于 6 月底、9 月底、12 月底和次年 3 月底。纳税人必须按期进行申报，并在申报期结束后的 30 天内缴纳税款。如果纳税人没有及时进行纳税申报，英国税务海关署会向纳税人按估计值收取所欠税款。

九、烟草税

烟草税是对经营者制造或进口应税烟草征收的一种消费税。

（一）征税范围

烟草税的征税范围包括：卷烟，雪茄，手卷烟，其他烟（如水烟），咀嚼烟，不需要进一步加工可直接吸食的卷烟屑和膨胀烟丝，不含烟草或烟草替代品的草药制烟草产品，加热用烟草。

不需要缴纳烟草税的有：鼻烟；官方组织抽查测试的烟草样品；拒收的烟草，不适合销售或退回烟草，通过许可的方式毁损或认定为不可吸食；生产管控或质量监控所抽取的烟草样品；用于科学研究的烟草产品。经营者生产烟草制品，就需要注册登记为烟草制造商。

（二）税率

烟草税的税率如表 7-22 所示。

表 7-22　烟草税的税率

烟草产品	2018 年 10 月 29 日下午 6 点起的税率	2020 年 3 月 11 日下午 6 点起的税率	2020 年 11 月 16 日起的税率	2021 年 10 月 27 日下午 6 点起的税率	对消费者的影响
卷烟	228.29 英镑/千支+零售价的 16.5%	237.34 英镑/千支+零售价的 16.5%	244.78 英镑/千支+零售价的 16.5%	262.9 英镑/千支+零售价的 16.5%	20 支一盒贵 54 便士
雪茄	284.76 英镑/千克	296.04 英镑/千克	305.3 英镑/千克	327.92 英镑/千克	每 10 克的雪茄贵 27 便士
手卷烟	234.65 英镑/千克	253.33 英镑/千克	271.40 英镑/千克	302.34 英镑/千克	一盒 30 克的手卷烟贵 1.11 英镑

续表

烟草产品	2018 年 10 月 29 日下午 6 点起的税率	2020 年 3 月 11 日下午 6 点起的税率	2020 年 11 月 16 日起的税率	2021 年 10 月 27 日下午 6 点起的税率	对消费者的影响
其他烟草和咀嚼烟	125.20 英镑/千克	130.16 英镑/千克	134.24 英镑/千克	144.17 英镑/千克	30 克一盒的水烟贵 36 便士
加热用烟草	234.65 英镑/千克（2019.7.1 起生效）	243.95 英镑/千克	251.60 英镑/千克	270.22 英镑/千克	每 30 克烟草贵 13 便士

数据来源：英国政府网. Tobacco Products Duty. rates. https://www.gov.uk/government/publications/rates-and-allowances-excise-duty-tobacco-duty/excise-duty-tobacco-duty-rates.

（三）卷烟最低消费税税率

卷烟需要缴纳的最低消费税税率如表 7-23 所示。如果按照卷烟的烟草税税率计算的烟草税低于卷烟最低消费税税率计算的最低消费税，纳税人就需要按最低消费税缴纳卷烟的税款。

表 7-23　卷烟最低消费税税率

烟草产品	2020 年 3 月 11 日下午 6 点起的最低消费税税率	2020 年 11 月 16 日起的最低消费税税率	2021 年 10 月 27 日下午 6 点起的最低消费税税率
卷烟	305.23 英镑/千支	320.90 英镑/千支	347.86 英镑/千支

数据来源：英国政府网. Tobacco Products Duty. rates. https://www.gov.uk/government/publications/rates-and-allowances-excise-duty-tobacco-duty/excise-duty-tobacco-duty-rates.

（四）纳税申报

当纳税人在英国市场供应烟草产品时，需要进行纳税申报。只有在纳税人拥有延迟纳税账户且英国税务海关署同意的情况下，其才能按月纳税申报。

通常，烟草产品应税时纳税人就需要缴纳烟草税。烟草产品需要纳税的情况有：烟草产品从海外进入英国；在生产中达到可吸食条件。这些情况称为应税点。

暂缓纳税可以让纳税人稍后纳税，以减缓纳税人的资金压力。如果纳税人在英国生产、销售、进口烟草产品，可以在下列情况下储存烟草产品并暂缓纳税：生产商在注册的生产场所储存烟草产品；在向英国税务海关署注册的经营者拥有的商店内储存烟草产品；消费税仓库储存的要在英国市场上生产销售的某些烟草产品。

第三节　澳大利亚消费税

一、燃料和石油产品消费税

燃料和石油产品消费税是对应税的燃料和石油产品征收的一种间接税。

（一）纳税人

如果单位或个人在澳大利亚生产、制造、储存应税燃料或石油产品，就需要申请生产或储存应税产品的执照，提交消费税纳税申报单并对所使用、销售或供应的应税产品缴纳消费税，还要保留完整准确的经营记录。

（二）税率

燃油和石油制品消费税税率每年进行两次指数化调整，主要是依据消费者价格指数的变动进行调整，通常是在 2 月 1 日或 8 月 1 日进行调整，如表 7-24 所示。

表 7-24　燃油消费税税率（不含石蜡、沥青）

税目	产品说明	单位	2021.7.1—2021.8.1	2021.8.2—2022.1.31
10.1	石油冷凝物	澳元/升	0.427	0.433
10.2	稳定原油	澳元/升	0.427	0.433
10.3	拔顶原油	澳元/升	0.427	0.433
10.5	非航空燃料的汽油	澳元/升	0.427	0.433
10.6	航空燃油	澳元/升	0.035 56	0.035 56
10.7	汽油乙醇混合物	澳元/升	0.427	0.433
10.10	柴油	澳元/升	0.427	0.433
10.12	柴油、生物柴油、乙醇的混合物	澳元/升	0.427	0.433
10.15	加热原油	澳元/升	0.427	0.433
10.16	非航空燃料的煤油	澳元/升	0.427	0.433
10.17	航空燃料的煤油	澳元/升	0.035 56	0.035 56
10.18	燃料油	澳元/升	0.427	0.433
10.19A	液化石油气	澳元/升	0.139	0.141
10.19B	液化天然气	澳元/公斤	0.293	0.297
10.19C	压缩天然气	澳元/公斤	0.293	0.297
10.20	用作内燃机燃油的变性乙醇	澳元/升	0.140	0.142
10.21	生物柴油	澳元/升	0.085	0.087
10.25	含苯、甲苯、二甲苯的液化芳香碳氢化合物	澳元/升	0.427	0.433
10.26	矿物松节油	澳元/升	0.427	0.433
10.27	石油溶剂油	澳元/升	0.427	0.433
10.28	其他石油产品	澳元/升	0.427	0.433
10.30	可作为内燃机燃料的上述产品的混合	澳元/升	0.427	0.433

数据来源：澳大利亚税务局. Excise Duty Rates for Fuel and Petroleum Products. https://www.ato.gov.au/Business/Excise-on-fuel-and-petroleum-products/Lodging, -paying-and-rates—excisable-fuel/Excise-duty-rates-for-fuel-and-petroleum-products/.

生物柴油的消费税税率每年 7 月调整一次。2021 年 8 月 2 日消费税税率的消费者价格指数因素为 1.014。进口燃料和石油产品适用的关税税率等同于国内燃料和石油产品适用的消费税税率。进口的燃料和石油产品是消费税等价物。

某些石油制品的税率，不进行指数化调整，如表 7-25 所示。

表 7-25 某些石油制品的消费税税率（不属于燃料、免税原油、液压油）

税目	产品说明	单位	税率
15.1	润滑剂类的石油制品，非润滑脂的石油合成物	澳元/升	0.085
15.2	石油润滑剂，循环作为润滑油而非润滑脂的合成物	澳元/升	0.085
15.3	石油润滑剂和合成物	澳元/千克	0.085
15.4	石油润滑剂和润滑脂或合成物，循环作为润滑脂	澳元/千克	0.085

数据来源：澳大利亚税务局. Excise Duty Rates for Fuel and Petroleum Products. https://www.ato.gov.au/Business/ Excise-on-fuel-and-petroleum-products/Lodging, -paying-and-rates—excisable-fuel/Excise-duty-rates-for-fuel-and-petroleum- products/.

（三）纳税申报

纳税人作为消费税牌照持有者，需要基于预付或定期结算提交消费税申报表。纳税人在澳大利亚市场上销售应税消费品之前就需要提交消费税申报表。如果纳税人获澳大利亚税务局授予的定期结算许可，就可以在销售应税消费品后提交消费税申报表。

纳税人在提交消费税申报表的同时需要缴纳消费税税款。

二、酒类消费税

（一）啤酒消费税

通常啤酒需要缴纳消费税。纳税人需要持有消费税执照才能生产啤酒。

1. 纳税人

如果单位或个人生产啤酒、储存海关保税仓库里的啤酒、销售啤酒，就需要缴纳啤酒消费税。

2. 征税范围

啤酒消费税对酒精含量在 1.15% 以上的啤酒征税。

3. 税率

啤酒消费税税率每年进行两次指数化调整，主要是依据消费者价格指数的变动进行调整，通常是在 2 月 1 日或 8 月 1 日进行调整，如表 7-26 所示。

表 7-26 啤酒消费税税率 （澳元/升酒精）

税目	产品说明	2020.2.1—2021.8.1	2021.8.2—2022.1.31
1.1	酒精含量不超过 3%，单个容器小于 8 升；单个容器在 8～48 升，且没有与加压气体输送装置或泵输送装置相连	44.45	45.07
1.2	酒精含量不超过 3%，单个容器超过 48 升	8.89	9.01
1.2	酒精含量不超过 3%，单个容器在 8～48 升，且与加压气体输送装置或泵输送装置相连	8.89	9.01
1.5	酒精含量 3%～3.5%，单个容器小于 8 升；单个容器在 8～48 升，且没有与加压气体输送装置或泵输送装置相连	51.77	52.49

续表

税目	产品说明	2020.2.1—2021.8.1	2021.8.2—2022.1.31
1.6	酒精含量 3%~3.5%，单个容器超过 48 升	27.84	28.23
1.6	酒精含量 3%~3.5%，单个容器在 8~48 升，且与加压气体输送装置或泵输送装置相连	27.84	28.23
1.10	酒精含量超过 3.5%，单个容器小于 8 升；单个容器在 8~48 升，且没有与加压气体输送装置或泵输送装置相连	51.77	52.49
1.11	酒精含量超过 3.5%，单个容器超过 48 升	36.47	36.98
1.11	酒精含量超过 3.5%，单个容器在 8~48 升，且与加压气体输送装置或泵输送装置相连	36.47	36.98
1.15	使用商业设备设施生产啤酒用于非商业目的，酒精含量不超过 3%	3.13	3.17
1.16	使用商业设备设施生产啤酒用于非商业目的，酒精含量超过 3%	3.60	3.65

数据来源：澳大利亚税务局. Excise Duty Rates for Alcohol. https://www.ato.gov.au/business/excise-on-alcohol/lodging，-paying-and-rates——excisable-alcohol/excise-duty-rates-for-alcohol/.

2021 年 8 月 2 日消费税税率的消费者价格指数因素为 1.014，啤酒消费税税率相应调整。

个人使用非经营用设备设施制作的酒精饮料用于个人消费不属于征税范围。葡萄酒不属于酒类消费税的征收范围，葡萄酒需要缴纳葡萄酒均衡税。进口啤酒适用的关税税率等同于国内啤酒适用的消费税税率。进口的啤酒是一种消费税等价物。

（二）烈性酒和其他应税酒精饮料消费税

酒类产品如果不属于需要缴纳葡萄酒平衡税的酒类，也不属于啤酒（包含家庭酿造），就属于烈性酒和其他应税酒精饮料，需要缴纳烈性酒和其他应税酒精饮料消费税。

1. 纳税人

生产烈性酒或其他应税酒精饮料，在海关保税仓库储存烈性酒或其他应税酒精饮料，提供或销售烈性酒或其他应税酒精饮料的单位或个人是烈性酒和其他应税酒精饮料消费税的纳税人。

生产商需要获得消费税执照才能生产烈性酒和其他应税酒精饮料。税务局不对蒸馏烈性酒用于个人消费的活动发放消费税执照，只有涉及商业目的的行为才会发放消费税执照。

2. 税率

进口烈性酒和其他应税酒精饮料适用的关税税率等同于澳大利亚国内烈性酒和其他应税酒精饮料适用的消费税税率。进口的烈性酒和其他应税酒精饮料是消费税等价物，如表 7-27 和表 7-28 所示。

表 7-27　其他应税酒精饮料的税率（酒精含量不超过 10%）

税目	产品说明	单位	2021.2.1—2021.8.1	2021.8.2—2022.1.31
2	酒精含量不超过 10%的其他应税酒精饮料	澳元/升酒精	87.68	88.91

数据来源：澳大利亚税务局. Excise Duty Rates for Alcohol. https://www.ato.gov.au/business/excise-on-alcohol/lodging，-paying-and-rates---excisable-alcohol/excise-duty-rates-for-alcohol/.

表 7-28 烈性酒和其他酒精饮料的消费税税率（酒精含量超过 10%） （澳元/升酒精）

税目	产品说明	2021.2.1—2021.8.1	2021.8.2—2022.1.31
3.1	白兰地（从葡萄酒蒸馏得到的烈性酒与白兰地的味道、香气等类似）	81.89	83.04
3.2	酒精含量超过 10% 的其他应税酒精饮料	87.68	88.91
3.5	得到税务局许可提纯澳大利亚葡萄酒或葡萄生产出的烈性酒	免税	免税
3.6	特定团体或职业（如高校或药剂师）大量购置的烈性酒用于工业、生产、科研、医学、兽医学或教育目的	免税	免税
3.7	得到税务局许可使用烈性酒用于工业、生产、科研、医学、兽医学或教育目的	免税	免税
3.8	按照税务局配方调配的烈性酒（除了作为内燃机燃料使用的烈性酒）	免税	免税
3.10	其他烈性酒	87.68	88.90

数据来源：澳大利亚税务局. Excise Duty Rates for Alcohol. https://www.ato.gov.au/business/excise-on-alcohol/lodging，-paying-and-rates---excisable-alcohol/excise-duty-rates-for-alcohol/.

3. 纳税申报

纳税人作为消费税牌照持有者，需要基于预付或定期结算提交消费税申报表。纳税人在澳大利亚市场上销售应税消费品之前就需要提交消费税申报表。如果纳税人获得澳大利亚税务局授予的定期结算许可，就可以在销售应税消费品后提交消费税申报表。

纳税人在提交消费税申报表的同时需要缴纳消费税税款。

三、葡萄酒平衡税

葡萄酒平衡税是对生产葡萄酒、进口葡萄酒到澳大利亚或批发葡萄酒的单位或个人征收的一种税。

（一）纳税人

纳税人需要进行葡萄酒平衡税的注册登记或商品服务税的注册登记。

（二）税率

葡萄酒平衡税按葡萄酒批发价格的 29% 征收，即税率为 29%。

（三）税基

批发价格指的是葡萄酒最后一次批发的价格，即为批发商和零售商间的销售价格。葡萄酒平衡税也适用一些特殊情况，如酒窖门口销售或品尝，这时通常没有批发销售价格。葡萄酒平衡税还对进口的葡萄酒征收，无论进口商是否注册了商品服务税。

（四）税收优惠

下列交易免于缴纳葡萄酒平衡税。

交易发生在情况报告中（买方向卖方报告自己的商业经营号）。

交易属于前期批发交易，如生产商与分销商间的交易，这发生于葡萄酒销售给零售商之前。

葡萄酒免于缴纳商品服务税，如葡萄酒用于出口，葡萄酒平衡税尚未缴纳。

（五）纳税义务发生时间

葡萄酒平衡税是对葡萄酒价格征收的一次性税收。纳税义务发生时间为：当纳税人通过批发方式销售或处置葡萄酒时；纳税人通过一些零售方式销售或处置葡萄酒（如酒窖门口销售或零售重新打包的散装葡萄酒）时；纳税人把没有缴纳葡萄酒平衡税的葡萄酒用于自用时；从国外进口葡萄酒时。除了进口葡萄酒外，纳税人注册了商品服务税或被要求注册商品服务税时，也需要缴纳葡萄酒平衡税。纳税人进口葡萄酒，葡萄酒平衡税在进口时直接缴纳给澳大利亚内务部。

（六）纳税申报

纳税人需要在商业经营说明表中报告相关时期内的葡萄酒平衡税税额，并缴纳税款。纳税人在计算葡萄酒平衡税与商品服务税时，应使用相同的记账方式和计税期。如果纳税人按年申报缴纳商品服务税，只需要在商品服务税的年度申报表中报告葡萄酒平衡税情况。

四、烟草消费税

烟草消费税是对应税烟草制品征收的一种消费税。

（一）纳税人

在澳大利亚，生产制造卷烟、雪茄、散烟草叶的单位或个人是烟草消费税的纳税人。截至目前，澳大利亚没有合法的烟草生产商。

烟草种子、烟草植物和烟草叶不属于应税烟草制品，但单位或个人需要向澳大利亚税务局申请执照才能生产、种植或处置烟草种子、烟草植物和烟草叶，即使单位或个人只是为了个人使用也需要申请执照。单位和个人还需要得到税务局的批准才能运送烟草种子、烟草植物和烟草叶。现在澳大利亚没有授权任何人可以出于商业销售目的或个人使用目的种植烟草种子、烟草植物或烟草叶。许可执照的发放条件严格，也很少发放。

进口的烟草制品需要缴纳进口关税，不需要缴纳消费税。进口的烟草制品是一种消费税等价物。

（二）税率

烟草制品消费税税率通常根据周平均收入在每年3月和9月调整。周平均收入指数因子从2021年9月1日起为1.014，指数因子大于1，税率相应调整。进口烟草制品适用的关税税率等同于国内烟草制品适用的消费税税率，如表7-29所示。

表7-29 烟草制品消费税税率（烟草、雪茄、卷烟和鼻烟）

税目	产品说明	单位	2021.3.2—2021.8.31	2021.9.1—2022.2.28
5.1	每支重量不超过0.8克（实际烟草含量）	澳元/支	1.103 60	1.190 5

税目	产品说明	单位	2021.3.2—2021.8.31	2021.9.1—2022.2.28
5.5	烟草制品不是支的形式；每支烟草实际含量超过 0.8 克	澳元/公斤烟草	1 576.57	1 598.64
5.8	混合烟草制品	无	根据相关法律而定	根据相关法律而定

注：澳大利亚已经禁止鼻烟的销售，个人或单位可以进口鼻烟自用，但不能销售或提供给他人。进口到澳大利亚的鼻烟仍需缴纳消费税。

数据来源：澳大利亚税务局. Excise Duty Rates for Tobacco. https://www.ato.gov.au/Business/Excise-on-tobacco/Excise-obligations-for-tobacco/Excise-duty-rates-for-tobacco/.

（三）纳税申报

纳税人作为消费税牌照持有者，需要基于预付或定期结算提交消费税申报表。纳税人在澳大利亚市场上销售应税消费品之前就需要提交消费税申报表。如果纳税人获得澳大利亚税务局授予的定期结算许可，就可以在销售应税消费品后提交消费税申报表。

纳税人在提交消费税申报表的同时需要缴纳消费税税款。

纳税人进口烟草制品，需要在烟草制品进入澳大利亚边境时向内务部缴纳关税。

自 2021 年 7 月 1 日起，如果小企业的年营业额在 5 000 万澳元以下，可以按月申报缴纳消费税，需要在应税消费品进入澳大利亚国内市场时的次月 21 日下午 4 点前进行消费税的纳税申报和税款的缴纳。如果企业不符合小企业的营业额要求，可以申请 7 天结算期，在 7 天结算期后的第一个工作日下午 4 点前进行消费税的纳税申报和税款缴纳。

第四节 加拿大消费税

在加拿大，联邦税务局对于在加拿大制造或生产特定种类的产品征收消费税，分为一般消费税、特种消费税、燃油税、航空乘客安全税、保费税。不同消费税的税目、税率、征税范围有所不同。

一、一般消费税

一般消费税是对烈性酒、葡萄酒、啤酒、烟草制品等征收的一种消费税。

1. 烈性酒税率

烈性酒税率每年根据消费者价格指数进行调整，如表 7-30 和表 7-31 所示。

表 7-30 烈性酒税率　　　　　　　　　　　　　　（加元）

烈性酒成分	2017.3.23—2018.3.31	2018.4.1—2019.3.31	2019.4.1—2020.3.31	2020.4.1—2021.3.31	2021.4.1—2022.3.31
乙醇酒精含量不超过 7%（每升烈性酒的税率）	0.301	0.306	0.313	0.319	0.322
乙醇酒精含量超过 7%（每升烈性酒的税率）	11.93	12.109	12.375	12.610	12.736

数据来源：加拿大税务局. Excise Duty Rates. https://www.canada.ca/en/revenue-agency/services/forms-publications/publications/edrates/excise-duty-rates.html.

表 7-31 烈性酒的特殊税率

产品	2003.7.1 至今
发给许可使用人的烈性酒或许可使用人进口的烈性酒	每升纯乙醇酒精 0.12 加元

数据来源：加拿大税务局. Excise Duty Rates. https://www.canada.ca/en/revenue-agency/services/forms-publications/publications/edrates/excise-duty-rates.html.

2. 葡萄酒税率

葡萄酒税率如表 7-32 所示。

表 7-32 葡萄酒税率　　　　　　　　　　　　　　　　　（加元）

葡萄酒成分	2017.3.23—2018.3.31	2018.4.1—2019.3.31	2019.4.1—2020.3.31	2020.4.1—2021.3.31	2021.4.1—2022.3.31
纯乙醇酒精含量不超过 1.2%（每升税率）	0.0209	0.021	0.021	0.021	0.021
纯乙醇酒精含量 1.2%~7%（每升税率）	0.301	0.306	0.313	0.319	0.322
纯乙醇酒精含量超过 7%（每升税率）	0.63	0.639	0.653	0.665	0.672

数据来源：加拿大税务局. Excise Duty Rates. https://www.canada.ca/en/revenue-agency/services/forms-publications/publications/edrates/excise-duty-rates.html.

3. 啤酒税率

啤酒的标准税率适用于在加拿大包装的啤酒，如表 7-33 所示。

表 7-33 啤酒的标准税率　　　　　　　　　　　　　　　（加元）

啤酒成分	2017.3.23—2018.3.31	2018.4.1—2019.3.31	2019.4.1—2020.3.31	2020.4.1—2021.3.31	2021.4.1—2022.3.31
纯乙醇酒精含量不超过 1.2%（每百升税率）	2.643	2.683	2.742	2.794	2.822
纯乙醇酒精含量 1.2%~2.5%（每百升税率）	15.92	16.16	16.52	16.83	17.00
纯乙醇酒精含量超过 2.5%（每百升税率）	31.84	32.32	33.03	33.66	34.00

数据来源：加拿大税务局. Excise Duty Rates. https://www.canada.ca/en/revenue-agency/services/forms-publications/publications/edrates/excise-duty-rates.html.

此外，还有低税率适用于国内酿造商酿造的啤酒，适用于第一个 75 000 百升啤酒，如表 7-34~表 7-36 所示。

表 7-34 低税率（适用于纯乙醇酒精含量不超过 1.2% 的啤酒）　（加元）

年产量额度	2017.3.23—2018.3.31	2018.4.1—2019.3.31	2019.4.1—2020.3.31	2020.4.1—2021.3.31	2021.4.1—2022.3.31
0~2 000 百升（每百升税率）	0.264 3	0.268 3	0.274 2	0.279 4	0.282 2
2 001~5 000 百升（每百升税率）	0.528 6	0.536 6	0.548 4	0.558 8	0.564 4

年产量额度	2017.3.23—2018.3.31	2018.4.1—2019.3.31	2019.4.1—2020.3.31	2020.4.1—2021.3.31	2021.4.1—2022.3.31
5 001～15 000 百升（每百升税率）	1.057 2	1.073 2	1.096 8	1.117 6	1.128 8
15 001～50 000 百升（每百升税率）	1.850 1	1.878 1	1.919 4	1.955 8	1.975 4
50 001～75 000 百升（每百升税率）	2.246 6	2.280 6	2.330 7	2.374 9	2.398 7

数据来源：加拿大税务局. Excise Duty Rates. https://www.canada.ca/en/revenue-agency/services/forms-publications/publications/edrates/excise-duty-rates.html.

表 7-35　低税率（适用于纯乙醇酒精含量 1.2%～2.5%的啤酒）　　　　（加元）

年产量额度	2017.3.23—2018.3.31	2018.4.1—2019.3.31	2019.4.1—2020.3.31	2020.4.1—2021.3.31	2021.4.1—2022.3.31
0～2 000 百升（每百升税率）	1.592	1.616	1.652	1.683	1.700
2 001～5 000 百升（每百升税率）	3.184	3.232	3.304	3.366	3.400
5 001～15 000 百升（每百升税率）	6.368	6.464	6.608	6.732	6.800
15 001～50 000 百升（每百升税率）	11.144	11.312	11.564	11.781	11.900
50 001～75 000 百升（每百升税率）	13.532	13.736	14.042	14.306	14.450

数据来源：加拿大税务局. Excise Duty Rates. https://www.canada.ca/en/revenue-agency/services/forms-publications/publications/edrates/excise-duty-rates.html.

表 7-36　低税率（适用于纯乙醇酒精含量超过 2.5%的啤酒）　　　　（加元）

年产量额度	2017.3.23—2018.3.31	2018.4.1—2019.3.31	2019.4.1—2020.3.31	2020.4.1—2021.3.31	2021.4.1—2022.3.31
0～2 000 百升（每百升税率）	3.184	3.232	3.303	3.366	3.400
2 001～5 000 百升（每百升税率）	6.368	6.464	6.606	6.732	6.800
5 001～15 000 百升（每百升税率）	12.736	12.928	13.212	13.464	13.600
15 001～50 000 百升（每百升税率）	22.288	22.624	23.121	23.562	23.800
50 001～75 000 百升（每百升税率）	27.064	27.472	28.076	28.611	28.900

数据来源：加拿大税务局. Excise Duty Rates. https://www.canada.ca/en/revenue-agency/services/forms-publications/publications/edrates/excise-duty-rates.html.

4. 烟草制品消费税税率

烟草制品消费税税率每年进行指数化调整，生烟叶的消费税税率和加拿大生产出口的贴花烟草制品特别消费税税率不适用自动调整机制，如表 7-37～表 7-43 所示。

表 7-37　贴花烟草制品的消费税税率（不包括生烟叶）　　　　（加元）

产品	2017.3.23—2018.3.31	2018.4.1—2019.3.31	2019.4.1—2020.3.31	2020.4.1—2021.3.31	2021.4.1—2022.3.31
卷烟（每 5 支的税率或每盒中 5 支的税率）	0.539 00	0.596 34	0.609 46	0.621 04	0.627 25
烟草棒（每棒的税率）	0.107 80	0.119 27	0.121 89	0.124 21	0.125 45
除了卷烟和烟草棒之外的产制烟草制品（每 50 克的税率或每盒中 50 克的税率）	6.737 50	7.454 25	7.618 24	7.762 99	7.840 62
雪茄（每千支的税率）	23.462 35	25.958 32	26.529 40	27.033 46	27.303 79

数据来源：加拿大税务局. Excise Duty Rates. https://www.canada.ca/en/revenue-agency/services/forms-publications/publications/edrates/excise-duty-rates.html.

表 7-38 生烟叶消费税税率

产品	2013.7.1 至今
生烟叶	1.572 加元/公斤

数据来源：加拿大税务局．Excise Duty Rates. https://www.canada.ca/en/revenue-agency/services/forms-publications/publications/edrates/excise-duty-rates.html.

表 7-39 雪茄的附加消费税税率

税率	期间
0.116 52 加元/支从量计算和 88% 的税率从价计算（加拿大生产的雪茄的售价或进口雪茄的含税价），按高者征收	2022.4.1 至今
0.113 79 加元/支从量计算和 88% 的税率从价计算（加拿大生产的雪茄的售价或进口雪茄的含税价），按高者征收	2021.4.20—2020.3.31
0.098 14 加元/支从量计算和 88% 的税率从价计算（加拿大生产的雪茄的售价或进口雪茄的含税价），按高者征收	2021.4.1—2021.4.19
0.097 17 加元/支从量计算和 88% 的税率从价计算（加拿大生产的雪茄的售价或进口雪茄的含税价），按高者征收	2020.4.1—2020.3.31
0.095 36 加元/支从量计算和 88% 的税率从价计算（加拿大生产的雪茄的售价或进口雪茄的含税价），按高者征收	2019.4.1—2020.3.31
0.093 31 加元/支从量计算和 88% 的税率从价计算（加拿大生产的雪茄的售价或进口雪茄的含税价），按高者征收	2018.2.28—2019.3.31
0.084 34 加元/支从量计算和 84% 的税率从价计算（加拿大生产的雪茄的售价或进口雪茄的含税价），按高者征收	2017.3.23—2018.2.27

数据来源：加拿大税务局．Excise Duty Rates. https://www.canada.ca/en/revenue-agency/services/forms-publications/publications/edrates/excise-duty-rates.html.

表 7-40 发往免税店的未贴花的进口烟草制品的特殊税率 （加元）

产品	2017.3.23—2018.2.27	2018.2.28—2019.3.31	2019.4.1—2020.3.31	2020.4.1—2201.3.31	2021.4.1—2021.4.20	2021.4.20—2022.3.31	2022.4.1 至今
卷烟（每支卷烟税率）	0.107 80	0.119 27	0.121 89	0.124 21	0.125 45	0.145 45	0.148 94
烟草棒（每棒税率）	0.107 80	0.119 27	0.121 89	0.124 21	0.125 45	0.145 45	0.148 94
卷烟、烟草棒之外的其他烟草制品（每 50 克的税率或每盒中 50 克的税率）	6.737 50	7.454 25	7.618 24	7.762 99	7.840 62	9.090 62	9.308 79

数据来源：加拿大税务局．Excise Duty Rates. https://www.canada.ca/en/revenue-agency/services/forms-publications/publications/edrates/excise-duty-rates.html.

表 7-41 旅行者烟草的特殊税率 （加元）

产品	2017.3.23—2018.2.27	2018.2.28—2019.3.31	2019.4.1—2020.3.31	2020.4.1—2201.3.31	2021.4.1—2021.4.19	2021.4.2—2022.3.31	2022.4.1 至今
卷烟（每支卷烟税率）	0.107 80	0.119 27	0.121 89	0.124 21	0.125 45	0.145 45	0.148 94
烟草棒（每棒税率）	0.107 80	0.119 27	0.121 89	0.124 21	0.125 45	0.145 45	0.148 94
卷烟、烟草棒之外的其他烟草制品（每 50 克的税率或每盒中 50 克的税率）	6.737 50	7.454 25	7.618 24	7.762 99	7.840 62	9.090 62	9.308 79

数据来源：加拿大税务局．Excise Duty Rates. https://www.canada.ca/en/revenue-agency/services/forms-publications/publications/edrates/excise-duty-rates.

表 7-42 加拿大生产出口的未贴花烟草制品的特殊税率 （加元）

产品	2017.3.23—2018.2.27	2018.2.28—2019.3.31	2019.4.1—2020.3.31	2020.4.1—2201.3.31	2021.4.1—2021.4.19	2021.4.2—2022.3.31	2022.4.1至今
卷烟（每支卷烟税率）	0.107 80	0.119 27	0.121 89	0.124 21	0.125 45	0.145 45	0.148 94
烟草棒（每棒税率）	0.107 80	0.119 27	0.121 89	0.124 21	0.125 45	0.145 45	0.148 94
卷烟、烟草棒之外的其他烟草制品（每公斤税率）	134.75	149.09	152.364 80	155.259 73	156.812 40	181.812 40	186.175 80

数据来源：加拿大税务局. Excise Duty Rates. https://www.canada.ca/en/revenue-agency/services/forms-publications/publications/edrates/excise-duty-rates.

表 7-43 加拿大生产出口的贴花烟草制品的特殊税率

产品	税率	生效日期
卷烟	0.095 724 加元/支	2008.2.27
烟草棒	0.095 724 加元/棒	2008.2.27
卷烟、烟草棒之外的其他烟草制品	每 50 克 5.982 75 加元或每盒中 50 克 5.982 75 加元	2013.3.22

数据来源：加拿大税务局. Excise Duty Rates. https://www.canada.ca/en/revenue-agency/services/forms-publications/publications/edrates/excise-duty-rates.

二、特种消费税

特种消费税是对高能耗车辆、汽车空调、石油产品征收的消费税。

（一）税率

1. 高能耗车辆消费税税率

100 公里消耗汽油为 13（含）～14 升的车辆征税额为 1 000 加元/辆。

100 公里消耗汽油为 14（含）～15 升的车辆征税额为 2 000 加元/辆。

100 公里消耗汽油为 15（含）～16 升的车辆征税额为 3 000 加元/辆。

100 公里消耗汽油为 16 升及以上的车辆征税额为 4 000 加元/辆。

2. 汽车空调消费税税率

用于轿车、面包车、旅行车、卡车的空调消费税税率为 100 加元/台空调。

3. 石油产品消费税税率

无铅汽油和无铅航空汽油的消费税税率为 0.10 加元/升。

含铅汽油和含铅航空汽油的消费税税率为 0.11 加元/升。

柴油和非航空汽油的航空燃油的消费税税率为 0.04 加元/升。

（二）纳税人

特种消费税的纳税人为注册的生产商、注册的批发商和进口商。

（三）纳税申报

消费税可按月申报和按半年申报。若消费税申报截止日在周末或公共假日，申报截止日就顺延至周末或公共假日后的第一个工作日。没有按时申报和缴纳税款，需要缴纳罚款。

税款的缴纳可以采取线上支付、电话银行支付、邮寄支付、汇款凭单。

三、燃油费

燃油费是出于保护环境，对使用的燃油征收的一种税。

燃油费是从量定额征收，不同燃油适用的税率不同。

燃油费费率反映的是每吨二氧化碳当量的碳污染价格，2019 年为 20 加元/吨，每年每吨增加 10 加元，2022 年增长幅度为每吨 20 加元，如表 7-44～表 7-45 所示。税率根据全球变暖潜在因子和加拿大环境气候变化部向联合国气候变化框架协定报告的排放因子确定。汽油和轻质燃油的费率还考虑了燃油的可持续因素。

表 7-44　马尼托巴、新不伦瑞克、安大略、萨斯喀彻温、阿尔伯塔的燃油费费率

类型	2019.4.1—2020.3.31	2020.4.1—2021.3.31	2021.4.1—2022.3.31	2022.4.1—2023.3.31
航空汽油	0.049 8 加元/升	0.074 7 加元/升	0.099 5 加元/升	0.124 4 加元/升
航空涡轮燃油	0.051 6 加元/升	0.077 5 加元/升	0.103 3 加元/升	0.129 1 加元/升
丁烷	0.035 6 加元/升	0.053 4 加元/升	0.071 2 加元/升	0.089 0 加元/升
焦炭	63.59 加元/吨	95.39 加元/吨	127.19 加元/吨	158.99 加元/吨
焦炉煤气	0.014 0 加元/立方米	0.021 0 加元/立方米	0.028 0 加元/立方米	0.035 0 加元/立方米
可燃废物	39.95 加元/吨	59.92 加元/吨	79.89 加元吨	99.87 加元/吨
乙烷	0.020 4 加元/升	0.030 6 加元/升	0.040 8 加元/升	0.050 9 加元/升
天然气油	0.033 3 加元/升	0.049 9 加元/升	0.066 6 加元/升	0.083 2 加元/升
汽油	0.044 2 加元/升	0.066 3 加元/升	0.088 4 加元/升	0.110 5 加元/升
重燃油	0.063 7 加元/升	0.095 6 加元/升	0.127 5 加元/升	0.159 3 加元/升
高热值煤	45.03 加元/吨	67.55 加元/吨	90.07 加元/吨	112.58 加元/吨
煤油	0.051 6 加元/升	0.077 5 加元/升	0.103 3 加元/升	0.129 1 加元/升
轻质燃油	0.053 7 加元/升	0.080 5 加元/升	0.107 3 加元/升	0.134 1 加元/升
低热值煤	35.45 加元/吨	53.17 加元/吨	70.90 加元/吨	88.62 加元/吨
甲醇	0.022 0 加元/升	0.032 9 加元/升	0.043 9 加元/升	0.054 9 加元/升
萘亚甲基	0.045 1 加元/升	0.067 6 加元/升	0.090 2 加元/升	0.112 7 加元/升
可销售天然气	0.039 1 加元/立方米	0.058 7 加元/立方米	0.078 3 加元/立方米	0.097 9 加元/立方米
非销售天然气	0.051 7 加元/立方米	0.077 6 加元/立方米	0.103 4 加元/立方米	0.129 3 加元/立方米
石油焦	0.076 7 加元/升	0.115 1 加元/升	0.153 5 加元/升	0.191 9 加元/升
戊烷加成	0.035 6 加元/升	0.053 4 加元/升	0.071 2 加元/升	0.089 0 加元/升
丙烷	0.031 0 加元/升	0.046 4 加元/升	0.061 9 加元/升	0.077 4 加元/升
釜馏气	0.054 0 加元/立方米	0.081 0 加元/立方米	0.108 0 加元/立方米	0.135 0 加元/立方米

表 7-45　努纳武特和育空地区的燃油费费率

类型	2019.4.1—2020.3.31	2020.4.1—2021.3.31	2021.4.1—2022.3.31	2022.4.1—2023.3.31
航空汽油	0.0 加元/升	0.0 加元/升	0.0 加元/升	0.0 加元/升
航空涡轮燃油	0.0 加元/升	0.0 加元/升	0.0 加元/升	0.0 加元/升
丁烷	0.035 6 加元/升	0.053 4 加元/升	0.071 2 加元/升	0.089 0 加元/升
焦炭	63.59 加元/吨	95.39 加元/吨	127.19 加元/吨	158.99 加元/吨
焦炉煤气	0.014 0 加元/立方米	0.021 0 加元/立方米	0.028 0 加元/立方米	0.035 0 加元/立方米
可燃废物	39.95 加元/吨	59.92 加元/吨	79.89 加元/吨	99.87 加元/吨
乙烷	0.020 4 加元/升	0.030 6 加元/升	0.040 8 加元/升	0.050 9 加元/升
天然气油	0.033 3 加元/升	0.049 9 加元/升	0.066 6 加元/升	0.083 2 加元/升
汽油	0.044 2 加元/升	0.066 3 加元/升	0.088 4 加元/升	0.110 5 加元/升
重燃油	0.063 7 加元/升	0.095 6 加元/升	0.127 5 加元/升	0.159 3 加元/升
高热值煤	45.03 加元/吨	67.55 加元/吨	90.07 加元/吨	112.58 加元/吨
煤油	0.051 6 加元/升	0.077 5 加元/升	0.103 3 加元/升	0.129 1 加元/升
轻质燃油	0.053 7 加元/升	0.080 5 加元/升	0.107 3 加元/升	0.134 1 加元/升
低热值煤	35.45 加元/吨	53.17 加元/吨	70.90 加元/吨	88.62 加元/吨
甲醇	0.022 0 加元/升	0.032 9 加元/升	0.043 9 加元/升	0.054 9 加元/升
萘亚甲基	0.045 1 加元/升	0.067 6 加元/升	0.090 2 加元/升	0.112 7 加元/升
可销售天然气	0.039 1 加元/立方米	0.058 7 加元/立方米	0.078 3 加元/立方米	0.097 9 加元/立方米
非销售天然气	0.051 7 加元/立方米	0.077 6 加元/立方米	0.103 4 加元/立方米	0.129 3 加元/立方米
石油焦	0.076 7 加元/升	0.115 1 加元/升	0.153 5 加元/升	0.191 9 加元/升
戊烷加成	0.035 6 加元/升	0.053 4 加元/升	0.071 2 加元/升	0.089 0 加元/升
丙烷	0.031 0 加元/升	0.046 4 加元/升	0.061 9 加元/升	0.077 4 加元/升
釜馏气	0.054 0 加元/立方米	0.081 0 加元/立方米	0.108 0 加元/立方米	0.135 0 加元/立方米

数据来源：加拿大税务局. Fuel Charge Rates. https://www.canada.ca/en/revenue-agency/services/forms-publications/publications/fcrates/fuel-charge-rates.html.

　　燃油生产商、批发商、排放者、燃油经销商，航空承运人、轮船承运人、铁路承运人、道路承运人及其他燃油使用者都是燃油费的纳税人。

　　除了道路承运人外，经营者需要按月申报，在下个月月末进行申报并缴纳税款。道路承运人按季度申报，季度终了后下一个月月末进行申报并缴纳税款。没有及时申报缴纳税款需要缴纳罚款。

四、航空乘客安全费

　　航空乘客安全费是向航空旅行者在大陆区内外接受航空运输服务时收取的安全费。大陆区包括加拿大、除夏威夷之外的美国所有地区、圣皮埃尔与密克隆岛。航空乘客安全费由航空承运人或其代理人在发售机票时收取，或在加拿大表列机场乘机时收取。

（一）安全费费率

如表 7-46～表 7-49 所示。

表 7-46　加拿大内航空旅行时航空乘客安全费费率　（加元）

商品劳务税/协调销售税	每个应税乘客的费率	最大费率
适用	7.12	14.25
不适用	7.48	14.96

数据来源：加拿大税务局. Air Travellers Security Charge（ATSC）Rates. https://www.canada.ca/en/revenue-agency/services/forms-publications/publications/atscrates/air-travellers-security-charge-atsc-rates.html.

表 7-47　加拿大之外大陆区内航空旅行时航空乘客安全费费率（在加拿大内取得服务）

（加元）

商品劳务税/协调销售税	每个应税乘客的费率	最大费率
适用	12.10	24.21
不适用	12.71	25.42

数据来源：加拿大税务局. Air Travellers Security Charge（ATSC）Rates. https://www.canada.ca/en/revenue-agency/services/forms-publications/publications/atscrates/air-travellers-security-charge-atsc-rates.html.

表 7-48　加拿大之外大陆区内航空旅行时航空乘客安全费费率（在加拿大外取得服务）

（加元）

商品劳务税/协调销售税	每个应税乘客的费率	最大费率
适用	12.10	24.21
不适用	12.71	25.42

数据来源：加拿大税务局. Air Travellers Security Charge（ATSC）Rates. https://www.canada.ca/en/revenue-agency/services/forms-publications/publications/atscrates/air-travellers-security-charge-atsc-rates.html.

表 7-49　大陆之外航空旅行时航空乘客安全费费率（不适用商品劳务税/协调销售税）

（加元）

获得服务地	每个应税乘客的费率
加拿大内	25.91
加拿大外	25.91

数据来源：加拿大税务局. Air Travellers Security Charge（ATSC）Rates. https://www.canada.ca/en/revenue-agency/services/forms-publications/publications/atscrates/air-travellers-security-charge-atsc-rates.html.

（二）税收豁免

没有得到坐票的婴儿和在飞行中执行公务的航空公司雇员可以免于缴纳航空乘客安全费。

（三）纳税申报

每个注册的航空承运人需要每个月进行航空乘客安全费的申报，说明前一个月承运人或代理人收到的航空乘客安全费及应收的航空乘客安全费。如果前一个月没有收到航空乘客安全费或没有应收的航空乘客安全费，也需要进行零申报。申报的同时需要缴纳航空乘客安全费给加拿大税务局。

五、保费税

保费税是对就加拿大的风险与授权的保险人、未授权的保险人通过经纪人或加拿大之外的代理人签订的保险的保费收入征收的一种税，税率为 10%。

（一）税收豁免

（1）生命保险合同，个人意外保险合同、疾病保险合同、海事保险合同免于缴纳保费税。
（2）核风险保险合同免于缴纳保费税。
（3）税务督察认为加拿大没有的保险合同都可免于缴纳保费税。

（二）纳税申报

加拿大的所有税收居民，包括公司，在加拿大与授权的保险人或未授权的保险人通过经纪人或加拿大之外的代理人签订的风险保险合同，都需要进行保费税的纳税申报，按应收保费的 10%申报缴纳税款。如果经纪人或代理人代客户或被保险人缴纳了保费税，客户或被保险人仍需进行保费税的申报。

保费税在每年 4 月 30 日前需要就前一个纳税年度的保险合同或续保合同缴纳保费税。

所有经纪人和代理人签订保险合同或协助签订保险合同后，都需要在每年 3 月 15 日前向加拿大税务局报告保险合同的详细信息。

第五节　比较与借鉴

一、外国消费税的特点

（一）消费税税目设计导向明确

由于各国的经济发展水平和历史文化的差异，各个国家消费税的征税范围和征税对象不尽相同。但是从整体来看，消费税的税目通常包括烟、酒、石油和奢侈品等。随着经济社会的发展，酒类饮料、矿物油以及烟草制品这三类逐渐成为消费税征收的主要对象，这体现了政府和国家对于人们消费行为的调节和约束作用。比如，对酒类饮料和烟草制品征收消费税，并且按照不同浓度的酒精含量、啤酒和葡萄酒在税制设计上有所差别，制定出不同的消费税的税率，这主要是为消费者的身体健康着想，引导人们健康的消费行为；而对矿物油征收不同程度的消费税，主要是从节约资源、保护环境的方面对人们的消费行为起引导作用。在烟草制品消费税的征收上面，通常采取从量定额和从价定率相结合的复合计税法来确定应纳税额，旨在减少人们对烟草的消费量，引导健康的消费行为。

（二）消费税的征收手段灵活

一般而言，消费税可以通过税目和税率这两种手段进行灵活调节。从征收税目来看，各个国家由于各自的国情不同，征收税目也是不尽相同。美国的消费税税目分为受益型、节约型和限制型三类，日本的消费税有 100 多个税目，印度也有 110 多个税目。虽然各国的征收税目和征税数量都不同，但是一般都是将烟、酒、化妆品、石油、赌博、电器制品作为征税对象。从征收税率来看，不同的消费品税率不同，且彼此之间差别很大，都为了体现特定的政策目的。如法国，对粮食酒征收重税，这是为了抑制粮食酒的消费，达到节约粮食的目的。而对果酒征税轻，以鼓励对它的消费。再如加拿大，酒精浓度越高，税率越高，以鼓励对低度酒的消费。从计征方式来看，消费税可以采用从量计征和从价计征相结合。中国的卷烟和白酒也采用了这种计征模式，可以有效避免经济的波动对税基的影响。当经济萧条时，物价会下跌，从价计征部分会受到影响，但从量计征部分会抵消该影响，当通货膨胀时，物价上涨，仅仅采取从量计征的方式，将会使一部分税源白白流失，而从价计征的方式可以减少这种损失。

（三）税率调整的环保因素日益明显

消费税和环境保护的理念相结合是时代发展的必然产物，任何国家的经济发展都不可能以牺牲环境为代价。环境税改革起源于 20 世纪 90 年代，主要的改革理念是将税负从劳动力转向对环境有害的商品和行为上，随着人们环保意识的加深，消费税的调节功能受到了越来越多国家的关注。

从广义上讲，与环境相关的税制体系一般包括：资源税、污染税、车船税、能源税和交通税。其中，能源税和交通税在 OECD 国家占的比重较大。

在实践中，由于各国国情不同，与环境相关的税收在税收总收入中所占的比重是不尽相同的。有的国家的这一比重呈逐年上升趋势，而有的国家的这一比重呈下降趋势，导致这种不同变化的原因是多方面的。一方面，实现环境保护的目标有多种手段，而税收只是其中一种，一般而言是按照对环境的影响程度来设置不同档位的税率。污染程度越高，税率越高，反之，污染程度低，税率也低，甚至还有税收优惠。以汽油消费税为例，除了多数国家都对含铅汽油征重税以外，有的国家按含硫量征税，对高含硫量汽油征重税，如奥地利、比利时等欧洲国家；有的国家对添加一定比例的酒精（包括生物酒精）或其他生物燃料的混合汽油实行低税率，如保加利亚、立陶宛、拉脱维亚、美国等；有的国家按照燃油的污染程度征收特种环境税，如丹麦、芬兰、瑞典的二氧化碳税，英国的气候变化税等。此外，不少国家的能源税和机动车税开始考虑按排污量、碳排放量或者含硫量等污染因素来设置税率。另一方面，环境税是一种矫正型税收，其主要功能在于矫正对环境的不友好行为，如果一个国家通过开征环境税而使环境得到了改善，则这种税的收入也会减少，该种税占税收收入总额的比重也会降低。因此，对于这种变化应做具体分析，但有一点是大家普遍都接受的，即在世界各国消费税的改革过程中，环境保护的理念得到了广泛的应用。

二、我国消费税的发展方向

中国的分税制改革始于 20 世纪 80 年代末 90 年代初，当时中央财政陷入危机，正是这场财政危机，拉开了 1994 年的分税制改革序幕。分税制改革之前，中央财政确实很薄弱，以 1992 年为例，全国财政收入 3 500 亿元，其中，中央收入 1 000 亿元，地方收入 2 500 亿元，中央财政支出 2 000 亿元，赤字 1 000 亿元。为了充分发挥消费税对消费和生产的特殊调节作用，我国将原属于产品税和增值税课征范围的一部分消费品划分出来，建立了我国迄今为止最具独立性、系统性的消费税制度。消费税制度自从实施以来，就与增值税相互配合，在调节消费结构、抑制超前消费需求、引导消费方向、增加财政收入、平衡社会资源分配等方面发挥了巨大的作用。特别是 2006 年 4 月，我国对消费税的税目、税率及相关政策作了适当调整，进一步强化了消费税的调节功能，突出了节能、环保等特点，并加大了对奢侈品的调节力度。总的来说，在我国消费税的改革之路上，既要结合我国国情和社会经济发展的现状，又要借鉴国际经验。

（一）关于消费税的征税范围与税目的改革

我国的消费税是"选择性"消费税，在国民经济中与增值税一起发挥着调节收入分配的作用。我国现行的消费税制始于 1994 年，2006 年经历过一次大的调整。现行消费税的征收范围主要包括烟、酒、化妆品、贵重首饰及珠宝玉石、成品油、小汽车等税目，我国消费税收入规模仅次于增值税、企业所得税。作为财政体制改革中的重要一环，消费税的改革方向被定义为"调整消费税征收范围、环节、税率，将高耗能、高污染产品及部分高档消费品纳入征收范围"。

因此，针对现阶段我国经济社会发展中存在的问题和矛盾，有必要进一步调整消费税的征收范围，拓宽其调控领域，具体可以从以下方面考虑。

（1）为抑制过度消费、反对铺张浪费、增强对居民收入的调节作用，应当将更多的奢侈品和高档消费品纳入到我国消费税的征收范围，如高档服装、高档电器等。

（2）为了进一步强化税收对环境的保护力度，建议将更多对环境不友好的消费品纳入征税范围。需要注意的是，如果这类产品是必须使用的，且没有同类对环境相对友好的替代品，那么在征收消费税时要注意征收力度，不能盲目征收。

（二）关于税率的改革

我国现行消费税对不同税目分别实行从价计征和从量计征的方式，并采用相应的比例税率和定额税率。在实践中，我国目前消费税占税收收入总额的比重呈现逐步下降的趋势。可以考虑在税法中规定，当应税消费品价格变动达到一定程度时，对定额税率进行相应调整，构建起一种应税消费品价格与定额税率相结合的机制。比如，对白酒和卷烟实行的复合税率就是改革的一个方向，这种征收模式兼顾了比例税率和定额税率的优点，既能够在一定程度上缓解通货膨胀对税收的影响，又可以对纳税人利用关联企业转让定价手段避税起到制约作用。

思 考 题

1. 外国消费税有什么特征？与中国消费税有什么不同？
2. 发达国家和发展中国家消费税的征收范围有何异同？
3. 影响消费税征收范围的因素有哪些？
4. 分析消费税的具体调节作用。
5. 结合实际，探讨中国消费税改革可以学习借鉴外国的哪些经验。

第八章

外国财产税

【学习目标】

　　通过本章的学习，对财产税的概念和分类有初步的了解，重点掌握财产税的纳税人、征税对象和税率，了解英国、美国和俄罗斯等国财产税的相关内容，对财产税的发展历程有一定的认识。

【引言】

　　本章对外国财产税的基本理论进行讲解，对财产税的类型、纳税人、税率、征税对象、税收优惠进行了相关阐述。主要对英国、美国、俄罗斯的财产税进行了重点分析。系统性地描述了财产税改革的国际趋势，并将外国财产税和中国财产税进行了比较，最后提出建议。

第一节　财产税概述

一、财产税的概念

　　财产税是对所拥有的或者是所支配的财产课征的一种税，需要注意的是，财产税是一个税系，是对各种"财产"征税的税种的归类，与商品税和所得税一起称为现代三大重要税种。

二、财产税的产生与发展

　　财产税是历史上最古老的税种，从历史角度看，它是奴隶社会和封建社会国家财政收入的重要来源。土地税是财产税的重要课税形式之一，据史书记载，古埃及、古印度和古代中国都开征了土地税，比如在古代中国，国家以土地为征税对象，凭借政治权力，运用法律手段，从土地所有者或土地使用者手中固定地、无偿地、强制地取得部分土地收益。土地税对当时经济发展和社会进步起到了很大的作用，可以说土地税是当时最重要的税种。

　　随着经济的发展，到了现代社会，财产税的地位逐渐下降，被所得税、商品税（如增值税）和消费税所取代。但是财产税在保证地方和国家财政收入中的地位是无比重要的，在调节收入水平、调节财富不均、合理配置资源等方面的作用是企业所得税、增值税和消费税所不能取代的，这是财产税的独特之处，它能够有效弥补所得税和商品税在这些方面的不足，完善整个税收体系。

三、财产税的分类

财产税历史悠久，体系复杂，分类标准和方法繁多，理论上可做如下分类。

（一）按照课征方式的不同，分为一般财产税和个别财产税

1. 一般财产税

一般财产税也称综合财产税，是对纳税人的一切财产价值综合课征的一种税。在此种情况下，生活必需品的免税、一定数量以下的财产免税和负债扣除的问题需要考虑进去。一般财产税又可以分为选择性一般财产税和财产净值税。一般财产税的纳税范围很广，理论上包括纳税人的全部财产，美国、加拿大、新加坡等国实行一般财产税制度。

2. 个别财产税

个别财产税也称特别财产税，是对纳税人拥有的某些特定财产，如土地、房屋和资本等分别进行征税，与一般财产税不同的是，个别财产税在课征时不需要考虑免税和扣除。实行个别财产税的国家有英国、日本、韩国、意大利等。

（二）按照课征对象的范围不同，分为动态财产税和静态财产税

1. 动态财产税

动态财产税是针对财产的转移（如遗赠、继承等）和变动（如增值）所课征的税，在征税对象上，动态财产税和商品税有相似性，但是这类税的征税对象（比如遗产）通常不是交易条件下的流通物，也没有牟利的目的，只是发生所有权的变动，因此，还属于财产税的范围。

2. 静态财产税

静态财产税是对纳税人在一段时期内所拥有的或者所支配的静态财产，如房屋、土地等，按照其数量或者价值征收的税。

（三）按照课征的标准不同，分为财产增值税和财产价值税

1. 财产增值税

财产增值税是对财产增值的部分所征收的一种税，即对增值额征税，此种情况下，财产的购入价和净值不需要考虑。

2. 财产价值税

财产价值税是按照财产的价值征收的一种税，由于财产有总价值、净价值和实际价值之分，因此就出现了财产总价值税、财产净价值税和财产实际价值税。

（四）按照课征的环节不同，分为财产保有税、财产转让税和财产收益税

1. 财产保有税

财产保有税是对财产的持有者在使用环节征收的税，如土地使用税、房产税等。如果

出现财产所有者与使用者不一致的情况，如财产的出租、出典等，不同国家的做法不同，有的国家对财产所有者征税，有的国家对财产使用者征税，也有国家既对所有者征税又对使用者征税。

2. 财产转让税

财产转让税是在财产转让环节，对转让的财产征收的税。这类税主要包括与有偿转让相关的资本转让税、与无偿转让相关的继承税和遗产税等。

3. 财产收益税

财产收益税是对财产所有人出售、清理财产后的所得，即财产带来的收益所征收的税，因此有的国家把这类税归入到所得税而非财产税类，也有国家和地区对某种财产的收益单独课税。

（五）按照课征的范围不同，分为真实财产税和虚假财产税

1. 真实财产税

真实财产税是对包括收益性财产和消费性财产在内的全部财产征收的一种税。

2. 虚假财产税

虚假财产税是仅针对收益性财产征收的一种税，对个人消费用的财产不征。

（六）按照课征的时序不同，分为经常财产税和临时财产税

1. 经常财产税

经常财产税是一类需要定期征收的，具有经常性收入性质的税，由于征收的频繁性，税率一般较低，是财产税收入的主要部分。

2. 临时财产税

临时财产税是战时或者是非常时期为了筹措经费、偿还债务等临时征收的税，这类税占财政收入的比重不大，但是税率比经常财产税的税率要高。

四、财产税的课税对象

财产税的课税对象是财产，可以分为动产与不动产。

（一）动产

动产是指人们拥有的除不动产之外的所有财产，对动产而言，"能动"为其基本特点，其容易移动且价值不会因移动而受影响。动产可以分为有形动产和无形动产，有形动产是指有实物形态的动产，比如固定资产、原材料、库存商品等，无形动产是指不具有实物形态的财产，如股票和银行存款。

（二）不动产

不动产是相对于动产而言的，不能移动或者移动后经济价值会损失的资产，如土地和房屋，还包括有关地产的法定权利，如采矿权。

五、财产税的纳税人

财产税的纳税人是土地、房屋及其他建筑物等财产的所有人，一般包括居民纳税人和非居民纳税人。居民纳税人就该国境内外的所有财产均纳税，非居民纳税人只就该国境内的财产纳税。

六、财产税的计税依据

（一）改良资本价值

改良资本价值，一般是指土地和房屋建筑物的评估价值。在这种计税依据下，既可以对房屋和建筑物统一进行评估并适用统一的税率，也可以对它们分别进行评估并适用差别税率。这种评估价值可以是市场价值，也可以是重置价值或者历史成本价值。从多数国家的税制体系来看，实现该计税依据的国家，大都采用市场价值的概念，且一般意味着财产的"最高最佳用途"，即不动产的市场价值应反映不动产的所有潜在用途中价值最大的一种。但也有国家采用历史成本价值，比如我国房产税计税依据中的"房产原值"和"房产余值"就是采用的历史成本价值。

改良资本价值这一计税依据运用最为广泛，基本上是根据纳税人具有的支付能力制定的。此外，这一计税依据还具有税源丰富且有弹性，交易证据和不动产价格变动数据较多，容易被纳税人理解等优点。但是，该纳税依据也存在着一些问题。首先，该计税依据为土地的价值，这在某种程度上会抑制对土地改良的投资。其次，土地价值和房屋建筑物的价值随时都要被量化，因此在评估和征收的过程中对税收环境和税收人员提出了很高的要求，尤其是在一些发展中国家，由于不动产交易信息的可靠性和及时性不强，易出现信息失真和评估滞后的情况。最后，各国不动产价值普遍偏高，对不动产转让课税会使不动产交易价格普遍低报，造成了以这一计税依据作支撑的市场价值严重失真。

（二）未改良资本价值

以未改良资本价值作为计税依据时仅指土地的价值，不包括房屋建筑物的价值。未改良资本价值还可细分为土地价值和位置价值。目前采用该计税依据的国家有澳大利亚、新西兰等。

以未改良资本价值为计税依据，可以减少税收对经济的压榨和扭曲，提高土地的利用率。同时，由于不需要考虑房屋建筑物的价值，不动产评估过程得到了简化，降低了评估成本。但是该计税依据也存在一定的缺陷，比如所提供的税源有限，必须要通过提高税率来保证充足的税收收入。另外，在土地已得到改良的地区，由于欠缺未改良土地的交易证据，难以从已改良的不动产交易价格中获知未改良土地的价值，加大了评估工作的难度。

（三）租金收益

财产课税还有以租金收益为计税依据的，租金收益有总收益、纯收益、租赁收益和平均收益四类，多采用租赁收益的含义。现阶段，以不动产收益为计税依据主要体现为从租计征的年值制度。在年值制度下，租金收益指的是不动产的名义租金或者预期租金，而非实际租金收益。以年度租金收益为计税依据能够有效地对不动产的潜在租金课税，并且能够及时地反映不动产的租金收益和年值的提高。但由于各国都普遍存在租金控制，使租金收益往往偏离市场租金，因此存在市场上租金收益混乱的问题。

（四）物理特征

还有财产税采用不动产的某些物理特征作为计税依据，即从量计征。如早期的房屋税就曾以房屋的窗户、烟囱或房间的数目作为计税依据，早期的土地税以土地的面积作为计税依据。现在各国较少对房屋建筑物采用物理特征作为计税依据来征收财产税，但还有国家依据土地面积对土地课征财产税，如匈牙利和波兰等。

七、财产税的税率

（一）比例税率

一般财产税，各国多采用比例税率，税率一般在 1% 左右。财产净值税的税率一般也为比例税率，税率水平通常为 0.5% 或 1%。

（二）累进税率

仅有少数国家实行累进税率，通常税率不会超过 3%，一般根据家庭或个人的财产价值的不同实行不同的税率。

八、财产税的税收优惠

（一）用于公共事业

很多国家对政府、宗教、教育、慈善等非营利性组织的财产免税，通常也会对用于文化卫生事业的土地、外国大使馆、领事馆占用的土地免税。

（二）对土地的合理利用

为了鼓励农村土地的合理利用，各国通常会对农业用地有较大的税收优惠。

（三）对个别纳税人的直接减免

许多国家对低收入者有不同的税收减免方式。

（1）对低收入纳税人缴纳的财产税可以按照一定额度在计算个人所得税应纳税额时给予扣除，应纳税个人收入越高，可获得的扣除额越少，以减轻财产税的累退性，纾解低收入家庭的税收负担。

（2）延期付税，即允许老年人、残疾人等低收入群体申请延期缴纳财产税，虽然延期纳税需要就迟纳税额支付一定比例的利息，但毕竟可纾缓纳税人资金短缺的问题。

（3）拨款补偿，即根据一定标准给予特定纳税人一定的拨款以补偿其因纳税所发生的收入损失，能否得到拨款补偿及得到的补偿金额高低通常取决于特定纳税人的收入高低、缴纳年金与否和享受社会福利救济与否。

（4）直接免税，即对低收入者需缴纳的财产税直接免征。

第二节　英国财产税

英国的个别财产税主要由住宅税和营业财产税组成，是专门对房地产课征的税种，也是地方财政收入的重要来源。英国住宅税和营业财产税的收入一般用于地方基础设施建设和教育事业，在地方经济中发挥着举足轻重的作用。

一、住宅税

住宅税（council tax）是对居民的住宅依据其资本价值课征的地方税种，住宅税是英国最大的地方税种。

（一）纳税人

英国住宅税的纳税人为年满 18 周岁的拥有或者租用住房的人，包括永久地居住的人、租客和业主等。如果一处住房为多人所有或者多人居住，则这些人将共同负有纳税义务。需要注意的是，18 周岁以下的儿童、一些学徒计划的人、有严重精神障碍的人、25 岁以下从技能资助机构或年轻人学习机构获得资助的年轻人和 18～19 岁的全日制教育的居民不是财产税的纳税人。

（二）征税对象

英国住宅税的征税对象为居民住宅，包括楼房、平房、公寓、活动房屋和船宅等。

（三）计税依据

英国住宅税的计税依据为居民住宅的房产价值。根据地方税法规定，地方政府定期要对应税房产的价值进行重新评估和分级，在英格兰和苏格兰，根据应税住宅价值高低，将住宅分为 A 至 H 共 8 个等级，如表 8-1 和表 8-2 所示。威尔士，则将住宅分为 A 至 I 共 9 个等级，如表 8-3 所示。地方政府每年都会统计不同等级的应税房产的数量。

表 8-1　英格兰住宅税等级（基于 1991.4.1 住宅价格）

等级	1991.4.1 住宅价格（英镑）
A	40 000 以下
B	40 001～52 000
C	52 001～68 000
D	68 001～88 000
E	88 001～120 000
F	120 001～160 000
G	160 001～320 000
H	320 000 以上

数据来源：英国政府网. How Domestic Properties Are Assessed for Council Tax bands. https://www.gov.uk/guidance/understand-how-council-tax-bands-are-assessed.

住宅的评估价值会考虑一系列因素，如住宅的大小、布局、特色、地理位置、使用中的变动、1994 年 4 月 1 日的价格（英格兰、苏格兰）或 2003 年 4 月 1 日的价格（威尔士）或 2005 年 1 月 1 日的价格（北爱尔兰）。北爱尔兰住宅价格计税的最大值为 400 000 英镑，对住宅价格超过 400 000 英镑的部分，不征收住宅税。

表 8-2　苏格兰住宅税等级（基于 1991.4.1 住宅价格）

等级	1991.4.1 住宅价格（英镑）
A	27 000 以下
B	27 001～35 000
C	35 001～45 000
D	45 001～58 000
E	58 001～80 000
F	80 001～106 000
G	106 001～212 000
H	212 000 以上

数据来源：苏格兰评估协会. Council Tax Bands. https://www.saa.gov.uk/council-tax/council-tax-bands/.

表 8-3　威尔士住宅税等级（基于 2003.4.1 住宅价格）

等级	2003.4.1 住宅价格（英镑）
A	44 000 以下
B	44 001～65 000
C	65 001～91 000
D	91 001～123 000
E	123 001～162 000
F	162 001～223 000
G	223 001～324 000
H	324 001～424 000
I	424 000 以上

数据来源：英国政府网. How Domestic Properties Are Assessed for Council Tax bands. https://www.gov.uk/guidance/understand-how-council-tax-bands-are-assessed.

（四）税率

英国住宅税的税率没有统一规定，是由各地区政府根据当年预算支出情况而设定。由于将房屋价值划分为了不同的级次，所以具体税额是不同的。在实际运用中，对同一地区同一价值等级的住宅，地方政府课征相同等级的税额；对同一地区不同等级的住宅，一般将等级 D 作为标准，其他等级都是与 D 等级作比较得出相应比率。例如，A 等级的住宅税是 D 等级的 6/9，H 等级住宅税是 D 等级的 2 倍，如表 8-4 和表 8-5 所示。

表 8-4　英格兰各级住宅税与 D 级住宅税的比率

等级	A	B	C	D	E	F	G	H
比率	6/9	7/9	8/9	1	11/9	13/9	15/9	2

数据来源：英国政府网. Council Tax Levels Set by Local Authority: England. https://assets.publishing.service.gov.uk/government/uploads/system/uploads/attachment_data/file/905425/Council_tax_levels_set_by_local_authorities_in_England_2020-21.pdf.

表 8-5　英格兰历年 D 等级的住宅税税率

年度	税率（英镑）	变动%	年度	税率（英镑）	变动%
1993—1994	568	—	2008—2009	1 373	3.9
1994—1995	580	2.1	2009—2010	1 414	3.0
1995—1996	609	5.0	2010—2011	1 439	1.8
1996—1997	646	6.1	2011—2012	1 439	0.0
1997—1998	688	6.5	2012—2013	1 444	0.3
1998—1999	747	8.6	2013—2014	1 456	0.8
1999—2000	798	6.8	2014—2015	1 468	0.8
2000—2001	847	6.1	2015—2016	1 484	1.1
2001—2002	901	6.4	2016—2017	1 530	3.1
2002—2003	976	8.2	2017—2018	1 591	4.0
2003—2004	1 102	12.9	2018—2019	1 671	5.1
2004—2005	1 167	5.9	2019—2020	1 750	4.7
2005—2006	1 214	4.1	2020—2021	1 818	3.9
2006—2007	1 268	4.5	2021—2022	1 898	4.4
2007—2008	1 321	4.2			

数据来源：英国政府网. Band D Council Tax. https://www.gov.uk/government/statistical-data-sets/live-tables-on-council-tax.

北爱尔兰的住宅地区税率是纳税人需要就住宅价格缴纳住宅税的税率，这部分税收用于政府提供地区公共服务。住宅地方税率是纳税人需要就住宅价格缴纳住宅税的税率，这部分税收用于政府提供地方公共服务。北爱尔兰住宅税总镑数就是住宅地区税率和住宅地方税率的加总，如表 8-6 所示。

表 8-6　北爱尔兰住宅税的镑数（税率）

地区	住宅地方税率（英镑）	住宅地区税率（英镑）	住宅税总镑数（英镑）
安特里姆和纽敦阿比	0.003 649	0.004 574	0.008 223
阿兹和北唐	0.003 446	0.004 574	0.008 020
阿马、班布里奇和克雷加文	0.004 419	0.004 574	0.008 993
贝尔法斯特	0.003 394	0.004 574	0.007 968
堤道海岸和峡谷	0.003 892	0.004 574	0.008 466
德里和斯特拉班	0.005 009	0.004 574	0.009 583
弗马纳和奥马	0.003 668	0.004 574	0.008 242
利斯本和卡斯尔雷	0.003 158	0.004 574	0.007 732
中和东安特里姆	0.004 371	0.004 574	0.008 945
中阿尔斯特	0.003 373	0.004 574	0.007 947
纽里、莫恩和唐	0.004 004	0.004 574	0.008 578

数据来源：北爱尔兰财政部. Poundages 2020-2021. https://www.finance-ni.gov.uk/articles/poundages-2020-2021.

（五）税收优惠

英国住宅税减免形式有很多种，比如折扣、优惠、伤残减免等。优惠主要针对没有收入或者收入水平很低的纳税人，优惠力度取决于纳税人的经济条件，优惠范围最大可达100%。伤残减免主要针对残疾人等，在征税时降低纳税的档次，给予适当的优惠。

具体来说，对空房屋有一定的税收优惠，但是也有一些限制。空房屋是指没有人居住也没有配备家具的房屋，在地方政府的酌情考虑下，空房屋可以有0～100%的折扣。如果它们曾经空置超过两年，那么它们可能会被收取附加费，这是缴了全额住宅税后另外收取的。从2013年4月1日至2019年3月31日，附加费高达50%。自2019年4月1日起，附加费上调至100%。从2020年4月1日起，空置5年以上的住宅的附加费最高可达200%。

住宅税全额征税的基本条件是至少有2名成年人居住在住宅内，如果只有一名成年人居住，住宅税则可减收25%，如果是居民的第二套住宅，则可以减收0～50%，截至2020年9月14日，有263 000套住宅被记录为家庭税的第二居所，比2019年增加了10 000套（增幅为4.1%），其中253 000人不享受折扣，比2019年增加13 000人（增幅为5.3%），在1万套第二套房中，50.2%获得10%的折扣，26.1%获得50%的折扣。

（六）税收征管

地方税务机构每年要根据每处住宅的等级和评估价值来确定它的应纳税额，并在当年的4月1日将税单寄给纳税人。如果纳税人能够在财政年度初一次性把税款缴清，则可以享受税额折扣。此外，纳税人也可以采取按10次分期付款的方式缴纳税款。如果纳税人未按期纳税，地方政府会向欠税人收取罚款。

二、营业财产税

营业财产税（business rates）也称为非住宅税，其课税对象为营业性的房地产，如商店、写字楼、仓库、工厂、度假出租屋、客房等非住宅用不动产。与住宅税不同的是，营业财产税被划分为中央税种，它是由地方征缴后上交到中央财政，汇入专项基金，然后由中央财政根据各地人口进行资金分配。

（一）英格兰

1. 税基

根据英国税法要求，英国国内收入署的估价部门每隔5年都会对营业性房产的应税价值进行重新评估。营业性房产的应税价值是指在规定日期出租该房产的公平合理的市场租金。

2. 税率

一般的纳税人营业财产税的税率是标准乘数，小企业适用的营业财产税的税率是更为优惠的小企业乘数，如表8-7所示。

3. 营业财产税的计算

$$应纳营业财产税 = 营业财产的应税价值 \times 税率$$

4. 税收优惠

属于免征营业财产税的房地产有：农业用地和建筑物，包括养鱼场、用于残疾人训练或福利的建筑物、注册用于公共宗教礼拜教堂的建筑物。但是，对于这些场所的免税在法律上是有严格要求的。如果纳税人的财产在英格兰，其可以使用评估办公室代理服务报告该财产应予豁免；如果财产位于威尔士，则有另一种报告豁免的方式。

表 8-7　英格兰营业财产税的税率

年度	标准乘数（便士）	小企业乘数（便士）
2016—2017	49.7	48.4
2017—2018	47.9	46.6
2018—2019	49.3	48.0
2019—2020	50.4	49.1
2020—2021	51.2	49.9
2021—2022	51.2	49.9

数据来源：英国政府网. Estimate Your Business Rates. https://www.gov.uk/calculate-your-business-rates.

如果小企业满足下列条件之一：财产的应课税价值少于 15 000 英镑；企业仅有一项资产则可享受营业财产税收优惠。关于农村地区减免，如果公司位于人口不足 3 000 人的农村地区，则可以享受农村减免的优惠。如果公司位于符合条件的地区，并且满足以下条件之一，则纳税人无须支付营业财产税：唯一的乡村商店或邮局，应税价值不超过 8 500 英镑；唯一的公共房屋或加油站，价值不超过 12 500 英镑。关于慈善减免，如果将财产用于慈善目的，慈善机构和社区业余体育俱乐部可以申请最高 80% 的慈善税率减免，地方政府有权将减税比例提高，甚至可以完全免除。

5. 纳税申报

营业财产税的税收征管和住宅税相似。每年的 2 月或 3 月，地方税务机构将下一年的税单寄给纳税人，纳税人可以一次性缴清税款，也可以分期纳税。如果纳税人逾期未缴纳，会被地方法庭传唤；如果纳税人恶意拖欠，地方政府可在法庭的授权下冻结欠款者的收入或者财产来冲抵税款。

（二）苏格兰

在苏格兰，营业财产税是对非住宅财产征收的税款，以帮助支付地方市政服务费。这些服务包括教育、社会护理和废物管理等服务。

1. 税率

从 2021 年 4 月 1 日起，苏格兰实施 3 种不同形式的营业财产税税率。基本营业财产税税率为 49 便士，中等税率为 50.3 便士（应税财产价值在 51 001 英镑至 95 000 英镑之间的企业支付的营业财产税税率），更高的税率为 51.6 便士（应税财产价值超过 95 000 英镑的企业支付的营业财产税税率）。

如果在家工作，则可能需要支付用于商业目的的物业部分的营业财产税。这取决于不动产商业使用的程度以及当地评估师是否对房屋的一部分评估了应税财产价值，可能仍然需要为房屋的其余部分支付住宅税。如果房间专门用于商务活动或经过修改（例如车间），则需要支付营业财产税。

2. 营业财产税的计算公式

应纳营业财产税 = 营业财产的应税价值 × 税率 - 减免（折扣）- 纳税人已纳税款

3. 税收优惠

一些营业性财产免于缴纳营业财产税，如农业用地和建筑、养鱼场、公园、带自动取款机的农村建筑、油气管道、外国驻军在英国的基地。

4. 纳税申报

纳税人需要按年缴纳营业财产税，纳税年度为 4 月 1 日到下一年的 3 月 31 日。纳税人可以一次性缴纳或分期付税。缴纳营业税的方式有直接借记、线上支付、借记卡或贷记卡支付、银行转账、定期委托付款。

（三）北爱尔兰

北爱尔兰的营业财产税额是按照所有能够产生收入或收取租金的非住宅财产（例如办公室、工厂和商店）的税率，乘以 2018 年 4 月 1 日的营业财产的应税价值计算得出的，其地方、地区及总税率如表 8-8 所示。

1. 征税对象

在北爱尔兰，营业财产税的课税对象为商业或者非住宅场所，如商店、办公室、酒吧、仓库和工厂。但是，有一些房地产不属于营业财产税征税范围，比如养鱼场、大多数农田和农舍、大多数墓地和火葬场、泥炭采掘场和捕鱼场所、可移动的系泊设备、公园和下水道。还有一些免税和部分免税的非住宅房地产，比如公共宗教礼拜场所和教堂大厅、区议会游泳池和娱乐设施、只出售捐赠物品的慈善商店和在指定农村地区的 ATM 机。对于混合用途的房地产来说，如果建筑物的一部分用于商业，一部分用于住宅目的（例如，楼上有公寓的商店或住宅物业中的律师事务所），则用于商业的那一部分就算作非住宅用房。因此，如果在同一场所居住和工作，则通常要支付用于商业用途的房产的营业财产税和住宅部分的住宅税。

2. 营业财产税的计算

应纳营业财产税税款的计算，需要考虑地区税率、地方税率和财产净值。

应纳营业财产税税款 = 纳税人的财产年净值 × （营业财产地区税率 + 营业财产地方税率）

其中，地区税率由北爱尔兰执行机构每年设定，并适用于北爱尔兰的每个区议会区域。地方税率由北爱尔兰的每个地方议会每年设定。非住宅税税率根据其租金价值（也称为年净值，NAV）进行评估。资产净值是对财产在公开市场上合理预期的年租金价值的评估。每个非住宅财产的价值都与附近的可比较财产一致。当前非住宅房地产的估值清单于 2020 年 4 月 1 日生效，估值基于 2018 年 4 月 1 日的租金价值计算。

表 8-8　北爱尔兰营业财产税税率

地区	营业财产地方税率 （英镑）	营业财产地区税率 （英镑）	营业财产税总税率 （英镑）
安特里姆和纽敦阿比	0.240426	0.279000	0.519426
阿兹和北唐	0.231730	0.279000	0.510730
阿马、班布里奇和克雷加文	0.254413	0.279000	0.533413
贝尔法斯特	0.259166	0.279000	0.538166
堤道海岸和峡谷	0.248603	0.279000	0.527603
德里和斯特拉班	0.303794	0.279000	0.582794
弗马纳和奥马	0.218231	0.279000	0.497231
利斯本和卡斯尔雷	0.226611	0.279000	0.505611
中和东安特里姆	0.309186	0.279000	0.588186
中阿尔斯特	0.234749	0.279000	0.513749
纽里、莫恩和唐	0.236209	0.279000	0.515209

数据来源：北爱尔兰财政部. Poundages 2020-2021. https://www.finance-ni.gov.uk/articles/poundages-2020-2021.

3. 征收管理

营业财产税账单一般在 5 月底发放，营业财产税可以以每月借记或分期付款的方式支付。营业财产税收益用于资助北爱尔兰的地方公共事务和区域公共事务。由土地财产服务部代表北爱尔兰行政部征收。

第三节　美国财产税

美国征收一般财产税的历史较晚，而且从一开始就是地方税，美国联邦政府不征收一般财产税，州级政府近几十年也逐渐退出了这一领域，一般财产税主要由地方市级政府征收，税收收入全部归地方所有，因此，一般财产税是地方政府重要的财政来源，占地方政府税收收入的比重在 80%以上。

一、纳税人

美国一般财产税的纳税人是拥有财产（主要是房地产）的自然人和法人，分为居民纳税人和非居民纳税人。居民纳税人负有无限纳税义务，需要就其境内外的财产纳税，纳税人包括房产所有者和房产出租者，但是不包括房产承租者。

二、征税对象

美国一般财产税的征税对象是纳税人拥有的动产和不动产，主要以不动产为主。不动产包括商业用地、住宅用地、森林、住房、农庄和人行道等。动产包括设备、家具、车辆等有形资产，也包括股票、债券、银行存款等无形资产。

三、税率

美国一般财产税的税率由各地方市级政府自行规定，税率一般根据地方的预算支出规模和可征税财产的估价来确定。不同地区的税率有所不同，一般在3%～10%之间，如纽约、芝加哥等地的税率相对要高一些，有些地方的税率还会随着通货膨胀进行调整，但是调整幅度控制在2%以内。税率的具体制定程序为：市、镇委员会通过预算，各级政府根据各种预算收入和总支出的情况决定征收财产税的数额，再根据评定的财产计税价值确定财产税的税率。在美国，对于财产税的税率，不仅仅与地区相关，不同财产也有差异。通常是新财产的实际税率更高；同类财产中，价值较低的财产的实际税率更高；不同类的财产中，房地产的实际税率要比私人其他财产的实际税率高；企业财产的税率要比个人居民的同类财产的税率高。

四、财产估价

财产价值的估算是美国财产税制度的核心。每一项财产的评估价值先由评估员根据财产市价进行大致估算，再按法律规定的比例来制定评估价格，每一项财产的应纳税额取决于税率和财产评估价格。

美国各地财产评估的基础不一，大致基于以下几种类型财产进行价格评估：不动产市场价值、房地产租金价值、营业动产的重置价值或市场现值、不动产原值等。各地方政府都拥有自己的财产估价部门，并且形成了系统的财产估价标准和估价方法体系。财产价格评估主要有3种方法：一是比照销售法，其通过比较最近被出手的类似财产的价格来进行估价；二是成本法，即在历史成本的基础上根据折旧进行调整，从而得出财产价值；三是收入法，是根据财产未来产生的净收入现值来估算财产的价值。但在实际估价过程中，常常会出现估价和市价相差较大的情况，这主要是由于地方政府要求对大额财产，特别是房地产的价值进行低估，以吸引更多外地资本，增加财政收入，促进本地经济发展。一般来说，会将估价定为市价的3/4，甚至是1/2。

五、税收优惠

美国一般财产税的税收优惠措施主要依据财产所有者类别、财产类别和财产用途制定，各地对财产有全部豁免和部分免除财产税义务两种税收优惠，具体有：对于政府拥有的建筑物免税，学校和图书馆等非营利机构拥有的非营利性不动产免税，宗教慈善机构拥有的房地产免税，对于老年人和残疾人实行税额减免。

六、征收管理

财产税一般由地方政府的税务部门负责统一征收，然后由各级政府根据分成比例从财产税税款中取得相应份额。财产税一般一年或半年征收一次。多数个人在缴纳每月的房屋按揭时即将当月的财产税一起缴纳到银行，税务部门直接从银行取得税款。

第四节　俄罗斯财产税

俄罗斯的财产税有土地税、个人财产税和公司财产税。

一、土地税

（一）纳税人

俄罗斯土地纳税人为土地所有人，比如机构、个人或个体经营者。

（二）课税对象

课税对象是纳税人拥有的土地。

（三）计税依据

一般情况下，以纳税年度1月1日的土地价值为计税依据；新注册的土地，取登记日的土地价值为计税依据。

（四）税率

土地税的税率由地方法律确定，但不能超过俄罗斯联邦规定的土地税税率，农业、住宅和公用事业基础设施用地的税率为0.3%；其他用途的土地的税率为1.5%。根据土地的不同用途，具体税率会有一定差异。

（五）报告期

土地税的纳税年度为1月1日至12月31日。企业的纳税申报期为第一、第二和第三季度。若纳税人（如企业和个体经营者）已预付土地税税款，则无须进行纳税申报，市政府另有规定的除外。

（六）税款的计算

对于机构和个体经营者，需自行计算应纳土地税税额和预付款项。

对于个人，税务部门根据土地登记管理部门提供的信息计算个人应纳土地税税款。

（七）纳税申报

机构和个体经营者需要在纳税期结束后次年的2月1日前进行纳税申报。税款和预付款按照地方法律规定的时间缴纳。机构和个体经营者要在纳税期结束后次年的2月1日前进行税款的缴纳。个人要在纳税期结束后次年的11月1日前进行税款的缴纳。

二、个人财产税

（一）纳税人

拥有财产的个人是纳税人。

（二）征税对象

住宅、公寓、房间、乡间别墅或其他构筑物、建筑物以及房产所有权股份均属于财产税的征税对象。

（三）税率

税率由市政府代表机构制定的法规确定。税率取决于应税财产的综合价值。市政府的代表机构根据应税财产的价值与用途来确定税率。个人财产税的税率如表 8-9 所示。

表 8-9 俄罗斯个人财产税税率

范围	税率
低于 300 000 卢布	0.1%（含）
300 000～500 000 卢布	0.1%～0.3%（含）
高于 500 000 卢布	0.3%～2.0%（含）

数据来源：俄罗斯税务局. Individuals Property Tax. https://www.nalog.ru/eng/taxation_in_russia/nifl/.

（四）应纳税额的计算

税务部门根据联邦土地登记管理部门的数据和保有建筑物技术数据的公司提供的信息评估计算应纳税额。

（五）纳税申报

按照俄罗斯联邦法律，个人财产税缴纳入库的截止时间为纳税期结束后次年的 11 月 1 日。

三、公司财产税

（一）纳税人

公司财产税的纳税人为拥有应税财产的公司。

（二）课税对象

公司财产税课税的对象为资产负债表中所有作为固定资产的动产和不动产。

（三）计税依据

公司财产税的计税依据为年平均财产价值。

（四）报告期

每年 3 月、6 月、9 月进行公司财产税的申报。

（五）税率

根据俄罗斯联邦主体（即地区）的法律确定，公司财产税的税率不得超过应税价值的 2.2%。

（六）税款的计算

公司财产税的应纳税额＝税基×纳税申报期内适用的税率

（七）纳税申报

按照俄罗斯联邦主体法律进行税款的缴纳，在报告期末进行公司财产税的预付，在纳税年度末进行公司所得税的纳税申报。

第五节　比较与借鉴

一、外国财产税的特点

（一）财产税用于地方公共服务

各国征收的财产税都属于地方税，财产税的征收增加了地方政府的财政收入，有利于地方公共服务的提供，加强基础设施建设，深化社会福利，房产税是地方财政稳定的重要收入来源。

（二）宽税基，少税种

各国财产税的宽税基是指财产税的征收范围广泛，除了少数特殊的不动产（如宗教、慈善组织）免税外，几乎对所有的不动产都要征收财产税，保证了税源的充裕性；少税种是指财产税的类别精简，每个征税环节的税种明确单一，在财产的保有环节只征收财产税，防范了重复课税问题。

（三）税率根据财政需要灵活调整

各国财产税的计税依据是不动产价值。在税率方面，各国各地方的财产税税率高低不一，各地方政府根据自身发展与预算需要确定税率，且税率受到众多因素影响，地方政府每年都会对税率进行调整。

（四）财产税征收的配套制度健全

为征收财产税，各国建立了财产税税基评估、财产登记等制度，为财产税的征收奠定了基础。在优化财产税的税收结构、发挥财产税调节收入分配作用、满足地方公共职能的履行等方面，国外的经验值得我国借鉴。

二、我国财产税的发展方向

我国上海、重庆的财产税改革虽有一定进展，但暴露的问题仍反映出我国现行财产税的不足。我国现行财产税主要缺陷在于以下几点。

（1）财产税征税范围过窄。我国现行财产税只在城市、县城、建制镇和工矿区对经营性房产征收。对农村地区的房屋和个人所有的非营业性用房是免税的。就经济社会发展情况看，这种征税范围与经济社会发展状况不相匹配，在城镇化发展的背景下，许多农村地区向城市化发展，若依然对农村土地不征收财产税，将会造成国家税收收入流失，也有违税收公平原则。对个人的非营业性用房免税，也有一定的滞后。随着社会成员收入的增长，高收入群体对住房提出更高的要求，若对个人住房不征收财产税，不利于稳定房价，造成贫富差距的进一步拉大，扰动社会稳定。

（2）财产相关税费沉重。我国财产税相关的税有流转环节的土地增值税、耕地占用税和契税，还包括保有环节的房产税、城镇土地使用税等，各级政府根据本地区的房地产行业发展情况制定的行政费用也存在种类繁多、标准肆意、乱收费等问题。财产税改革的目的是调控房价，众多的税费会转入房价，这与财产税改革的政策意图相悖。

（3）财产税征收的相关配套措施不够完善。财产税的征收程序繁杂，涵盖确认产权、核实财产用途、评估财产价值等一系列环节。财产税作为税收的一种，从产权角度看，财产税主要是对财产的产权进行征税。产权明晰是征收财产税的前提要件。但从我国的财产产权来看，不仅农村与城市的财产产权政策不同，对农村私人所有的财产不征收财产税，城市私人所有的财产只对营业性财产及上海、重庆的部分自用财产征税，在公有制转型中，城市出现了许多产权状态模糊的财产，这些财产的产权明确与否，直接影响财产税改革进程。同时，我国虽不断完善财产的登记体系，但税收征管部门在征管配套设施、税收征管制度上还有漏洞，财产价格评估行业尚处起步阶段，评估技术方法欠科学，评估主体各方的权利义务关系尚待明确，税收征管难度不小。

面对我国财产税发展现状，借鉴国外财产税发展经验，我国财产税的发展应从如下几个方面着手。

（1）健全财产税相关立法。构建以法律为主、行政法规为辅的财产税法律法规制度。财产税的开征规范应以法律形式颁布。我国各地经济发展不均衡，居民收入差距较大，造成财产税收入在各地的分布不均衡，可以采取中央统一设立税种、制定税法规范，允许地方政府根据本地经济发展状况、居民收入水平、财政收入需要等具体情况确定财产税的税率、优惠政策等。

（2）适当扩大征税范围。财产税征收要秉持宽税基、少税种原则，以体现税收的公平和效率原则，将农村财产、存量财产及经营性财产都纳入财产税征税范围。且征税时采取累进税率的方式，更能起到调节收入分配差距的作用。

（3）合理规制税费。税收具有强制性、固定性、无偿性的特点；而费用的征收较为灵活，可弥补地方政府财政收入的不足。税费并存有利于发挥税费各自的长处，但在实践中需厘清两者的关系，简化税费、取消非必要的收费，可将保有环节的财产税、城镇土地使用税等合并征收，以精简税费。另外，为了刺激对财产的充分使用，可对闲置财产与非闲置财产制定不同的税率，对闲置财产适用高税率，对非闲置财产适用低税率，从而抑制财产的炒卖行为，达到调控财产价格、推动财产产权的合理开发和利用的目的。

（4）健全财产税相关配套设施建设。有必要对财产按评估价值进行财产税的征收，因此，需构架完善的财产评估体系，要制定资产评估相关法律规范，在地方设立相对独立的资产评估机构，培养合格的评估人员，确定科学合理的评估方法等。还要有完备的财产登记制度，要统一财产登记立法，统一财产登记机关与财产登记程序，统一财产登记证书，明确财产产权，降低财产管理成本。并加强财产税涉税信息的建设，利用互联网建立全国统一的财产信息管理体系和财产产权的网上交易系统，准确把握财产市场交易信息与独立财产信息，如财产产权用途、年代、权利归属、交易情况、纳税信息、评估价值等，并确保网站上的财产信息与市场交易信息的及时性与准确性，构建财产交易双方与涉税双方的相互查询机制，推动税务机关和个人及政府相关部门的数据共享，合理确认财产税的计税依据，同时还要注意信息安全和个人隐私问题。

思 考 题

1. 试述英国住宅税的特点。
2. 阐述英国北爱尔兰营业性财产税的计算方式。
3. 分析俄罗斯个人财产税的征收。
4. 探讨美国财产税的财产估计方法。
5. 说明我国财产税的未来发展方向。

第九章

外国遗产税和赠与税

【学习目标】

通过本章的学习，了解英国、意大利和德国的遗产税和赠与税，掌握各国遗产税和赠与税的特点，找寻我国可以从中借鉴的地方。

【引言】

遗产税在国外历史悠久，最早起源于古埃及。公元前 170 年，古埃及对动产与不动产的继承征税。近代西方遗产税的征收始于荷兰，荷兰于 1598 年开征遗产税，采用比例税率，按照继承人与被继承人的亲疏关系设置不同的税率。目前世界上一些发达国家和发展中国家都开征了遗产税。

第一节　外国遗产税和赠与税概述

各国征收的遗产税和赠与税，从课征制度上看，有三种不同的税制模式：总遗产税制、分遗产税制（即继承税制）和混合遗产税制（总分遗产税制）。相应地，赠与税制也有两种模式：总赠与税制和分赠与税制。

上述三种遗产税模式各有利弊。①总遗产税制，先税后分，税源可靠，税收及时，计算较简单，征管便利，征管费用较少，但因不考虑被继承人和继承人之间的关系及各个继承人本身的情况，税负分配不太合理，较难体现公平原则。②分遗产税制，先分后税，考虑各继承人经济情况和负担能力等，较为公平合理。但容易给纳税人提供逃避税收的机会，计算较复杂，征管费用较多。③总分遗产税制，先税后分再税，可保证收入，防止逃避税的发生，亦能区别对待，量能课税，但征两道税，计算更复杂，手续更烦琐，不符合便利原则。由此可见，遗产税制模式的选择无绝对优劣评判标准，采用时要考虑国家的社会经济政治状况、法律制度、税收政策目标、国民素质、纳税历史习惯等因素。

各国遗产税体系中，遗产税是主税，赠与税是辅税。两税如何协调配合，各国有不同的做法。下面主要探讨两税课征制度的配合、两税税率的配合及两税的特点税制要素。

一、遗产税和赠与税课征制度的配合方式

（1）不单独设立赠与税，而是将一部分被继承人生前赠与财产（死亡预谋赠与）并入

遗产额中课征遗产税。采用这种方式对赠与征税，对超过死亡预谋赠与年限的生前赠与不征税，从而鼓励了生前赠与，一定程度上削弱了赠与税的堵漏功能，限制了遗产税的作用。但是，也有一些人认为，这种方式可以通过鼓励生前赠与而均衡社会财富的分配，并且财产自年老的一代转移至年轻的一代，对提高财产利用率、促进财产增值、刺激经济发展也有利。另外，这种方式比较简单明了，容易为纳税人接受。

（2）分设遗产税和赠与税，两税并行征收。对被继承人生前赠与财产按年课征赠与税，对被继承人死亡以后遗留的遗产课征遗产税。这种方式较好地体现了赠与税作为遗产税补充税种的作用，可以防止被继承人在生前大量转移财产而逃避遗产税，征管上也较为简便。单独设置赠与税的国家和地区，有的赠与税税率与遗产税税率相同，有的赠与税税率低于遗产税税率。

这种赠与税模式在征管上比较简单便利，在发生财产赠与的时候单独征收赠与税，什么时候发生财产赠与就什么时候课征，不需要长期跟踪管理。但是，在赠与税税率等于甚至低于遗产税税率时，被继承人可以通过生前多次分散赠与使应纳税财产价值适用于较低档次的赠与税税率（当其为累进税率时），进而逃避税负较重的遗产税。

（3）遗产税和赠与税交叉合并课征。这种方式也分设遗产税和赠与税，但是对被继承人生前赠与财产除了按年或者按次课征赠与税外，还须在被继承人死亡以后将其生前赠与总额并入遗产总额一并课征遗产税，已经缴纳的赠与税准予扣除。对防止被继承人生前大量转移财产而逃避遗产税较有效用，但计算复杂，课税延续时间太长，税收征管不便，因而采用该方式的国家较少。

（4）还有一种称为连续课征制（accession type）的方式。它是对财产受让人（继承人、受遗赠人或受赠人）一生或某一段时期内因继承、受遗赠或者受赠而发生的一切财产一并课税的制度。即财产受让人在每一次受赠或者得到遗赠财产的时候，都要与以前各次受赠或受遗赠取得的财产累积起来，一并课税，但是已经缴纳的税款可以扣除。连续课征制与第三种方式的不同之处，只在于它是以财产的受让人为纳税人。

二、遗产税和赠与税税率的配合方式

遗产税和赠与税的税率如何配合，实际上是两种税的税率孰高孰低的问题。不单独设立赠与税的国家，不存在税率配合问题。两税交叉合并课征的国家，一般是遗产税的税率高于赠与税的税率，或只设一个税率。在采取两税分设、并行征收的情况下，两税税率如何配合非常重要，这涉及纳税人税负的轻重和公平，也关系到两税对经济的影响。

主张赠与税税率高于遗产税税率者，是依据税收公平的观点，他们认为纳税人生前可以通过分散财产、分年度赠与，每年缴纳较少的赠与税，以避免或减少死后一次性缴纳的遗产税。如果赠与税的税率低于遗产税的税率，就鼓励了这种避税手法，不利于公平税负，也减弱了赠与税的堵漏作用。

主张赠与税税率应当低于遗产税税率者，是从鼓励平均社会财富，促进社会生产的目的出发的，他们认为赠与越多，财富越分散，正好符合课征遗产税的政治方面的理论依据，有利于社会财富趋于平均。且赠与使财产从年长者手中转入到年轻人手中，有利于鼓励投资，刺激经济发展。故认为赠与税的税率应当低于遗产税的税率，以鼓励这种生前赠与。现今实行两税并行征收的国家一般认同后一种观点，即赠与税的税率低于遗产税的税率。

三、遗产税和赠与税的税制要素

（一）纳税人

实行总遗产税制的国家一般以遗嘱执行人或遗产管理人为纳税人，实行分遗产税制的国家则以继承人为纳税人，实行混合遗产税制的国家则综合采用两种纳税人。

至于与遗产税相配合的赠与税，其纳税人的规定一般也依课税模式的不同而不同。通常实行总遗产税制的国家同时实行总赠与税制，纳税人为财产的赠与人，实行分遗产税制、混合遗产税制的国家通常同时实行分赠与税制，纳税人为财产的受赠人。

（二）征税对象

实行总遗产税制的国家一般以被继承人的遗产总额为课税对象；实行分遗产税制的国家一般以继承人分得的遗产份额为课税对象；实行混合遗产税制的国家，则综合采用这两种方式。

从实物形态上看，遗产税的课税对象一般包括不动产、动产和其他有财产价值的权利。不动产指房屋、土地、矿藏等；动产包括现金、银行存款、有价证券；有财产价值的权利一般指商标权、版权、开矿权等。

（三）扣除项目

多数国家对遗产税都规定了相应的减免扣除，包括基础扣除、特殊扣除、免征额和免税额等。由于各国的国情和经济发展情况不同，扣除项目和扣除标准也各有不同。有些国家还每年或定期根据通货膨胀率对免征额进行调整。

（1）必要的费用扣除。在计算遗产税的课税基数时，一般允许扣除的必要费用，包括：实际由遗产支付的丧葬费用；管理者的佣金和律师费等管理费用；要求取得遗产的费用；在死亡前已发生纳税义务，但没有缴纳的税款；死者未偿还的债务；火灾、水灾、海难、意外或偷盗等损失未获保险赔偿的部分。

（2）免征额或免税额。由于遗产税只是对极少数富人征收，因此一般规定有免征额。遗产净额超过这一数额时，仅就其超过部分课征遗产税。在有些国家里，遗产税的免征额或免税额是统一规定的，也有一些国家其免征额或免税额的规定视继承人与被继承人的关系不同而不同。

（3）具体的扣除项目包括：对人扣除（如配偶扣除、未成年人扣除、老年人扣除、残疾人扣除等），对物扣除（如慈善捐赠扣除，家庭拥有事业扣除，农业、林业、渔业扣除等）。各国在立法时考虑的基点不同，因而选择也不尽相同。在对人扣除方面，主要考虑纳税人的特殊身份或继承人与被继承人之间的特殊关系；在对物扣除方面，主要考虑课税对象的某些特殊性，如不易分割、国家鼓励或扶持的产业等。

（四）税率

各国遗产税一般适用超额累进税率，以体现公平原则。但也有国家实行比例税率。实行总遗产税制的国家，税率设计一般无法体现亲疏远近关系；而实行分遗产税制的国家，则一般以继承人与被继承人之间关系的远近确定税率的高低。

（五）税收抵免

（1）外国税收抵免。为了避免双重课税，许多国家都规定，对境外遗产依照所在国家或地区法律已缴纳遗产税或继承税的，其已纳税额允许在本国应纳税额中抵扣。有些国家还与他国签订协议以避免对遗产的双重征税。

（2）赠与税额抵免。在交叉课征遗产税或赠与税的情况下，可从应纳税额中扣除已纳赠与税额。

（六）纳税申报

遗产税申报一般在去世者去世后 6 个月以内进行申报，赠与税一般按年申报，遗产税和赠与税数额较大时，可以选择分期缴纳税款的支付方式。对经营性财产的继承会有优惠，以鼓励生产。

第二节　英国遗产税和赠与税

遗产税是对去世的人遗留的财产，如房产、现金和所有物征收的一种税。

一、纳税人

遗产的执行人从去世者的遗产中拿出一部分钱用来向 HMRC 缴纳遗产税。遗产的继承人不是遗产税的纳税人。

二、课税对象

（1）纳税人死亡时拥有的全部财产。
（2）死亡前 7 年内赠与的财产。
（3）赠与后仍保留收益权的财产。
（4）视为应税转让的全部信托财产。
（5）居住在或被视为居住在英国的个人拥有的所有财产。
（6）居住在其他地区（国家）的人拥有的来源于英国的财产。

三、税率

遗产税的标准税率为 40%，只对超过免征额部分的遗产价值征税。

如果去世者在遗嘱里注明遗产净值的 10%或更多捐赠给慈善机构，遗产税可能适用 36%的低税率。

四、扣除项目

扣除项目包括债务扣除、税款扣除、丧葬扣除、家庭维持费扣除、林地转让扣除和经营财产扣除等。

五、税收减免

如果遗产价值低于 32.5 万英镑，或者去世的人把价值超过 32.5 万英镑的遗产留给配偶、慈善机构或社会业余运动俱乐部，则不需要缴纳遗产税。

遗产价值低于 32.5 万英镑，虽然不需要缴纳遗产税，但还是需要向 HMRC 进行申报。如果去世的人把住房留给子女（包括领养的子女、继子女）、孙辈，遗产税的免征额为 50 万英镑。

如果去世的人去世前已婚，且遗留的财产价值低于免征额，未用的免征额可以加到配偶的遗产税免征额上，意味着最高的免征额可以达到 100 万英镑。

赠与的渐进减免。活着时赠送的财产在赠送者去世后仍需要缴纳遗产税，通常取决于去世者生前赠与的时间，如表 9-1 所示。

表 9-1　去世者生前赠与的遗产税税率

去世者去世与生前赠与的时间间隔	税率
低于 3 年	40%
3～4 年	32%
4～5 年	24%
5～6 年	16%
6～7 年	8%
7 年及以上	0%

数据来源：英国政府网. Inheritance Tax. https://www.gov.uk/inheritance-tax/gifts.

经营减免。纳税人遗产中的经营性资产可以得到 50% 或 100% 的经营减免。

六、纳税申报

纳税人需要在去世者去世的第 6 个月月底前缴纳遗产税。如果纳税人没有按期缴纳遗产税，HMRC 会向纳税人收取所欠税款的加息。纳税人可以从自己的账户里支付遗产税，也可以从与去世者的联合账户中支付遗产税。在完成遗嘱认证后，纳税人可以从去世者的遗产中或从受益人那里要回所支付的遗产税。纳税人也可以从去世者账户进行遗产税的支付。

第三节　意大利遗产税和赠与税

在意大利，因死亡或捐赠（或其他无偿转让）而发生的任何有价值资产的转让，以及出于特定目的而对此类资产设立留置权的，均须缴纳遗产税或赠与税，税率取决于死者（或赠与人）与受益人（或受赠人）的血缘亲疏关系，以及遗产和赠与物的价值。

一、纳税人

遗产税的应税事件为死亡，而赠与税的应税事件为签署正式的捐赠契据。其税款由受益人或受赠人缴纳。

二、征税范围

居民个人（死者或赠与人）按其在全世界所得征税，即对世界各地的所有转让财产和权利征税。与继承人或受赠人的居住地或国籍无关。非居民个人（死者或赠与人）则按属地征税，即对意大利境内的转让财产和权利征税。同样与继承人或受赠人的居住地或国籍无关，财产的征税则与继承人或受赠人的居住地或国籍具有一定的相关性。

某些类型的财产和权利不计入应税基数，包括意大利政府发行或担保的债券和类似证券，以及艺术品。欧洲经济区国家发行的债券或类似证券亦不计入应税基数。

死者的债务、丧葬费和医疗费等负债，经正式生效文件证明的，可予以税前扣除。

此外，位于另一国家的财产应缴纳的该国遗产税可从意大利遗产税中扣除，最高扣除额根据相关财产的价值按比例计算，但未明确规定有关赠与税的境外税收抵免。

意大利签署了多项关于避免对遗产和赠与双重征税的税收协定。

三、税率

税率不仅取决于各受益人或受赠人所收款项的金额，还取决于死者或赠与人与受益人或受赠人的血缘亲疏关系。

（1）如财产转让受益人为配偶和直系晚辈或长辈亲属，则（每位）受益人接受遗产或赠与价值超过 100 万欧元的部分，均须按照 4% 的税率缴纳遗产税和赠与税；如财产转让受益人为残疾人，则（每位受益人）可享有相当于 150 万欧元的免征额。

（2）如财产转让受益人为兄弟或姐妹，则（每位受益人）接受遗产或赠与价值超过 10 万欧元的部分，均须按照 6% 的税率缴纳遗产税和赠与税；如财产转让受益人为残疾人，则（每位受益人）可享有相当于 150 万欧元的免征额。

（3）如财产转让受益人为所有四代以内其他亲属或三代以内姻亲，则须按照 6% 的税率对遗产或赠与总价值征收遗产税和赠与税；但如财产转让受益人为残疾人，则（每位受益人）可享有相当于 150 万欧元的免征额。

（4）除上述三种情况外的其他情况下，须按照 8% 的税率对遗产或赠与总价值征收遗产税和赠与税；但如财产转让受益人为残疾人，则（每位受益人）可享有相当于 150 万欧元的免征额[①]。

根据 2016 年第 112 号法的规定，税收减免特殊规则适用于参与信托计划且其受益人为严重残疾人士的财产转让[②]。

四、纳税申报

继承人、继承人的法律代表、遗产管理人、未定遗产的受托人、遗嘱执行人、受托人

---

① 意大利税务局. How to Pay Taxes. https://www.agenziaentrate.gov.it/portale/web/english/how-to-pay-taxes.

② 国家税务总局. 中国居民赴意大利共和国投资税收指南. http://www.chinatax.gov.cn/n810219/n810744/n1671176/n1671206/index.html.

必须提交遗产声明。如果同时符合下列条件，纳税人不需要提交遗产声明：遗产由去世者的配偶或直系亲属继承，遗产价值不超过 10 万欧元，遗产中没有不动产或不动产权益。

继承人在提交遗产声明前，需先缴纳的税费包括：质押费、土地登记费、印花税、质押税和特别税（如质押手续费）。

在向税务局提交了遗产声明后，税务局会向纳税人开出遗产税缴款单，缴款单开出后 60 天内纳税人需要通过银行、邮局或代收机构缴纳税款。如果纳税人没能及时缴纳税款，需要缴纳罚款以及所欠税款的加息。1 000 欧元以上的税款可以通过分期付款方式缴纳。

缴款单开出后的 60 天内，纳税人必须至少缴纳应纳税款的 20%。其余税款可以在 8 个季度内分期付款结清税款。如果是 20 000 万欧元以上的税款，则在 60 天内至少缴纳 20% 税款，其余税款可以在 12 个季度内分期付款结清税款。但在第一次分期付款后就需要缴纳所欠税款的利息。每次分期付款需要在每个季度的最后一天前缴纳。即使发生了轻微的违法行为，纳税人还是有权采取分期付款的方式缴纳税款。例如，分期付款的金额不足，但缺口不超过应付税款的 3%，不超过 10 000 欧元，缴纳 20% 的税款时延迟时间不超过 7 天。轻微违法行为也适用于一次性结清税款的情形。

第四节　德国继承税和赠与税

德国征收的是继承税而非遗产税。继承税是对受益人的所得征税，而非对遗产本身征税。受益人需要就所获得的遗产缴纳继承税。

德国拥有统一的继承税和赠与税制度，死亡时的庞大财产转移或生前赠与，特别是去世前 10 年内的赠与要算到遗产内，根据总所得来计算继承税。

一、纳税人

继承税和赠与税是对因死亡或赠与而转让的财产征税，主要对下列情形征收。

（1）遗产的继承人。

（2）赠与中承担连带纳税义务的赠与人和受赠人。

（3）对特殊原因的赠与或遗赠，赠与或遗赠的执行人承担纳税义务。

继承人和受赠人必须在获悉每项赠与或继承后 3 个月内申报纳税。在某些情况下，赠与人还必须作出赠与声明。

二、征税对象

继承税和赠与税对以下财产进行征收。

（1）以继承或赠与方式取得的财产。

（2）为某一特定目的而负担费用的捐款。

（3）每 30 年一次，基于家庭基金会的财产。

在大多数情况下，继承所得和受赠所得的税务处理方式相同，适用相同的税率表。

继承税的纳税起始时间为死者的死亡时间。赠与税的纳税时间与赠与发生时间相同。如果是家庭基金会，则纳税时间为资金转移到基金会之后的每 30 年征收一次继承税。

三、征税范围

（一）居民

如果被继承人或继承人在被继承人死亡时居住在德国，则对世界范围内继承的遗产征收遗产税。如果赠与人或受赠人在赠与时居住在德国，则应纳赠与税。德国公民在成为非居民未满 5 年的，仍视同居民。

（二）非居民

如果被继承人/捐赠人或继承人/受赠人，在被继承人死亡时或赠与行为发生时，均非德国居民，则继承和赠与税仅对下列德国境内财产征收。

（1）农业和林业财产。

（2）土地和建筑物。

（3）常设机构的营业财产或通过在德国的常设代理人拥有的营业财产。

（4）如非居民股东单独或与相关人士一起拥有居民企业至少 10% 的直接或间接权益。

（5）在德国注册的发明和实用新型用益物权。

（6）出租给位于德国的企业的经营财产。

（7）德国境内不动产抵押担保权利（包括德国登记的船只）。

（8）在贸易或商业中作为不参与经营管理的合伙人参与获得的权利，或在债务人是居民个人、合伙人或公司时从参与贷款中获得的权利。

（9）上述任何财产的用益物权。

四、计税基础

计税基础是继承的遗产价值减去死者的债务以及葬礼和管理费用、个人豁免和其他豁免。

五、税率

继承税和赠与税的税率是根据婚姻或被继承人/赠与人与继承人/受赠人之间的关系以及取得财产的价值来确定的。具体税率如表 9-2 所示。

表 9-2 继承税和赠与税税率表

赠予/遗产的最高价值（含）（欧元）	继承人/受赠人类别（%）		
	第一类	第二类	第三类
75 000	7	15	30
300 000	11	20	30
600 000	15	25	30

续表

赠予/遗产的最高价值（含）（欧元）	继承人/受赠人类别（%）		
	第一类	第二类	第三类
6 000 000	19	30	30
13 000 000	23	35	50
26 000 000	27	40	50
>26 000 000	30	43	50

数据来源：Jan-Hendrik Frank. German Inheritance Tax. https://www.german-probate-lawyer.com/en/detail/article/german-inheritance-tax-1452.html.

税收等级根据受益人与去世者的家庭关系进行划分，如表 9-3 所示。

表 9-3　受益人的税收等级

受益人	税收等级
配偶	第一类
去世者的子女或继子女	第一类
去世者已去世子女的子女	第一类
去世者的其他后代	第一类
父母或其他前辈血亲	第一类
离婚的配偶	第二类
去世者的姊妹	第二类
去世者的姊妹的子女（侄子和侄女）	第二类
继父母	第二类
去世者配偶的父母	第二类
去世者子女的配偶	第二类
其他人	第三类

数据来源：Jan-Hendrik Frank. German Inheritance Tax. https://www.german-probate-lawyer.com/en/detail/article/german-inheritance-tax-1452.html.

六、税收减免

个人免税额取决于去世者与受益人间的家庭关系，在无限纳税义务情况下，受益人可享受的税收豁免额如表 9-4 所示。

表 9-4　受益人的税收豁免额

受益人	豁免额（欧元）
配偶	500 000
离婚的配偶	20 000
注册的同性伴侣	500 000
去世者的其他后代、去世者的子女或继子女	400 000
去世者已去世子女的子女	400 000

续表

受益人	豁免额（欧元）
去世者在世子女的子女	200 000
去世者在世子女的其他后代	100 000
父母或其他前辈血亲	100 000
去世者的姊妹	20 000
去世者的姊妹的子女（侄子和侄女）	20 000
继父母	20 000
去世者配偶的父母	20 000
去世者子女的配偶	20 000
其他人	20 000

数据来源：Jan-Hendrik Frank. German Inheritance Tax. https://www.german-probate-lawyer.com/en/detail/article/german-inheritance-tax-1452.html.

遗赠情况下，死者或者赠与人的配偶或同性伴侣可以享受 500 000 欧元的基本减免，而对于临终前获得的情况，可以额外享受 256 000 欧元的特殊减免。但是，后者的减免额度因死者去世获得的抚恤金或其他类似的赔偿而减少相应的额度。

每个孩子的基本减免金额为 400 000 欧元，而对于临终前获得的情况，可以额外享受特殊减免，其额度为：5 岁及以下的子女 52 000 欧元、5～10 岁的子女 41 000 欧元、10～15 岁的子女 30 700 欧元、15～20 岁的子女 20 500 欧元、20～26 岁的子女 10 300 欧元，特殊减免的额度同样因死者去世获得的抚恤金或其他类似的赔偿而减少相应的额度。如果死者拥有房屋或公寓，并且在其死亡之前作为自己和家人的居所，那么该财产可以由在世的配偶或同性伴侣免税继承。然而，继承人必须在此后 10 年将此项财产继续作为自己的居所使用。如果财产在此期间被出售或出租，除非继承人能提供充分的理由，否则该项继承将被追溯征税。子女可以在相同条件下免税继承自住房屋。但对于子女，免税仅限于对居住面积最高不超过 200 平方米的房屋或公寓的继承。

商业财产中的某些减免。自 2016 年 7 月 1 日起，如果继承的商业财产的价值超过 2 600 万欧元，继承人可以申请部分免除继承税或减少商业资产继承税。

税法明确规定，对于某些资产，受遗赠方有权申请延迟缴纳税款，最长不超过 10 年。在满足特定条件的情况下，用于自住的房产免征继承税。德国联邦宪法法院在 2014 年 12 月 17 日的判决中裁定，在特定条件下，经营性资产适用以上两种减免政策是部分违反宪法的。

目前看来，商业企业、农林企业和合资公司从修改后的法案中受益最多，只要能保证一些特定条件，提供足够的工作岗位，它们的继承税将会大大降低甚或被免除。比如企业招聘雇员 20 人即可免除纳税义务，而根据联邦经济税务法院的裁定，有超过 90% 的企业符合这一条件。因此，对于家庭公司而言，这项判决意义重大。德国有大量家庭企业计划进行管理者换代交接[1]。

---

① 国家税务总局. 中国居民赴德国投资税收指南. http://www.chinatax.gov.cn/n810219/n810744/n1671176/n1671206/index.html.

七、纳税申报

除非继承税管理部门要求，纳税人不需要进行继承税的纳税申报。但受益人需要在去世者去世后三个月内向地方继承税管理部门报告应税财产的转移。即使遗产管理人未对遗产进行分配，受益人也要在三个月内向地方继承税管理部门进行报告。如果受益人没能及时报告，造成继承税没能缴纳或没能足额缴纳的，会被认定为税收欺诈。

德国银行、保险公司和其他金融机构在收到客户死亡通知后，要向德国税务部门报告所持有的客户遗产。基于来自受益人、德国金融机构和其他部门（如德国公证人、德国遗嘱检验法院、德国领事）的信息，德国税务部门确定德国继承税是否应当缴纳，若应当缴纳，税务部门就要求遗产转移相关方进行继承税的纳税申报。纳税申报的填报期是税务部门作出纳税申报要求后的一个月内，遗产转移相关方可以提出申请，要求延长纳税申报的填报期。

通常，继承税的纳税申报由继承人根据各自继承的遗产份额进行纳税申报。但在有遗产执行人的情况下，遗产执行人必须进行继承税的纳税申报。如果外国遗产执行人符合德国遗产执行人资格证的要求且已申请德国遗产执行人资格证，需要进行德国继承税的纳税申报。

在相关方提交了纳税申报单后，就需要缴纳继承税。通常，在收到继承税评估单后一个月内就需要缴纳税款。

在去世者去世时继承税纳税义务就立即发生，无论去世者的代表是否已分配遗产都需要根据继承的财产总价值来计税。如果纳税人没能及时足额缴纳继承税，德国税务部门在纳税人提出延期申请的情况下，会延长税款支付期，但可能需要缴纳延期期间年利息率6%的加息。

第五节　比较与借鉴

一、外国遗产税和赠与税的特点

（一）遗产税和赠与税历史悠久

遗产税和赠与税是对私有财产征收的税种，只要存在私有财产制度，国家就会开征遗产税和赠与税，且遗产或赠与所得不同于一般所得，有不劳而获性质，应课以重税，加上遗产或赠与所得具有偶然性、临时性和不规则性，税制结构设计、课征制度的要求高，但制度具有惯性，征收遗产税和赠与税的国家大多不愿放弃征收。

（二）税率设计趋向简化、兼顾公平

税率是关系到纳税人税负和国家税收收入的核心，其设计和变动非常谨慎。各国遗产税和赠与税以超额累进税率为主，除采用累进税率兼顾公平以外，并推行按亲疏程度采用不同税率的办法，以保证符合公平税负和量能课税原则。

（三）遗产税和赠与税为中央税

为公平财富分配，多数国家将遗产税和赠与税作为中央税，但遗产税和赠与税带来的

收入少、征收成本大，投入人力多。

（四）加强税收征管防范逃避税

为加强遗产税和赠与税的征管，各国重点放在完善财产评估工作上，包括加强对各评估机构的管理，避免与纳税人合谋避税。同时适当修订有关免税规定，如对信托财产部分课税，不允许用于政治目的的捐赠免税等。加强税务人员的法制观念和业务素质的培养，构建税务部门与有关部门的配合协调机制。

二、我国遗产税和赠与税的发展方向

随着我国经济的发展，个人财富的增加，现已具备了开征遗产税和赠与税的条件。在遗产税和赠与税开征中，要注意如下内容。

（一）税制结构

在各国实行的三种遗产税制中，总遗产税制是就去世者的遗产总额征税，不区分继承人与去世者的亲疏远近，不设差别税率，计征较为简单。从开征遗产税简便易行的角度看，选择总遗产税的方式课征较为可行。

（二）课税对象

遗产税的课税对象是去世者过世时所有财产的净值，包括不动产、动产、有形资产、无形资产。

（三）税率设置

对去世者的遗产按照累进税率征收，可以体现纳税人的纳税能力，也有利于公平税负，且税率设置不宜过高。

（四）减免扣除

对遗产税的课征，有必要规定相应的减免扣除，包括基础扣除、特殊扣除及免征额等。扣除项目和标准要与我国的国情和经济条件相适应。

（五）遗产税和赠与税的并征

同时开征遗产税和赠与税，有利于防范生前赠与的避税行为，较好地实现税收公平，且赠与税在赠与时缴税后，无须在去世时再合并计税，避免过于复杂。

思 考 题

1. 说明英国遗产税和赠与税的特点。
2. 说明德国继承税和赠与税的特点。
3. 阐述意大利遗产税和赠与税的特点。
4. 阐释遗产税和赠与税的配合模式。
5. 展望我国未来遗产税和赠与税的发展方向。

第十章

外国税收管理体制

【学习目标】

通过学习，掌握美国、英国、俄罗斯的税收管理体制，为我国税收管理体制的完善提供建议。

【引言】

税收管理体制是一国财政管理体制的重要组成部分，体现和调整一种纵向分配关系，反映中央政府与各级地方政府之间在税收管理及税收收入权限上的划分关系。由于各国实行的经济体制不同，税收管理体制也存在很大差异；而从管理的角度来讲，作为一种管理制度，各国在税收管理权限和税种的具体划分上，又有不少相同之处。对这些差异及共同点进行比较研究，探索其中的机制，对于我国税收管理体制改革具有重要借鉴意义。

第一节　外国税收管理体制概述

一、外国税收管理体制的模式

按照集权分权的程度，可将税收管理体制划分为三种类型：一是权限分散的税收管理体制；二是权限相对分散的税收管理体制；三是权限相对集中的税收管理体制。

（一）权限分散的税收管理体制

权限分散的税收管理体制在权限划分方面赋予了地方政府较大权限，地方自主性较大。以美国为例，美国实行联邦制，政体上划分为联邦、州和地方政府三级分权行政管理单元，相应决定了联邦、州和地方政府都有相对独立的税收管理权，包括立法权、解释权、开征停征权、调整权等。美国税收体制的相对分散主要是通过税利分享的方式实现的，如联邦、州、地方都征收个人所得税、公司所得税、销售税、遗产税等。以所得税为例，各级政府都有自己的所得税法，州和地方政府可以自行决定对纳税人进行什么方式的扣除，如州政府对纳税人已缴的联邦个人所得税，在征收个人所得税的 48 个州中，有 25 个州不允许扣除纳税人已缴纳的联邦个人所得税部分，有 11 个州允许税前部分扣除联邦个人所得税，有 5 个州允许税前全部扣除联邦已收取的个人所得税额。税率高低由各州和各地方政府根据本地情况自行确定。税率形式方面，州和地方可自主选择累进税率或比例税率，这样的税收管理权限划分保证了地方政府的相对自主性，但引发中央和地方在税收分配上的一些摩擦。

（二）权限相对分散的税收管理体制

权限相对分散的税收管理体制，是指在保证中央统一管理的前提下，地方政府有一定的税收管理权限。如日本税收的立法权主要集中在中央手里，地方只能在税法规定范围内制定具体的征管条例，如纳税方式、税收调整等，基本上是中央立法、地方管理型的体制。此外，地方政府出现收不抵支情况时，可以开征法定外普遍税，但该税的开征有严格的审批手续。这种税收管理体制的优点是集权不独揽、分权不分散。

（三）权限相对集中的税收管理体制

在权限相对集中的税收管理体制下，地方政府权限较小。以法国为例，主要管理权限都集中在中央，税种开征权、税目确定权、征收范围以及税收收入分配方式等均由国家统一规定。地方政府没有立法权，只对地方税有一定的机动权，如地方税税率由地方自行决定，地方政府可以对自己的税收进行调整等。

二、外国税收立法程序

大多数国家税收立法程序有四个：立法议案提出程序，法律草案审议程序，法律文件表决程序，法律文本公布程序。

三、外国税收管理组织机构

（一）税务机构依经济区域而设

许多国家的税务部门在设置区域性的税务机构时，并不局限于已有的行政区划，而主要依照经济发展水平、人口密集程度、税源分布情况及其他社会情况来划分经济区域，并相应设置税务机构。按照经济区域设置税务机构使机构管理摆脱了行政区划的限制，更符合经济决定税收、税收反作用于经济的基本原理；也使资源、信息突破行政区划，从而实现共享，有助于税收信息化发展。

（二）围绕纳税人需求整合税务部门内设机构

根据纳税人的经营规模、所有制形式或经济部门，可以把税务工作人员分配到不同的部门，为特定的纳税人群体提供全面的管理服务。这不仅有利于重点税源的监控，还使税务管理工作适应不同纳税人客户的需要。

（三）设置专门的税务司法或准司法机构

许多国家在税收征管中都设有专门的税务司法机构，具有较高的司法权威和较强的司法独立性。对纳税人来说，税务法院的好处在于纳税人可以不必先缴纳税款，可先把案件交给精通税收事务的法官判决，准确地甄别罪与非罪、此罪与彼罪的界限，有利于把握执法尺度，纾解征纳矛盾。

第二节　英国税收管理体制

一、高度集中的税收管理体制

英国作为一个君主立宪制国家，高度集权的政体决定了税收管理体制的高度集中。

从立法权限看，全国的税收立法权由中央掌握。地方只对属于本级政府的地方税享有征收权及适当的税率调整权和减免权等，但这些权限也受到中央的限制。

从征收的税种分布看，中央政府征收几乎所有的税种，只有住宅税由地方政府征收。因此，由中央政府掌握的国税占全国税收收入的90%左右，是中央财政最主要的来源。由地方政府负责征收的地方税占全国税收收入的10%左右，是地方财政的重要来源。此外，地方财政的主要财源是中央对地方的财政补助。

从税种分类看，英国中央政府征收的税收包括以下三类：①对所得的课税，包括个人所得税、公司所得税和石油收益税、国民保险缴款等；②对商品和劳务的课税，包括增值税、消费税、关税等；③对资本的课税，包括资本利得税等。

从目前的情况而言，中央政府最重要的税收依次为：个人所得税、国民保险缴款、增值税、公司所得税。

二、税收立法程序

英国是一个强调法治的国家，其税收立法不仅遵循一般意义上的原则，如法律面前人人平等、法律条款简洁明了，以及根据社会财富拥有比例的不同确定相应的税收负担等，还特别强调要求保持税法的严肃性，严格规避随意性。税法的任何变动和修改都要经过严格的程序。

一般情况下先由英国税务海关署根据经济发展情况与税收征管中出现的问题提出税收提案，在征求纳税人（特别是大企业纳税人）和税务中介机构的意见后，形成提案报财政部审定。财政部结合国际、国内经济形势和政府预算情况，向议会提出次年的税收政策，经批准后作为财政法议案，提交议会并由下院进行第一次审议，修改后送专门委员会第二次审议，再送上院第三次审议（上院只有修改权，没有否决权），然后重返下院第四次审议，表决通过后由女王签署颁布。除税收法律外，法庭的判决（案例法）也起补充解释性作用。在具体操作中形成的由税务机关发布的对税法不清楚或存有疑惑之处的书面解释或说明，对征纳双方也都有约束力。

三、税收管理组织机构

（一）税务系统机构设置

英国税务海关署（HMRC）是英国政府的非部长制政府部门之一，由英国税务局及海关于2005年4月18日正式合并成立，通过财政部长向议会报告，受财政部监督管理。

HMRC拥有5.6万名全职员工，下设估价办公室（HMRC的执行机构）和审裁办公室

（HMRC 的投诉等处理机构）两大主要机构，在全国设有 170 个办事处。HMRC 行政委员会为其决策机构，整个体系按业务分为四大板块，分别为运营部门、产品和程序部门、总体功能部门和客户管理部门。HMRC 由最高行政长官领导，并另设有 9 名委员会委员，包括税收鉴证委员（兼常务次秘书和首席税收职业官）、首席财务官、首席人事官、政策实施和遵从理事长、企业税收理事长、税收优惠和抵免理事长、个人税收理事长、首席数字和信息官、法律总顾问（兼律师）。

（二）税务管理机构职责

HMRC 主要负责税收政策的执行和落实，英国财政部主要负责战略性税收政策和相关政策的制定，这种安排决策被称为"政策合作伙伴关系"。HMRC 和财政部通过政策设计及执行来提供有效的税收政策，达成政府的目标。

HMRC 具体包括如下职责。

（1）税收的征收与管理。包括个人所得税、公司所得税、资本利得税、遗产税、国民保险缴款、印花税、气候变化税和砂石税、垃圾填埋税、增值税（包括进口增值税）、关税、消费税等税种。

（2）起草立法规章（需要议会通过）。

（3）税收事项的决策及评估等。HMRC 拥有广泛的权力确保纳税人及时缴纳所有的税款（包括检查文件及系统的权力）。此外，HMRC 还负责国家贸易统计、国民保险金、税收抵免、儿童津贴、国家最低工资标准执行、助学贷款还款的追征等工作。

HMRC 的工作宗旨是最大限度地提高收入，改善客户服务，持续有效地节约成本。英国提倡利用互联网实现高效互动型的客户服务模式，通过数字化税企互动的平台，实现全部业务的税企网上互动①。

第三节　美国税收管理体制

一、相对分权的税收管理体制

美国是联邦制国家，分为联邦、州和地方三级政府机构。税收与三级政府机构设置相适应，分为联邦税、州税和地方税，实行分别立法、分别征管、互不干扰、财源共享的税收管理体制。这种相对分权的模式实质上是分散立法、共享税源、自上而下转移支付的分税制。

美国联邦宪法同时赋予了联邦政府和州政府独立的税收立法权和征收权，联邦税法由国会负责制定并记入《国内税收法典》，州和地方税法由州议会负责制定，但是州政府税收立法不得违背联邦税法和联邦利益。地方政府可以依照州政府有选择的授权而获得一定

---

① 国家税务总局. 中国居民赴英国投资税收指南. http://www.chinatax.gov.cn/n810219/n810744/n1671176/n1671206/index_2.html.

的征税权，由此形成了统一的联邦税收制度和有差别的州、地方税收制度并存的格局。

二、税收立法程序

（一）美国联邦税收立法程序

美国的联邦税收立法程序始于动议提出，财政部在进行一定的准备工作后提出动议并将提案交给总统，经过众议院的辩论与批准，参议院的辩论与表决，联席会议委员会的协调和总统决定等过程。

1. 税法动议的提出

通常，税收立法会先由财政部门提出税收立法的建议，为此财政部门要做一定的准备工作。这一部分的准备工作通常由财政部主管税收制度的副部长负责监督，领导税收分析局、税收立法顾问局、国际税收顾问局来从事具体的工作。对于财政部门提出的建议，总统会召集相关人员从专业的角度进行分析与修改，形成一份更为清晰的方案。下属的经济顾问委员会和管理与预算办公室会协助总统作出是否进行改革的决定。若总统决定要进行改革，在随后的一段时间内，财政部将为此作准备，以向总统递交较为完善的方案。递交后，方案会在总统的主持下经历新一轮的审查与修改。由于美国的民主制度较为发达，总统向国会披露税改提案后，全国范围内各行各业都得对税收改革方案进行探讨，发表各自建议，引起方案设计者的重视，推动改革方案的修改与完善。

2. 众议院的辩论与批准

在总统提出税收提案之后，按照美国宪法规定，提案会递交到众议院。众议院的税收委员会举行听证会，专门审议这份提案。美国众议院的税收委员会主要负责众议院对联邦的财政、税务、关税、贸易、健康、福利和社会保障等工作的立法事宜。税收委员会成员由多数党与少数党以 2∶1 的比例组成。在举办听证会后，根据税收委员会形成的决议，众议院的立法委员会起草一份提案，税收委员会也会准备一份详尽的报告。提案和报告都准备好后，由税收委员会递交到众议院，众议院会就该提案展开激烈讨论，并作出是否反对提案的投票表决。

3. 参议院的辩论与表决

在众议院通过提案后，提案被递交到参议院。参议院内负责税收事务的是财政委员会。财政委员会主要负责参议院内的税务、贸易、健康、社会保障和其他财政事务的立法工作。在收到提案后，财政委员会也要举办一个听证会。听证会的内容、程序与众议院举办的听证会类似。通常听证会结束后，委员会对提案进行讨论，修改提案。财政委员会达成统一意见后，会向参议院做报告并递交提案。参议院对提案进行新一轮的讨论。讨论结束后，要修改财政委员会提交的提案，直到所有讨论者基本满意，才能进行参议院的投票表决，表决不通过的话，就会撤销提案。若参议院没有大改提案，两院的议案相同，提案将会直接递交给总统，由总统决定是否立法。若参议院对提案进行修改，而众议院对于参议院的修改表示不满。为了解决两院间的分歧，需要经历下一个流程。

4. 联席会议委员会的协调

在两院无法达成一致的情况下，联席会议委员会要进行协调。联席会议委员会的成员通常由参议院议长和众议院发言人、众议院税收委员会成员和参议院财政委员会成员总共12名成员组成。就两院内部而言，会派出三名多数党和两名少数党参会。联席委员会为让两会达成一致，会对两院的意见进行协调。若两院达成一致，通过后的提案将会递交给总统。若协调不成功，提案就作废。

5. 总统的决定

经过众议院、参议院、联席会议委员会的讨论到达总统手中的提案面临 10 天的审查期。总统在接到提案后要在有效审查期内，组织各部门及相关人员对提案进行分析评估，管理与预算办公室汇总各方意见。总统与官员们就这些意见展开商谈，作出批准与否的决定。总统批准后，提案就会成为美国税收法律。若总统否决了国会提案，这项提案就退回国会，由两院重新表决，重新表决的结果达到法定多数，提案才可生效形成法律。若国会的表决没有达到2/3以上多数代表的同意，提案就彻底作废。

（二）美国州一级税收立法的程序

美国各州情况各不相同，存在两院制与一院制的差别。但在税收立法程序上与联邦税收立法程序类似。也需经过税收立法动议提出、众议院审查表决、参议院审查通过、州长签署决定四个步骤。不同的是在动议提出上，在州一级，州政府、参议员、众议员都有提案权。参议院和众议院对于提案的审议、讨论与表决程序与联邦议会的税收立法程序大致相同，只是在细节上有细小的差别。

三、税收管理组织机构

（一）税务系统机构设置

税收征管机构为美国国内收入局、海关及州与地方税务机构。美国国内收入局负责联邦税的征收，海关署负责关税的征收，州与地方税务机构负责州与地方税的征收。各州与地方税务机构有权对征管中的问题做出决定而无须美国国内收入局批准，也就是说，各州的税务机构与联邦税务机构基本—是互相独立的。

（二）税务管理机构职责

1. 美国国内收入局

美国国内收入局是联邦政府主要的税务管理部门，联邦税收主要由美国国内收入局征收。美国国内收入局是财政部的下属机构，虽然归财政部管辖，但在财政部系统里，国内收入局具有很大的独立性。美国国内收入局的局长是由总统直接任命的，而不是由财政部长任命。国内收入局的机构分为三级：①总部设在华盛顿，下有若干职能部门；②在税收上，分为大区和中心局；③再往下是地区分局以及大量的办事处。

1998 年，美国国内收入局进行了机构重组，并相应实施了一系列内部机构配置，旨在应对税收征管服务和内部管理的新趋势，以完善对内协调和对外服务体系。按照重组后的机构设置，美国国内收入局下设三个局长级领导机构，并由其分管各业务、行政及管理职能部门。其中，主要的四个业务职能部门，按具有代表性的服务对象划分，具体包括：工薪收入与投资收入纳税服务部（Wage and Investment）、大企业及国际税收服务部（Large Business and International）、小企业及自营职业者纳税服务部（Small Business/ Self-employed）以及税收减免及政府机构税收服务部（Tax-Exempt and Government Entities）。

根据各业务职能部门对其使命的描述，其工作重点根据各自的服务对象而具有针对性。例如，大企业及国际税收服务部主要针对总资产规模超过 1 千万美元的公司（Corporations）、S 类公司（S Corporations，S 类公司是小型股份制公司，其特点在于公司本身不是公司所得税纳税主体，公司盈亏直接记在股东的纳税申报表上）或合伙企业（Partnerships）。这类企业往往雇员人数多，经营涉及的税务及会计事项比较复杂，业务发展具有国际化等特点。大企业及国际税收服务部由实践（Practice）与合规（Compliance）两条业务线组成。实践业务线由五个领域组成，分别为跨境交易组（Cross Border Activities Practice Area）、企业组（Enterprise Activity Practice Area）、穿透实体组（Pass Through Entities Practice Area）、税收协定及转让定价组（Treaty and Transfer Pricing Operations Practice Area）和预提所得税及国际个人税务合规组（Withholding and International Individual Compliance Practice Area）。合规业务线由中部合规组（Central Compliance Practice Area）、东部合规组（Eastern Compliance Practice Area）、东北部合规组（Northeastern Compliance Practice Area）及西部合规组（Western Compliance Practice Area）组成。

美国国内收入局下设大区局，并由大区局分设地区分局和办事处负责税收征管及相关纳税服务。各大区局及地区分局根据其征管工作实际需要进行机构设置。以加州为例，目前共设有 28 个地区分局以受理纳税人的申报和其他服务需求，此外在洛杉矶及萨克门托等 5 个城市设有纳税争议服务办事处。大区局及地区分局通常可以向纳税人提供纳税申报及税款缴纳相关的一系列服务，比如账户信息查询、纳税信息调整、纳税人援助申请、基本税收法律解释、程序查询及服务、税收问题解答、多语种服务及其他服务等。

2. 海关

美国海关分为海关边境保护局（U.S. Customs and Border Protection，CBP）和移民海关执法局（U.S. Immigration and Customs Enforcement，ICE），分别负责边境执法与案件调查。

（1）美国海关边境保护局。CBP 的成立实现了美国历史上首次由一个机构统一管理进入口岸的人员与货物。CBP 的组建旨在整合口岸执法部门管理的资源，提高管理能力和管理效率，利用一切可支配的资源保护和防御美国免遭侵害，并方便合法贸易与旅行。CBP 的首要使命是防范恐怖分子和武器进入美国。为此，CBP 大力增强美国边境及各口岸的安全，并把安全区扩展至美国地理边境之外，从而使美国边境从第一道防线变为最后一道防线。CBP 的主要职责还有：缉捕非法入境者和查禁毒品及其他违法行为，保护农业及经济利益免遭有害动植物和疾病侵犯，保护美国商业知识产权不受侵害，规范与便利国际贸易，征收进口关税，执行美贸易法律。

（2）美国移民海关执法局。ICE 拥有约 3 万名工作人员，是联邦政府中最大的调查机构之一。该局是国土安全部下辖的主要调查机构，拥有多项职责：截断恐怖融资，反洗钱，打击非法武器买卖、移民诈骗和贩人口，拘留并驱逐外来犯罪分子和其他美国认为应当驱逐的人。另外，该局还监督国内移民和海关法律的实施，对约 9 000 项联邦设施进行保护。

3. 州与地方税务机构设置

美国各个州与地方一般会针对税种设立专门的税收征管服务机构。以加州为例，加州州税务局（Franchise Tax Board）负责州公司所得税和州个人所得税征收管理。该机构在地方设有若干办事处，各部门分别负责相关税务职能，如应缴未缴税款追征管理部、其他行政及政策支持部、税务审计及合规性管理部、税务申报部、财务部、涉税法律部、技术及电子部。各部门下设有若干办事处。

此外，加州还设有专门的税务机关（Board of Equalization）负责加州销售与使用税及其他税费的征收管理，以及由加州雇员职业发展机关（Employment Development Department）负责个人薪酬相关税费的征收管理。上述两个机构也分别在地方设有若干办事处。

为了协调各个层级的税收征管服务，向纳税人提供便利，上述各个位于加州的税务机构，包括国内收入局分支机构以及州与地方各税务机构，还协同设立了税务服务中心（California Tax Service Center），以向纳税人提供一站式的税务咨询及管理服务[①]。

第四节　俄罗斯税收管理体制

一、集权的税收管理体制

俄罗斯的税收立法层次较高，都是由国家立法机构进行税收立法，对税权划分有明确的法律依据。俄罗斯的税收立法权（包括征收的税种、税率、征税条件和税收分配等）主要集中在中央，地方政府必须遵循中央政府的税收政策和联邦的税收法律。

俄罗斯通过颁布《宪法》《税法典》《预算法典》等建立了较为完善的财政分权法律制度，这成了俄罗斯税制改革的主要依据。如《俄罗斯联邦税法典》明确要求除特定税种外，不允许任何地方政府随意新增地区税和地方税，强化了中央政府的税收立法权，缩减了地方政府的税收权限。

在税权划分上，俄罗斯税收立法权和管理权主要集中在中央，地方政府只有部分税收管理权，因此按照彻底分税制（完全分税制）和适度分税制（不完全分税制）的分类方法进行划分，所实行的分税制类型是适度分税制。

在税种划分上，俄罗斯按照联邦、地区、地方三级政府划分税种，通过专享与共享税收，各级政府都有自己的主要收入来源，地方政府赤字部分通过中央政府转移支付来弥补。

---

① 国家税务总局. 中国居民赴美国投资税收指南. http://www.chinatax.gov.cn/n810219/n810744/n1671176/n1671206/index.html.

二、税收立法程序

立法动议权属于俄联邦总统、联邦委员会、联邦委员会委员、国家杜马议员、俄联邦政府、俄联邦各主体立法（代表）机关。根据管辖的问题，立法动议权还属于俄联邦宪法法院、俄联邦最高法院和俄联邦最高仲裁法院。

税收法律草案提交给国家杜马，由国家杜马议员总数的多数票予以通过，国家杜马通过的税收法律在 5 天内移交联邦委员会审议。如果联邦委员会委员总数的半数以上投票对其表示赞成或者联邦委员会 14 天内未予审议，联邦法律即为联邦委员会批准。在联邦委员会否决联邦法律的情况下，联邦委员会和国家杜马可成立协商委员会以消除分歧。此后，联邦税收法律应由国家杜马复审。在国家杜马不同意联邦委员会决定的情况下，若复审时不少于国家杜马议员总数 2/3 的人投赞成票，联邦税收法律就获得通过。

关于实行和取消税收、免除纳税、发行国债、改变国家财政义务的法律草案、审议联邦预算外开支的其他法律草案，只能在附有俄联邦政府结论的情况下方可提出。

三、税收管理组织机构

（一）税收管理机构

俄罗斯联邦税务局隶属于俄罗斯联邦财政部，是俄罗斯负责税收征管的主要部门。俄罗斯联邦税务局目前总计有约 15 万名工作人员，税收征收机构共 900 多个，负责全国约 300 多万户企业和其他纳税人的税款征收。俄罗斯联邦税务局正在实现税收征管新的数字化转型——IT 架构已经成为所有税收征管流程的基础，为实现税收征管现代化奠定了基础。目前俄罗斯联邦税务局数据处理中心是所有税收征管业务的唯一平台，新近完成建设的基础设施在唯一的纳税人识别码下，归集了全部相关的经营活动，可以实现一户式的纳税人档案查询。自 2015 年起，俄罗斯联邦税务局利用大数据和高级分析技术，监控增值税的纳税遵从行为；自 2016 年起，率先在皮草商品上加贴电子标签，通过二维码扫描等无线射频识别技术，实现在线监控货物的流动，改善皮草市场的透明度。目前这项工作已经推广到了医药、烟草、服装、鞋类等行业。2016 年 3 月 14 日，俄罗斯联邦税务局局长签发税务局令，制定、开发、使用俄罗斯联邦税务局自动信息系统 3 期（the Automated Information System，AIS Tax-3）。2017 年开始强制推行使用在线收银机系统，以此实现实时直接向联邦税务局云存储器传送零售交易数据。为了应对数字经济相关问题，联邦税务局在 2017 年实行了在线主动遵从方案，通过国际在线服务供应商，为缴纳增值税提供便利。联邦税务局的创新战略通过运用新技术提高了税法遵从度，增加了税收收入。

（二）税务系统机构设置

1. 俄罗斯联邦税务局

俄罗斯联邦税务局是俄罗斯联邦税务部门的中央机关，下设 9 个行业跨区域特大型纳税人税务管理局、8 个联邦管区税务管理局、84 个联邦主体税务局（俄罗斯有 85 个联邦主体，阿尔汉格尔斯克州和涅涅茨自治区共设 1 个联邦主体税务局）、3 个跨区域数据集中处理管理局、1 个跨区域转让定价调查局和 1 个跨区域案头检查局。

2. 所属税务机关

9 个行业跨区域特大型纳税人税务管理局包括：行业跨区域特大型纳税人税务管理局第一局（石油行业）、第二局（天然气行业）、第三局（制造、建筑和贸易行业）、第四局（电力行业）、第五局（冶金行业）、第六局（交通运输行业）、第七局（通信行业）、第八局（军工行业）、第九局（金融行业）。跨区域特大型纳税人税务管理局对分管行业内的大企业进行管理。

7 个联邦管区税务管理局分别是：中央联邦管区税务管理局、南部联邦管区税务管理局、西北联邦管区税务管理局、北高加索联邦管区税务管理局、远东联邦管区税务管理局、西伯利亚联邦管区税务管理局、乌拉尔联邦管区税务管理局、伏尔加河沿岸联邦管区税务管理局。联邦管区税务管理局对管区内的联邦主体税务局的税收执法和行政管理进行监督。

俄罗斯联邦主体（共和国、州、边疆区等）设有 84 个联邦主体税务局（阿尔汉格尔斯克州和涅涅茨自治区共设一个联邦主体税务局），下设 19 个区税务管理局、104 个市区税务管理局、112 个市税务管理局和 673 个跨区税务管理局，全部为基层税务管理部门，统一征收俄罗斯联邦税费、联邦主体税费和地方税费，实行全国统一规范的税务管理和服务。

（三）税务管理机构职责

俄罗斯联邦税务局是联邦执法机关，履行监督税法的执行情况，监督税款以及国家征收的其他费用能否按照有关法律规定准确、足额、及时缴纳，同时还监督酒精、酒精制品和烟草制品的生产和流转，并且还负有在其管辖范围内外汇管理的职能。

俄罗斯联邦税务局还被授权进行法人组织的注册登记，以及作为个体经营者、农场经营者的自然人注册登记，此外，在破产事务中代表国家要求破产的组织机构履行有关支付义务。

俄罗斯联邦税务局负责建立并维护各类人口和商业数据信息的统一记载和保存。自 2017 年起，联邦税务局负责收取雇主和个体企业家支付的社会保险费。

俄罗斯联邦税务局按照宪法、宪法性法律、联邦法律、俄罗斯联邦总统令、联邦政府法令、俄罗斯联邦签署的国际条约、俄罗斯联邦财政部规范性法律文件、联邦税务局组织法履行职能。

俄罗斯联邦税务局直接或者通过其派驻在各地的机构与其他联邦执法机关、俄罗斯联邦主体执法机关、地方政府执法机关、国家预算外基金组织、其他社会团体以及其他组织协调配合开展工作[①]。

第五节　比较与借鉴

一、外国税收管理体制的特点

（1）实行分税制的国家，都注意保持中央政府在税收管理上的主导地位，表现为：在

---

① 国家税务总局. 中国居民赴俄罗斯投资税收指南. http://www.chinatax.gov.cn/n810219/n810744/n1671176/n1671206/index.html.

税收收入划分格局上，大都是中央占大头，一般占税收收入的一半以上；在税收管理权限划分上，大都是中央政府掌握重要税种立法权、解释权、开征停征权及减免税权等。因而分税制国家呈现出相对集权的倾向。确立相对集权的原则是有必要的，因为不同级次的政府有着不同的目标：中央政府期盼实现全社会资源的最优配置，寻求全国各地区间的均衡发展；地方政府则天然具有寻求本地区利益最大化的动机。为了保持中央政府的总体调控，中央须有相应的手段作保证。

（2）在处理中央与地方关系方面，注意中央财力、财权集中的同时，也考虑到地方税制在整个税制格局中的相应地位。地方政府大多具有相当的管理权限，对自己的税种拥有调整权、减免权；有的国家地方政府对地方税种还有立法权；地方政府拥有相当数量的稳定收入来源，其财政支出主要来自本地税收收入。从制度上对地方政府管理经济所需财权财力作了规定，减少了中央与地方间的利益冲突。

（3）税收收入的重点由中央管理，财政资金流向从上到下、由中央向地方政府提供补助。在保证中央集中主要财力的情况下，地方政府的财政收支平衡一方面依赖地方组织多种形式的税费收入，如规费收入、债券收入等；另一方面，在中央集中财力的同时，都采取一定的平衡地区间收入的措施和建立中央拨款补助制度，给地方政府提供财政补助。因此，这些国家财政资金流向都是从上到下，都是中央向地方政府提供补助，而不是地方向中央上交收入，中央拨款规模又因采取的平衡措施的不同而不同。

（4）各国税收立法程序规范。各国权力机关坚持科学立法、民主立法，强化立法论证、立法调研、立法评估，拓宽公民有序参与立法的渠道，增强税收法律的可执行性和可操作性，提高税收法律的权威性，更好地发挥立法的作用。

（5）各国家法律上明确税务部门的地位，运用各种手段予以保证，并对税务机构进行专业的垂直领导，确保税收执法免受外来因素的影响，便于完整准确地落实税收法律，在税收征管方面，都设定了2~3套税务机构，即分别成立中央税体系和地方税体系，各级政府分别组织本级的税收收入，互不交叉，从组织制度上给税收执法提供了条件。

二、我国税收管理体制的发展方向

（1）无论税收收入属于中央还是地方，中央都应集中控制税收立法权，可以给予地方在既定的税率、税收优惠范围内，有增有减为调节地方税收收入的权力。若税收立法权实行地方分权，势必造成地区间不同程度的资源浪费、地区封锁，限制了资金、资源、商品、劳动力和技术要素的自由流动，构成全国统一市场的种种障碍。

（2）税收管理体制改革应逐步走向税收共管。一套税务机构分别由上级税务机关和本级人民政府领导，税款征收、税收统计、纳税评估及税务稽查工作主要由税务机构承担，本级政府则参与税收计划制定以及税收法律救济，两者共同搭建起高效统一的税收征管体系，共同完成税收征管资源整合、打造涉税数据平台，规范税收执法行为、提高税收服务质量，且税收收入的归属仍然保持不变。

（3）按照支出责任，合理分配中央、地方税收收入，运用科学合理的方法，参考宏观经济发展目标以及各地经济发展、人民生活、生态保护状况计算出适当的计划税收收入。

并构建切实可行的自上而下的财政补助制度，以便在地方政府加上共享税收入后的收入仍不能抵补支出时由中央政府提供科学规范的补助支持。

（4）坚持税收立法程序的规范性和民主化。坚持税收法律的立、改、废、释并举，注重税收法律修改与法律解释，需要修改的法律按照程序及时修改，使重大税收改革于法有据、有序进行，需要得到法律授权的重要税收改革举措，要按法律程序进行，实现从粗放型向集约型立法转变。修改立法法，进一步划清中央与地方、权力机关与行政机关的立法权限，为科学立法提供制度保障；建设、完善立法决策支持系统，为科学立法提供智力支持。建立科学系统的立法工作机制，诸如立法选项机制、法案起草机制、立法协调机制、立法后评估工作机制、法的清理工作机制、法律法规配套机制等。适应全面深化改革的税收法制需求，推进税收立法程序和立法机制创新，必要时采用集成式打包立法方式，除宪法修改外，通过一个集成的修法决定，将需要修改的若干税收法律进行一揽子修订。

（5）我国现有税务组织机构的设置更多地考虑了政治管理体制因素，而忽略了经济上及税务工作现实需求上的因素，不利于税务部门摆脱不必要的政府行政权力的干预，制约了税务机关的独立性；不考虑税源大小、人口分布而趋同地设置全能型税务机构，不利于精简机构和降低征税成本；不利于一些资源，包括硬件设备、人力、信息资料等突破行政区划实现有效共享。按照经济区划设置税务管理机构更符合经济发展水平的需要，能够降低税收成本，也有利于减少地方政府对国家税务机关的行政干预。

思 考 题

1. 探讨美国税收立法程序的内容。
2. 分析俄罗斯税收管理体制的内容。
3. 阐述英国税务管理机构的职责。
4. 归纳国外税收管理体制的特点。
5. 诠释中国税收管理体制的发展方向。

第十一章

外国税收征收管理制度

【学习目标】

通过学习掌握典型国家的税收征收管理制度，了解英国、美国、新加坡的税收征收制度、税收管理制度、税收法制管理，为我国税收征收管理制度的完善提供可借鉴的经验。

【引言】

税收征收管理制度是规定与规范税收征收管理的法律制度与规范的总称，它指导纳税人正确履行义务，是对日常税收活动进行组织、管理、监督、检查的基本制度，是实现税收管理目的与税收征收目标的手段。从法律制度的性质上看，税收征收管理制度是税务机关进行税收征收过程中的行政执行法律制度，其内容的依据是一国税收相关的法律制度与行政法律制度的总和。税收征收管理制度能够在一定程度上判断纳税主体或执行主体的行为是否合法，是否采用了正常的征管方式，对征纳主体进行约束，管理征纳行为，对违规的行为进行定性。其发挥了税收的规范作用，也有利于节约征纳成本。

第一节　外国税收征收管理制度概述

一、外国税收征收制度

（一）税务登记制度

税务登记就是税务机关对纳税人的生产、经营活动进行登记并据此对纳税人实施税务管理的一种法定制度。税务登记是税收征管的起点，是税务机关对纳税人实施税收管理的首要环节和基础工作。

（二）纳税申报制度

纳税申报是纳税人按照税法规定的期限和内容，向税务机关提交有关纳税事项书面报告的法律行为，是纳税人履行纳税义务、界定纳税人法律责任的主要依据。

（三）税款缴纳制度

税款缴纳制度是指纳税人、扣缴义务人缴纳税款的方式、方法、时间、期限、履行纳税义务程序的法律制度总称。

二、外国税收管理制度

（一）税务审计

税务审计，从广义上看，指按照税法的规定和标准，从审计学的角度采用审计方法与技术手段对纳税人的纳税义务履行情况展开审查，按实施主体的不同又可划分为外部税务审计与企业内部审计。从狭义上看，指税务机关依据税收规定对纳税人相关的纳税义务履行情况展开审计，从而提高征管质量。

（二）纳税服务

纳税服务，从广义上看，服务主体并不仅是相关税务机关，而是政府和社会组织依照税收法律、行政法规的规定，在纳税人履行纳税义务与运用权利的进程中，为纳税人提供规范、全面与便捷服务的统称。从狭义上看，是以税务机关为核心，参考税收法律与行政法规的内容，在实际征收、管理、检查与采取法律救济的场景中，对纳税人所提供的服务与支持措施。纳税服务的核心内容取决于纳税人的需求，提供宣传、咨询、办税、保护与协作等服务，以构建和谐征纳关系，规范税务机关行政行为，保障纳税人合法权益。

（三）税收征管的信息化

伴随信息技术的发展，在税收工作中要发挥信息化的重要作用，在办税、发票、风险、联动等各环节中都进行信息化管理，运用区块链技术，创建数据共享的信息化方式，确保政务数据的共同使用和维护，提升税收业务协同办理的水平，为纳税人提供优质的办税体验，增加办税满意度。

三、外国税收法制管理

（一）税务违法的法制化处理

对税收违法行为，例如不按税法规范办理税务手续、抗税、偷税、骗税、逃税、漏税、欠税等，在税收法律中规定了不同的处罚形式，通常有经济、行政和刑事处罚等。

（二）纳税人权利救济体系

纳税人权利救济体系涵盖内部的税务行政复议与外部的税务司法诉讼。税务行政复议与税务司法诉讼是纳税人维护权益的法律武器，是纳税人权利救济的途径，是保护纳税人权利、提升国家治理能力的重要体系。

税务行政复议是指上级税务机关通过受理税务行政复议案件，对下级税务机关的具体执法行为与纳税人履行税收义务情况展开审查监督，以维护纳税人的合法权益，使征纳双方的行为在一国税法规定框架内达成协调。

税务诉讼是指税务机关与税务行政相对人在税收法律关系领域发生争议后，依法向法院提起诉讼，法院依照法定程序审查税务机关税收行政行为的合法性，并甄别税务行政相对人的主张妥当与否，作出裁决的一种活动。

第二节　英国税收征收管理制度

一、税收征收制度

（一）税务登记制度

在英国，纳税人需要进行注册登记才能建立个人税务账户或企业税务账户，从而进行自评，缴纳公司税、雇主预扣所得税、增值税等。

（二）纳税人自我评定制度

英国税法确定了纳税人的自我评定制度，以此明确纳税人与税务部门的权利义务。纳税人自主评定其税收义务，自行估税申报；税务部门对纳税申报展开税收评定，经由审核、审计等手段对申报进行确认或调整。在纳税人自我评定这一基本制度下形成了纳税人自评自缴，税务部门税收评定、税款征收、违法调查、争议处理的税收征管基本程序。

（三）纳税申报制度

英国税收海关署通过自评制度，要求纳税人在纳税期终了之日后进行纳税申报。可以线上申报、使用商业软件进行申报或提交纸质版的申报表。若没在规定期限内进行纳税申报，需要缴纳罚款。

（四）税款缴纳制度

英国税收海关署根据纳税人的自评，计算纳税人应纳税款，纳税人需要在规定截止日期前进行税款的缴纳。税款缴纳的方式有线上缴纳、电话银行、支票、直接自动转账、借记卡、贷记卡支付、快速支付、通过银行自动票据交换业务支付（Banks Automated Clearing Services，Bacs）、使用英国自动支付清算系统支付（Clearing House Automated Payments System，CHAPS）、现金、邮寄。若未按期缴纳税款，需要支付罚息，若提前支付税款，英国税收海关署会返还利息。

二、税收管理制度

（一）税务审计

税务部门可能会调查纳税人的税务情况，以确定纳税人缴纳的税款是否正确。英国税收海关署会写信通知或电话通知纳税人，调查纳税人的纳税数额、账户和税收计算、纳税人的自我评定税收申报表、公司所得税申报、预扣所得税记录和申报。若纳税人有会计，英国税收海关署会联系会计。

在调查期间，税务部门会走访纳税人的家、企业或顾问的办公室，或要求纳税人来税务部门，纳税人可以在调查中带着会计或法律顾问。

若英国税收海关署要求调查或进行信息查询，但纳税人拒绝调查或不提供信息，会被罚款。若有合理理由，如重病、近亲去世，可以在说明后免除罚款缴纳。

若纳税人认为英国税收海关署应停止调查，可以写信说明理由。

若纳税人认为英国税收海关署的决定不当或调查内容不合理，可以向非诉讼争端解决委员会提出申请。

在调查后，英国税收海关署会通报纳税人调查结果。根据调查结果，若纳税人缴的税款多了，会得到退税及利息；若缴少了，需要在 30 天内补缴税款及所欠税款的利息。

英国税收海关署会查看纳税人少交税款或多交税款的原因，如纳税人是否及时通知税务部门，纳税人在调查中的作用，纳税人有交税问题时是否在调查中告诉税务调查人员。英国税收海关署在这之后，可能会对纳税人进行罚款。

纳税人若不服税务部门的决定，可以提起诉讼。

（二）纳税服务

英国税务部门在纳税服务方面，成功应用了企业客户管理理念。税务部门内部设立客户关系经理，协调税企关系，及时化解征纳双方认知差异，了解企业营运，针对性地改进税收管理。这不仅提高了税务部门的效率和服务质量，降低服务成本，还增进了税务部门的办公透明度，改进了税务部门与纳税人间的关系，推动了纳税遵从。

（三）税收征管的信息化

健全的信用体系为税收征管信息化管理奠定了基础。英国信用体系健全，保证了税务部门可获取全面的纳税人涉税信息。一是税务部门有广泛的信息获取渠道，银行支付系统、公司登记网站、雇主对雇员工资的申报、会计师在报告中对纳税人信息的披露等，都是税务部门获取信息的重要途径。二是限制现金流通量。在英国，很少有现金交易，付款多用支票或信用卡或在线支付，纳税人来往账目在银行系统得以清晰反映。三是银行支付系统对税务部门开放，税务部门可掌握完整的交易信息，为税收征管夯实基础。四是打造了涉税信息报告制度。法律规定银行、财产保险等部门需向税务部门提供信息。税务检查官员可向银行发出通知，银行要在规定期限内提交某一年度内通过银行支付的尚未扣缴所得税的所有存款利息报表，提供收款人的姓名与住址，标明利息的数额。税务部门可要求银行提供任何人从英国有价证券中取得收益的相关资料。五是纳税人的税号和保险号码与工商登记、银行信用、社保缴纳等链接，通过税号就可查获银行信用记录、社保缴纳记录等信息，为比对纳税人申报信息提供了众多的第三方信息。六是政府设置的网站要求所有登记注册的企业说明企业人员、财务等信息，任何人都可经由网址付费查询企业相关资料与人员信息，税务部门对待主动披露信息的纳税人处罚力度较轻，对未披露信息的纳税人处罚力度较重。

三、税收法制管理

（一）税务违法的法制化处理

英国税收遵从法案对纳税人的各种违法行为都有明确的处理条款。

纳税人没有在规定日期内获得许可，或没有获得许可就开展经营，超过注册登记时的许可范围进行经营，都有明确的惩罚规则。若纳税人要求雇员或顾问代表自身行事，要确保他们不会违反税收法律，否则纳税人会受到惩罚，且惩罚力度根据纳税人的行为是非故意的、故意但没有隐瞒、故意且隐瞒等不同情况给予不同的惩罚。

（二）纳税人权利救济体系

1. 税务行政复议

在摆事实、讲道理之后，多数纳税争议能通过协议和各方的配合以行政方式解决。若纳税人不同意涉税处置，可以告知税务部门。在 30 天内，纳税人可以提交新的资料给税务官员进行检查，要求与该涉税事宜无关的其他税务官员进行税务审查，还可要求英国税收海关署派特别官员作为中立协调人来解决税收争议，这属于非诉讼争端解决机制。

2. 税务诉讼

少数纳税争议在不能通过行政手段解决时，只好求助法律手段，通过法庭或高级法院处理。面对税收争议，纳税人在 30 天内可以请求独立法庭听取纳税人的申诉，作出裁决，还可向高级法院提起申诉，要求高级法院作出裁决。

税务部门询问纳税人涉税事宜以作出惩罚决定时，纳税人有权不做回答。税务部门作出惩罚决定时，纳税人提供帮助与否纯属自愿。纳税人在决定回复问题与否时，可以从专业顾问那里寻求意见。若纳税人对纳税金额或纳税处罚不认同，纳税人可以就纳税金额或纳税处罚提出诉讼。纳税人在就纳税处罚提起诉讼时，有权申请无偿法律援助。纳税人有权在税务处罚案件中得到及时处理。

第三节 美国税收征收管理制度

一、税收征收制度

（一）税务登记制度

个人的社会保障号是个人的纳税人识别号。企业的雇主识别号是企业的纳税人识别号。纳税人通过注册登记获得纳税人识别号，用于报税事宜。

（二）纳税申报制度

纳税人必须以电子、纸质等形式及时申报纳税，不然就会面临缴纳利息和罚款的处罚。

（三）税款缴纳制度

税款缴纳的方式有银行账户支付、借记卡支付、贷记卡支付、联邦税收电子支付系统

（需要先登记，企业或大额支付的最佳选择）支付、数字钱包支付、同日电汇支付、支票或汇票支付、现金支付。若没有按时纳税，需要缴纳利息、罚款。

纳税人通过联邦税收电子支付系统进行纳税较为安全。联邦税收电子支付系统使用三重身份识别确保个人隐私和信息安全。使用纳税人识别号、登录密码、安全浏览器，确保了纳税人的信息安全。联邦税收电子支付系统的使用，给纳税人带来多重便利：纳税人可以缴纳各种联邦税；便捷地更换或取消设定的支付方式；通过电子邮件的通知追踪纳税人的税款缴纳信息；查看过去15个月的税款缴纳情况；从客户服务得到缴纳税款的精准帮助信息；获取银行对账单并及时确认税款缴纳情况。

二、税收管理制度

（一）税务审计

美国国内税收署每年大约有几万名工作人员对纳税人展开税务审计，负责指定区域纳税申报表的日常税务审计对象。美国税务审计员包括审计人员与特别调查人员，审计人员对被选作审计对象的纳税申报表的适当性展开类似日常调查的工作，特别调查人员则是在前者的基础上，对日常审计中涉嫌税收欺诈问题的案子展开进一步调查。美国税务审计程序包含三个阶段：纳税申报表的选择与分类、纳税申报表的审计、税务审计结果的处理。税务审计人员将纳税人的纳税申报信息经由电脑开展程序化的标准处理，把符合要求的纳税申报信息输入电脑以开展下一步自动处理，不符合要求的则给予处罚。选案后，将所选对象移送相关部门展开专业的税务审计。税务审计操作过程采用专业化协作分工，审计人员都经过专业化培训，整个税务审计从人员配备到审计的各个环节相当专业化，确保了审计质量与审计公正。

审计选案主要采取以下手段。一是电脑选样，又称区别函数分析法。利用电脑设定不同程序，对个人或企业纳税申报表中的收入、个别费用、扣除以及毛利率等项目打分，最有可能存在问题者通常得分最高，也是审计的最佳对象。二是税务机构内部人员自行分析研究抽样或专案调查。针对可能违反税法的高风险行业或个人展开查核，如美国公民在国外使用信用卡消费，高收入未报税者，可能会经由合伙制、信托基金或公司组织转移所得的高收入者等。三是其他机构通报。联邦、州、市各级税务机关、证券监理会、保险监理会及银行监理会等对特定信息进行通报，发现问题，税务机构就会立案调查审计。四是他人举报。税务机构在分析及确认举报内容属实后，作出查证与否的决定。

（二）纳税服务

税收征管社会化是经济发展到一定阶段的产物，是与发达的市场经济相适应的，满足了当事各方的需求，也提升了税收征管的效率与品质。美国社会中介机构较多，如会计师事务所、独立执业会计师、律师事务所等，税收中介服务非常发达。美国税法繁杂，多数纳税人会委托会计师事务所等中介代办纳税事宜。美国税务中介机构有着良好的职业操守，严格按法律行事，为客户保密，收费合理，美国税务代理较为常见。

（三）税收征管的信息化

美国税收征管已在全国范围内形成了全国性的数据处理中心 2 个，按地区设置的征税服务中心 10 个及全国各地的基层税务所组成的计算机征管网络。美国在税务登记、纳税申报、报税审核、税款征收、税务审计选案及操作过程控制、税源监控等环节都依托计算机处理，并已把计算机技术和光电技术、自动化技术相结合运用于税收征管中。

美国税收征管中普遍运用先进的科技手段，不仅提高了税收征管效率，增强了税收征管的品质与效益，节约了税收成本与社会成本，使税务部门对税源监控的能力大为增强，且经由计算机自动化技术实现了人机交互，方便了纳税人，实现了良好的社会效益。

三、税收法制管理

（一）税务违法的法制化处理

美国非常重视税收征管的法制化，所有与税收征管相关的活动，包括税收征管立法、执法、处罚及税收司法等都由法律来规范与调节。法制化是税收征管的基础。美国税收法制健全，税法及相关法规对税收征管中征纳双方的权利和义务、具体征管程序、申报、征收、代扣代缴、税务代理、违法处理、复议、起诉仲裁、免税等都做了具体明确的规定，做到了有法可依。征税方、纳税方与中介机构法律地位平等，享有的权利与应尽的义务是对等的，任何一方违犯税收法律的行为都会受到严肃制裁。

美国国内收入法规定，一般的违法行为包括：纳税人没能在规定的纳税申报期内进行纳税申报，或没能在批准的延期申报期内进行纳税申报；纳税人没在规定期限内付清税款，延期申报不意味着可以延期纳税；没能支付全部预估税款，没在纳税年度内支付季度的预付税款，或没能通过扣缴方式支付应纳税款；使用空头支票，银行不兑付纳税人的支票。

纳税人可能可以免除某些处罚。若纳税人尽力遵从法律要求，但不能履行纳税义务的情况下，可申请处罚免除。

（二）纳税人权利救济体系

1. 税务行政复议

税务审计结束后，若所欠税款超过 2 500 美元，纳税人要在与税务部门会谈前填写一份抗议书。抗议书的内容包括纳税人希望上诉查定的声明、纳税人的姓名及住址、30 天通知书寄发日与号码、纳税年度及相关年份、不同意改动所填表格、争辩的事实、抗议的理由及证据、含纳税人签字的"真实，正确与完整"的声明。

2. 税务诉讼

若纳税人与税务局的税收争议未在上诉办公室达成协议，纳税人可以通过司法途径解决税收争议。向税务法院、地区法院或索赔法院提起诉讼，只要在任一法院解决了税收争议，就了结了税收争议；若未能解决，还可上诉到高一级法院。

（1）税务法院。税务法院是美国为审理税收案件而设立的专门法院，完全独立于美国国内收入署，总统任命税务法院的法官，任期为15年。税务法院的总部设在华盛顿，但会在重要城市开庭审理税收案件。纳税人向税务法院提出税收诉讼后，税务法院受理此案，纳税人可自己出庭或由律师代理出庭，或由经过审查的注册会计师代理出庭。

税务法院还设有小额索赔部门，专门处理税款不超过 10 000 美元的税收争议案例，这种案子由法官指定的专员审理。小额索赔部门作出的判决是终审，即不能向高一级的法院上诉。

纳税人若不认可税务法院的判决，可向美国上诉法院上诉。美国共有 13 个上诉法院，纳税人和税务部门提出口头或书面证据，由上诉法院法官作出判决。若还有争议，可一直上诉至最高法院。

（2）地区法院。地区法院主要受理申请要求退税的诉讼案。纳税人需指定律师作为本人代表，若对地区法院作出的裁决还存争议，可上诉到上诉法院，直至最高法院。

（3）索赔法院。索赔法院设在华盛顿，专门审理政府索赔案件。该法院由总统任命 1 个主法官与 4 个助理法官，但通常由 15 个专员进行案件审理，若对索赔法院作出的裁决存在争议，任何一方都可再上诉到巡回上诉法院与最高法院。

第四节　新加坡税收征收管理制度

一、税收征收制度

（一）税务登记制度

在新加坡，新设企业在新加坡会计和企业管制局注册登记后，新加坡会计和企业管制局会向新公司颁发一个识别实体编号（Unique Entity Number，UEN）。公司将使用 UEN 作为其税务参考编号，企业无须单独在新加坡税务局进行所得税登记，其登记信息将由新加坡会计和企业管制局传递至新加坡税务局，以保障企业所得税的税源征收管理。在新加坡经营的企业或在有所得来源于新加坡的企业都需要在新加坡进行纳税申报。

新加坡对个人纳税人无注册要求。工作许可证一经发放，新加坡人力部会将纳税人的相关信息传递至新加坡税务局。

（二）纳税申报制度

公司所得税的申报为年度申报。公司所得税纸质申报的截止日期为每年的 11 月 30 日，电子申报的截止日期为每年的 12 月 15 日，上述申报时间不得延期。公司所得税的申报渠道分为电子申报（e-filing）和纸质申报（paper-filing）。电子申报可通过登录 www.mytax.iras.gov.sg 网上填报资料；纸质申报可从税务局网站上下载申报表或致电 1800-3568622 索取申报表，填好后邮寄到税务机关。从 2020 年起，所有企业都必须采用电子申报方式。

纳税人在纳税年度结束后 3 个月内应向税务机关报送预估应纳所得税申报表（Estimated Chargeable Income）ECI，除非其已提交所得税报表。如果公司年度收入不超过 100 万新元且其预估应税收入为零，则不需要报送 ECI。税务机关每年年初会向纳税人寄送带编号的申报表 C 或申报表 C-S（小企业适用），纳税人收到申报表后，应按照要求填报，并通过电子申报或邮寄等方式报送给税务机关。税务机关会对纳税人报送的申报资料进行审核，并向纳税人寄出评税通知（notice of assessment）。如果纳税人在 4 月底未收到税务局寄出的带编号的申报表，可从税务局网站上下载或致电 1800-3568622 索取。公司所得税的申报资料如果适用申报表 C，申报资料还需包括审计报告、税款计算表和相关支持文件。

个人所得税是以上一年的收入情况为基础进行征收的，申报期限是每年的 4 月 15 日，夫妻双方应各自填写个人所得税申报表。电子申报截止日期为 4 月 18 日。

个人所得税可通过网络或电话进行电子申报，也可进行纸质申报。通过网络申报个人所得税可登录 www.mytax.iras.gov.sg 网上填写提交申报资料（自营职业者、合伙人、独资经营者适用的申报表 B 或雇员适用的 B1）；通过电话申报个人所得税，可拨打 1800-3568322 进行申报。

纳税人在规定时间内进行纳税申报后，税务机关会向纳税人出具评税通知（notice of assessment）。年收入超过 500 000 新元的独资企业和合伙人还须一同附上经审查的财务报表。

（三）税款缴纳制度

公司所得税纳税人应在收到所得税评税通知后 1 个月内，通过银行转账等方式缴纳税款，否则税务机关会对欠缴的税款征收罚款。公司可向税务局申请分期支付公司所得税。在某些情况下，公司可以就 ECI 每月分期缴纳税款，并于会计期间结束后一个月内进行首次分期付款，分期最多不超过 10 次。只有使用电子转账系统（General Interbank Recurring Order，GIRO）的公司才可以享受分期付款。如果 ECI 在相关会计期间结束 3 个月后提交，则不允许纳税人分期付款。

个人所得税纳税人可以在接到评税通知后 1 个月内一次性缴纳税款，否则税务机关会征收罚款。纳税人也可以向税务局申请分期付款支付个人所得税，最多分 12 期。

二、税收管理制度

（一）税务审计

税务审计包括检查纳税人账簿、纳税记录及相关财务事宜，以便新加坡税务局核实纳税人提交的纳税申报表是否符合税法规定。新加坡税务局这样做的目的在于发现纳税人过去纳税申报时产生的错误，并就纳税人未来的纳税申报事宜提出改进建议。审计人员通常会审查最近纳税年度的纳税情况，但审计范围也可能追溯以前纳税年度。审计完成后，新加坡税务局将告知纳税人其纳税评估所作的调整，并要求其补充或修改纳税评估。

若纳税人发现纳税申报错误或报送了错误的申报表，新加坡税务局鼓励纳税人主动披露错误或纰漏，并履行相应义务。满足特定条件时，纳税人可以享受自愿披露计划（该计划系新加坡税务局为鼓励申报错误的纳税人及时主动披露而执行的鼓励计划），从而减少因申报错误或纰漏导致的罚款支出。

（二）纳税服务

新加坡政府提供的纳税服务非常便捷，信息化水平高，纳税服务有效率。从税务局早期的电子报税，到合并了一整套电子服务的税务门户和税务基础信息平台，再到零填报服务，这一系列改进降低了纳税人纳税成本，让纳税人的纳税申报简单易行。

新加坡对不同类型的纳税人提供有针对性的纳税工具和服务。为帮助新建公司正确履行纳税义务，新加坡政府引进了交互式的登录工具，它能为新公司量身定做公司税信息；与社区合作，开发了 TinkerTax、Tally Go 与 Freeboh 数字化税收解决方案，为中小企业和个人纳税人提供便利的纳税服务，并且这些解决方案归社区所有，免费为公众服务。

同时新加坡对税务人员的工作实行高标准、严要求，关于纳税的邮件咨询 90%在 5 个工作日进行回应，电话咨询 79%的等待时间（即便是在高峰时期）不超过 1 分钟。退税处理速度不断提高，99.6%的退税事项是在 14 天内完成的，100%的退税事项是在不超过 30 天内完成的。

新加坡优质便捷的纳税服务和对违规行为的严厉处罚，让纳税人的纳税遵从度不断提高，且征收成本低廉，每新元税收的平均成本一直保持在 1 分以下。

在国际化税收环境建设中，新加坡致力于遵从税收合作的国际标准。2017 年签署了《多边主管当局协议》（Multilateral Competent Authority Agreement，MCAA）。根据协议规定，金融机构需将规定信息报告给指定的司法机构。新加坡共建立了 62 个用于共同申报准则（Common Reporting Standard，CRS）目的的金融账户信息自动交换（Automatic Exchange of Financial Account Information，AEOI）系统，53 个用于各国信息交换的 AEOI 关系。新加坡已经签署了 87 个避免双重征税协定。此外，为吸引跨国公司总部落户，新加坡政府还积极与其他国家（地区）签订相关协定，使选择在新加坡开展跨国业务的总部公司能够享有更低税负。此外，新加坡所得税实行收入来源地管辖权原则，并对绝大部分商品的关税和进口环节流转税予以豁免，这充分体现了国际自由港"境内关外"的税收友好。

（三）税收征管的信息化

1. 重视业务、组织和技术的相互关系

在推进税务信息化进程和深化税收征管改革时，税务部门高度重视业务规则、组织结构和相应技术基础三者的相互关系，能保证信息技术较好地融合到税收业务中，保障信息流动顺畅和组织职能有效实现。新加坡税收的信息化建设，主要依靠先进技术手段来支持高效率的税收管理，从而提高征管效率。

2. 加强与社会各部门的信息共享

为了避免由于税务部门获取的信息不完全而导致过高的税收征管成本和过低的税收征收率，提高税收征管效率，新加坡设立了多个信息处理中心，利用计算机信息系统对涉税信息进行处理。且税务部门与其他行政机关、金融部门及相关单位间实现了计算机联网和电子数据交换，多部门实现了较高程度的信息共享，提高了信息传输效率。

3. 注重数据集中与信息开发利用

新加坡统一开发并应用税收管理软件，从而保持各地区数据结构统一，通过遍布全国的税务信息网络，实现数据的集中存放和处理。数据集中较容易保持数据一致性，有利于保持税收数据的完整性、准确性和可访问性，更方便对数据进行深层次分析利用，数据集中是集约化税务信息管理的基础。

4. 采用先进的数据收集手段

一是推行电子申报方式，快捷、准确、方便、便宜，再加上电子支付、电子沟通等环节的配合，减少了征纳双方的工作量，降低征纳成本，提高了双方的工作效率。二是采取光电扫描录入方式。即通过光电感应与转换作用，将纸质资料的影像存入计算机，并利用字符识别技术，从影像中提取文字或数值。

三、税收法制管理

（一）税务违法的法制化处理

新加坡对违反基本规定的行为处罚如下。

1. 会计核算违法处罚

不符合账簿凭证保存规定的行为可能构成犯罪行为，其可能导致如下结果。

（1）新加坡税务局根据其最合理判断来估算收入。

（2）不允许费用扣除、资本免税额或商品劳务税进项税抵扣。

（3）处以罚金。根据所得税法案，最高可被判罚款 1 000 新元（不缴纳税款时，可判处 6 个月以内的有期徒刑）。

2. 纳税申报违法处罚

所得税纳税人应在规定时间内提交所得税申报表。新加坡税务局可对未提交或未能及时提交申报表的纳税人采取以下行动。

（1）处以延期申报的罚款。

（2）发出评税通知。

（3）传唤纳税人（如为企业，则传唤包括董事等公司实际运作人）出庭。

依据税法，新加坡的纳税人不提交纳税申报表属违法行为，若被定罪，则将被处以不超过 1 000 新元的滞纳金，不缴纳税款则可被处以 6 个月以内的有期徒刑。被定罪后，纳税人每延迟 1 日提交纳税申报表将被处以 50 新元的追加滞纳金。若纳税人在无正当理由的情形下不能或有意不提交纳税申报表达到或超过 2 个纳税年度，则在罪名成立的情况下，该纳税人将被处以相当于相关纳税年度应纳税额 2 倍的滞纳金及最高不超过 1 000 新元的罚款，不缴纳税款则可被处以 6 个月以内的有期徒刑。新加坡税务局可将上述多项罪名合并处罚。

3. 不履行纳税义务处罚

（1）对不缴或少缴税款的处罚。所得税到期未缴纳所得税税款将被处以应缴税款 5% 的罚款。若被处以罚款后 60 天内仍未缴纳，则每月还要处以应缴税款 1% 的额外罚款，最高不超过应缴税款的 12%。

（2）对不履行扣缴义务的处罚。到期没有履行代扣代缴义务，没有在规定期限内缴纳预提所得税，将被处以应扣缴税款 5% 的罚款。若被罚款后仍未扣缴税款，每月还要处以应缴税款 1% 的额外罚款，但罚款总额不超过未扣缴税款的 15%。

（二）纳税人权利救济体系

1. 税务行政复议

新加坡税务局关注的常见税收争议事项包括如下。

①关联交易，特别是在申报时必须提交的同期转让定价文档。

②发放税收居民身份证明之前对外国投资控股公司的严格审查。

③建筑公司对收入的确认。

④来源于境外的股息的免税处理。

⑤代扣代缴预提所得税的申报及少缴预提所得税罚金的收取。

⑥享受税收优惠的纳税人在优惠税率及正常税率范围内的收入成本分配。

⑦对融资政策及知识产权结构的严格审查。

⑧重点关注行业纳税人，如汽车经销商、私人租车运营商和餐饮机构。

⑨高度关注交易者税收欺诈。

在新加坡，纳税人可针对主计长做出的有关所得税纳税评估提出异议及上诉。异议及上诉过程包含 4 个阶段，即提出异议、复审、诉讼、宣判。

2. 税务诉讼

当主计长出具了拒绝更正申报的通知后，纳税人有以下选择。

（1）接受主计长对异议项目的决定，则主计长出具的评税通知将视作最终的决定与总结。

（2）按照所得税法案，纳税人可以在主计长出具拒绝更正申报的通知后 30 天内提交上诉书给所得税审议团。

第五节　比较与借鉴

一、外国税收征收管理制度的特点

（一）完善的纳税服务体系

国外通过构建完善的纳税服务体系和服务承诺制度，致力于为纳税人提供优质服务。且服务质量与时俱进，满足纳税人不断增长的服务需求，提供卓有成效的纳税服务，方便纳税人，提高税收征管满意度。

（二）高效的税收征管信息化建设

各国在税收征管中，广泛应用信息化技术，建立科学和高效的系统运作机制，方便了纳税人，降低了征管成本，实行各方共赢。

（三）严格的法制化管理

严格的税收违法处理制度，以确保税法的贯彻实施，税收违法处理条款对税法的贯彻执行发挥着保障作用，在税收体系起着维护法律规范化、法制化的重要功效，确保了税收法律的严肃性。

合理的纳税人权利救济制度，保证了纳税人的权利，维护了税法的公平公正，增强了纳税人对税收法律制度的认同和遵从度。

（四）高效的税务审计

纵观各国税务审计的具体操作，具有如下特点：审计范围广，但出于税收征管成本的考虑，审计率低。各国税务审计都有法可依，审计程序较为规范。在审计率较低的情况下，税务审计选案的科学、正确与否会直接影响审计的效率，并最终决定税收征管的质量与效益。建立了高素质的税务审计专业队伍。由于税务审计是一项专业性极强的工作，各国税务当局专门配备了既懂税务知识又懂会计、审计业务的税务审计师来执行审计任务，并对税务审计师的知识水平结构和执业经验制定了一定的标准和要求。注重信息收集和信息网的建设。能否全面系统地掌握纳税人的相关信息对于税务审计的质量和成败有着至关重要的作用，因而各国都非常注重对纳税人信息的收集，注重纳税人电子信息网的建设和利用。

二、我国税收征收管理制度的发展方向

（一）加强纳税服务

一是以现有的纳税服务中心为依托，进一步规范纳税服务，实行一站式服务，坚持办税服务厅集中受理纳税人的各种涉税事项。均衡利用纳税申报期，经与纳税人协商同意，对于规模小、核算相对简单的纳税人，尽量将其安排在纳税申报期的前半段申报纳税；对于规模大、核算相对复杂的纳税人，尽量将其安排在纳税申报期的后半段申报纳税，以合理利用申报办税时间，避免拥挤。对于规模相同的纳税人，可适当定期轮换，体现公平。合理设置办税窗口。根据办税服务厅业务量大、业务繁杂的现状，合理调配各类窗口数量。办税高峰时，可在办税服务厅内临时增设办税窗口、增派工作人员、延长办税时间。

二是明确各岗位的职责。对纳税服务的各环节细化分工，明确各环节、各岗位的工作职能和服务标准。

三是完善配套的绩效评价考核机制。绩效评价考核机制是旨在实现责任的一套制度安排或确保责任实现的途径。

四是强化监督机制。充分发挥纳税人和社会各界对纳税服务工作的监督，在办税服务厅内设置服务评价器、在 12366 系统上设置自动评价功能以及采取问卷调查、定期回访纳税人等形式由纳税人对税务人员的服务进行评价和监督。

（二）提高税收征管信息化水平

就我国现实情况而言，提高税收征管信息化程度需要以"互联网+"和大数据为依托，整合税务局的信息系统，联合银行、保险等诸多单位，形成一个全面的立体监管平台。

（三）完善法律法规和配套设施

在税收征管实践中，想要确保税收激励与惩罚机制有效实行，就必须完善法律法规和相关配套设施。因此，我国首先需要从法律层面确立财产登记制度。纳税人和各单位有义务向税务部门提交涉税信息，国家以法律的形式规定其应履行的职责和应承担的责任。此外，在司法方面，我国既要推进司法体系的改革，确保税收司法权的有效实施，又要提升司法人员的专业素养，满足查办涉税案件的需求。

（四）精准的税务风险管控

只有及时制止偷税漏税行为，才能提高依法纳税人的满意度及遵从度。"十四五"时期，税务风险管控不仅要精准执法，还可通过数据治税进行精确监管。从纳税人开具发票开始，将数据有效归集，归集的数据将构成丰富的底层数据积累。从企业角度看，可以将底层数据与财务管理系统相汇合，从而有效地进行内部控制及风险管理。从税务机关角度看，底层数据将构成丰富的风险分析来源，可以通过各种风险模型进行识别，找到非正常纳税的动因及规律，及时为纳税人推送风险提示，既保证了信息的精准性，又减少了现场稽查及审计给征纳双方带来的管理负担。从社会角度看，精确监管有助于社会形成诚信纳税的意识及良好的诚信文化，人文环境得到有效改善。在精确监管的同时，通过建立纳税信用等级，并将信用与服务相互关联，可以在增强纳税人满意度的前提下用更低的管理成本有效管控风险。

思 考 题

1. 解释美国的税务争议处理流程。
2. 说明新加坡所得税的申报缴纳程序。
3. 陈述英国的税款缴纳方式。
4. 说明新加坡的企业税务登记流程。
5. 阐述中国未来税收征管的发展方向。

参 考 文 献

[1] 付伯颖. 外国税制教程[J]. 北京大学出版社，2018.

[2] 国税总局国际税务司国别（地区）投资税收指南课题组. 国别（地区）投资税收指南[EB/OL]. http://www.chinatax.gov.cn/n810219/n810744/n1671176/n1671206/index.html.

[3] 英国税务海关署网. https://www.gov.uk/government/organisations/hm-revenue-customs.

[4] 美国税务局网. https://www.irs.gov/.

[5] 印度直接税务局网. https://www.incometaxindia.gov.in/Pages/default.aspx.

[6] 俄罗斯联邦税务局网. https://www.nalog.ru/eng/.

[7] 新西兰国内收入局网. https://www.govt.nz/organisations/inland-revenue/.

[8] 欧盟网. https://europa.eu/european-union/topics/taxation_en.

[9] 爱尔兰收入局网. https://www.revenue.ie/en/Home.aspx.

[10] 澳大利亚税务局网. https://www.ato.gov.au/.

[11] 新加坡税务局网. https://www.iras.gov.sg/irashome/default.aspx.

[12] 瑞典税务局网. https://www.skatteverket.se/servicelankar/otherlanguages/inenglish.4.12815e4f14a6-2bc048f4edc.html.

[13] 法国税务局网. https://www.impots.gouv.fr/portail/international_en?l=en.

[14] 加拿大税务局网. https://www.canada.ca/en.html.

[15] 意大利税务局网. https://www.agenziaentrate.gov.it/portale/web/english.

[16] 德国财政部网. https://www.bundesfinanzministerium.de/Web/EN/Issues/Taxation/taxation.html.

教师服务

感谢您选用清华大学出版社的教材！为了更好地服务教学，我们为授课教师提供本书的教学辅助资源，以及本学科重点教材信息。请您扫码获取。

≫ 教辅获取

本书教辅资源，授课教师扫码获取

≫ 样书赠送

财政与金融类重点教材，教师扫码获取样书

 清华大学出版社

E-mail: tupfuwu@163.com
电话：010-83470332 / 83470142
地址：北京市海淀区双清路学研大厦 B 座 509

网址：http://www.tup.com.cn/
传真：8610-83470107
邮编：100084